U0067049

五百年來
福建的家族與社會

Lineage Society in Fujian During the Past 500 Years

陳支平◎著

自 序

二十世紀八〇年代，筆者曾從事中國家族史的研究，其成果集中體現在《近五百年來福建的家族社會與文化》一書。此書是第一部比較全面探討中國內一個區域家族社會的專著，出版後受到學界的肯定，筆者甚感欣慰。

十餘年來，國內外學界對於中國家族社會史的研究方興未艾，取得了許多可喜的成果。在這些研究成果中，既有對中國家族制度及其實踐的宏觀審視，也有對許多不同家族個案的細部考察。筆者更加願意看到的是，中國家族史的研究前景應該是宏觀審視與細部考察的緊密結合。

中國是一個幅員遼闊的國家，不同地區之間存在著社會經濟文化發展不平衡的狀況。不用說中國南方和北方之間有著許多不同的人文表現形式，即使在同一省分、同一縣市以至更小的區域之內，也會由於自然環境、社會經濟的發展水平不同，而存在著一定的差異。中國的家族社會也是如此，各地的表現特徵並不完全相同。學者們對中國家族制度、家族社會進行研究並且歸納出了一些帶有一般性普遍意義的論點，然而在對不同的區域和具體的家族問題分析上，又往往能夠看到許多各具特色的表現形式。這種一般性與特殊性的差異與結合，正是構成中國家族社會豐富內涵的內在因素。我們只有把一般性的宏觀審視與特殊性的細部考察緊密結合起來，才能眞正的把中國家族社會多姿多彩的面貌呈現出來。正因如此，筆者在《近五百年來福建的家族社會與文化》一書的前言中說到：「本書所描述的只能是福建家族與社會的一般形態，以全掩偏和以偏概全的情況在所難免」的自我評估，一直成爲筆者在從事福建家族社會宏觀審視的同時又注重於不同地區、不同家族細部考察的一個努力方向。本書中收錄的有關崇安縣民間社會與家族的論文，或許可以對充實福建家族社會的研究有所裨益。

這裡，要特別指出的是，在書中多次採用了「鄉族」的概念。自從二十世紀八〇年代中國學界對於家族制度、家族社會的研究形成熱潮以來，許多學者針對「家族」、「宗族」的概念及其涵義進行了反覆的討論。但是對於「鄉族」的概念，也許是由於比較空泛而不好把握的緣故，很少有人給予足夠的關注。「鄉族」一詞，最早是傅衣凌先生在二十世紀六〇年代提出的。他的著名論文〈論鄉族勢力對於中國封建經濟的干涉〉發表以來，對於其後中國學界開展的家族史研究產生了重要影響。數十年過去了，學界對於「家族」、「宗族」概念的討論也已偃旗息鼓。但是筆者在反思中國家族史研究的歷程時，反而更加深切地感受到：人們對於「家族」、「宗族」等概念的討論固然必要，然而過於概念化的界定，反而在一定程度上阻礙了人們對於家族社會的多重審視。事實上，中國的家族社會，不僅在不同的區域內有著不同的表現形式，而且在同樣的區域內，不同家族之間的關係也是利害糾纏、錯綜複雜的。在某一個區域內，千家一姓，聚族而居，家族勢力控制基層社會的現象固然有之，但是由若干個不同姓氏的家族交錯分布、相互依存的現象也是處處可見。因此，這種基於一定地緣範圍和家族血緣範圍的「鄉族」概念，反而能夠在一些特定的區域內更加體現家族社會的基本特徵。「鄉族」的概念理應同「家族」、「宗族」的概念一樣，受到學界的重視。這也正是筆者在這些書中既採用「家族社會」又採用「鄉族社會」的思路所在。

以上是筆者近年來思考中國家族社會問題的兩點意見，茲借揚智文化事業股份有限公司印行此書的機會，寫在這裡，謹以爲序。（編按：本書在台灣以繁體字出版，經作者同意，書名定爲《五百年來福建的家族與社會》）

陳支平

前言

中國歷史上的家族社會與文化，是中國傳統社會型態的基礎，它那十分豐富的內容和極爲多變的外觀，以及特有的多元彈性結構和跨時代的社會功能，早已引起國內外學者的普遍關注，成爲一個多學科的學術研究領域。

福建是中國傳統家族制度最爲興盛和完善的地區之一。當我們驅車奔馳在沿海地區寬敞的福廈公路上，公路兩旁一幢幢嶄新壯麗的中西合璧式的樓房，向我們展示了這一帶經濟繁榮的美好景象。但是樓房的花崗岩門匾上，鐫刻著諸如「穎水流芳」、「弘農世家」、「陝西衍派」的大字，歷歷可見、格外醒目，體現了樓房的主人們愼終追遠、不忘家族的情懷。如果我們跋涉在閩西南山區的崎嶇鄉村，一座座古老而高大的土堡、土樓，型態各異，鱗次櫛比，令人嘆爲觀止。其規模之大，堪稱世界之最，被國際生土建築學家公認爲「世界上獨一無二、神話般的山區建築模式」。但是，每當我們站在雄偉壯觀的土堡之前，望著那森嚴壁壘的高牆和令人生畏的槍眼，每當我們身處土堡之中，看到堡內擁擠不堪的房屋排列、豬犬混雜的骯髒天井，還有那家廟、宗祠中香火繚繞著的祖先牌位和關聖帝君、福德正神那種似笑非笑的神秘表情，我們心頭便湧起一種複雜的情感，祖先們的智慧與歷盡艱辛的創造令我們自豪，然而，家族社會的堅韌的封閉性又使我們悲哀。

這一切，既反映了中國數千年來的家族制度，至今在福建遺風尚存，同時也顯示了福建家族社會與文化所擁有的獨特風格。因此，從社會文化發展史的角度，我們擷取近五百年來福建家族社會與文化這一時空個案，進行斷代的和分區的實證研究，是有意義的。

早在三、四〇年代，傅衣凌教授就對福建的家族社會，進行了開創性的研究，近年來，鄭振滿同學和日本的三木聰同學也都對福建的家族、鄉族制度作了一系列的研究。他們的研究，給了我很多的啓發和幫助。爲了對福建的家族社會有一個更深切的了解，數年來，我曾多次到福建各城鄉作社會調查，蒐集到一大批人所未見的民間文獻和實地調查資料，並陸續寫成一些專題性的論文，得到了中外學者的諸多教益和鼓勵，增強了我的信心和興趣。於是，我不揣愚陋，把這大量的地方民間文獻和實地調查材料進行梳理分析，並結合其他文獻，草成此書。試圖通過對福建家族社會的成因經過、內部管理和外部關係、階級結構與社會功能、傳統意識和基層文化等多角度的剖視，展示福建家族社會與文化的多層面的歷史風貌。

然而，由於歷史與社會的種種原因，福建各地的家族社會也呈現出種種不同的風姿，不可能形成一種固定的模式，因此，本書所描述的只能是福建家族與社會的一般形態，以全掩偏和以偏概全的情況在所難免。再加上本人訪查不力、見聞不周、研究不深，疏漏和錯誤之處定當不少，我誠摯地期待著方家和讀者們的批評指正。如果本書能夠引起同行們的注意，成爲全面探究福建乃至中國家族社會與文化問題的拋磚引玉之作。

目　錄

第一章

福建的開發與聚族而居的傳統

福建民間聚族而居的傳統由來已久，這一傳統的形成和發展，是與福建地區經濟、文化的開發緊密結合在一起的。

福建地處我國東南沿海地區，背山面海，長達千餘里的武夷山脈，把福建與鄰省江西、浙江隔開，形成自己獨特的經濟區域。早在七千年前，福建的土著居民──閩越族就已經在這塊土地上繁殖棲息，從事農業和漁業等方面的生產。這種古老的土著文明雖然與中原文明有著一定的聯繫，但是未與中原建立有效的行政關係。秦始皇統一中國後，雖然設置了閩中郡，但這只是名義上的行政統治，中央政府並沒有派守尉令長來，地方仍由閩越土著統治。至漢高祖五年（西元前二〇二年），西漢中央政府依然奉行以閩人治閩地的方針，立越中貴胄亡諸（無諸）為閩粵（越）王，統治閩中，其後不久，又陸續分封南海、東甌二王。[1]使原屬秦閩中郡的閩越、南海、東甌三國鼎足而立，分而治之，削弱土著越人的力量，以防止閩中土著形成一個與中央政府相對抗的割據局面。

果然，閩越、東甌、南海三國之間互不相能，「越人相攻擊，固其常」[2]，越人的力量受到了嚴重的削弱。西漢中央政府乘機從中漁利，先後滅掉南海、東甌二國，西元前一一〇年又滅掉最強大的閩越國。為了徹底破壞閩中土著文明，把閩中正式併入大漢的版圖，漢武帝以「東越狹多阻，閩越悍，數反覆，詔軍吏皆將其民徙處江淮間，東越地遂虛」[3]，即採取遷徙越人往江淮間的辦法，強化中央集權對於閩中地區的統治。

閩中越人北遷以後，閩越作為一個政治實體已不復存在，但許多越人「遁逃山谷」[4]，土著居民依然存在。於是，西漢中央政府決定在閩中設立實質性的行政機構。漢昭帝始元二年（西元前八十五年）在閩越故地設立冶縣，屬會稽南部都尉。三國時，孫吳據有江南，在閩中建立建安郡。西晉時，閩中分為建安和晉安二郡，建安轄閩北各地，晉安則轄閩西和沿海一帶。之後，閩中的行政機構不斷擴大，梁天監年間（西元五〇二至五一九年）增設南安郡，陳永定時（西元五五七至五五九年）升置閩州，不久改稱爲豐州。至唐代中期，福建已有福州、泉州、建州、漳州、汀州等五個州級行政機構。宋初析泉州置興化軍，析建州置邵武軍，南渡後升建州爲建寧府，合一府、五州、二軍爲福建路，福建從此遂有「八閩」的稱呼。

中央政權在閩中行政機構的設置及不斷擴大的過程，也是閩越土著文明逐漸衰亡、中原文明在閩中逐漸擴展的過程。在閩越土著被消滅、被遷徙與流竄山間的同時，由中原地區不斷遷徙定居於閩中的外來居民，自然而然地成了閩中各地的新主人。如早在孫吳時期，中原的一些駐閩將士和被流放的士人，便已開始移居閩中，《惠安縣志．寓賢傳》載：「黃興，吳孫權將也，與妻曹氏棄官入閩，居邑南之鳳山。」[5]《邵武府志》卷二八《古跡》云：「孫策建檢其江左時，鄰郡逃亡，或爲公私苛亂者，悉投於此（邵武），因是有長樂、將檢二村之名。」再如惠安錦田黃氏，其始祖隍公，爲東漢末會稽市令，於建安歲，避亂入閩，因而居焉。[6]這些早期入閩的北方士民，視閩中土著爲化外夷蠻，自身無不帶有一種先進文明的優越感。

中原士民大量遷移入閩始自西晉，先後在西晉的永嘉年間、唐初的高宗時期和五代時期形成三個高潮。《福州府志》云：「永嘉二年（西元三〇八年），中州板蕩，衣冠始入閩者八族：林、黃、陳、鄭、詹、邱、何、胡是也。以中原多事，畏難懷居，無復北向。」[7]《建甌縣志》云：「晉永嘉末，中原喪亂，士大夫多攜家避難入閩，建爲閩上游，大率流寓者居多，時危京刺建州，亦率其鄉族來避兵，遂以占籍。」[8]許多福建民間族譜，也都記載了他們祖先的這段歷史。如林氏《族譜》云：「漢武帝以閩數反，命遷其民於江淮，久空其地。今諸姓入閩，自永嘉始。」[9]《陳氏族譜》云：「陳氏之先，潁川人也。……遠祖梅洋三郎，當時困於兵亂，人不自保，惟恨所居之不遠，遂入（閩中）深山窮谷，以爲營生安業之地，若武陵桃源之避秦者。」[10]從西晉到隋朝，是中原士族崇尚門閥的時代，中原士民大量徙居閩中，一方面帶來了中原先進的文化技術，有力地促進了閩中的開發，閩中土著的許多習俗如斷髮紋身等，至南朝時已不復存在。而另一方面，中原士民往往以簪纓世胄自居，歧視和壓迫當地土著，血緣家族的關係顯得十分重要。

然而一直到唐初，中原士民移居閩中還主要分布在閩江流域及沿海平原一帶，許多偏僻的山區仍爲土著所控制，如汀漳一帶，「六朝以來，戍閩者屯兵於龍溪，阻江爲界，插柳爲營，……兩岸盡屬蠻獠」[11]。爲了加強對閩中南部的控制，唐高宗總章二年（六六九年），朝命玉鈐衛左郎將陳政爲嶺南行軍總管，統率府兵五千六百名入閩，駐守今雲霄漳江一帶。陳政守閩南九年，儀鳳二年（六七七年）病故。其子元光代父爲將，撫輯土黎，發展生產，深受軍民愛戴。武后垂拱二年（六八六年）採納陳元光的建議，設置漳州，元光兼任刺史。陳政、陳元光所率戍閩的部將官佐有五十八姓，其中著名的有許、盧、丁、沈等，也都全部在漳州落籍定居下來。陳元光本人有詩記其事云：「屹然一鎮雲霄末，漸爾群言花柳春，男生女長通蕃息，五十八氏交爲婚。」[12]這是中原士民遷居入閩的第二次高潮，它促進了閩西南地區的開發，陳政、陳元光父子因此被尊爲「開漳聖王」。除了唐初陳政、陳元光父子所率五十八姓定居福建外，由於唐代福建的開發已初具規模，良好的自然條件不斷地吸引北方士民南下，特別是許多在閩仕宦者，亦往往帶領家屬、族屬在當地落籍，如在浯州爲牧馬監的陳淵，曾率蔡、許、翁、李、張、黃、王、冒、劉、洪、林、蕭等十二姓定居於此，「牧畜蕃息，雲錦成群。」[13]宋代詩人楊億和明代著名宰輔楊榮的先祖，亦是在唐代仕宦閩中而留居此地的，經過後代不斷繁衍，終於成爲福建著名的巨家大族。

唐朝滅亡之後，中國分裂爲五代十國。河南光州固始縣的王潮、王審知兄弟乘唐末大亂，組織鄉兵渡江南下，轉戰於江西、廣東。光啓元年（西元八八五年）進入閩南，次年八月取得泉州，景福二年（西元八九三年）占領福州，閩中各地紛紛降服。唐昭宗李曄只得任命王潮爲福建觀察使，盡有閩中五州之地。王潮死後，其弟審知繼任。西元九〇七年唐朝滅亡，王審知被後梁太祖朱晃封爲閩王。審知死後，其子延鈞於西元九三三年正式稱帝，改國號爲閩。

五代亂離和王潮、王審知率兵據閩，形成中原士民移居閩中的第三次高潮。鄭樵曾撰《滎陽鄭氏家譜序》云：

> 今閩人稱祖者，皆曰光州固始。實由王緒舉光、壽二州，以附秦宗權，王潮兄弟以固始眾從之。後緒與宗權有隙，遂撥二州之眾入閩。王審知因其眾以定閩中，以桑梓故，獨優固始。故閩人至今言氏譜者，皆云固始。[14]

宋陸游撰《傅正議墓志銘》亦云：「唐廣明（西元八八〇至八八一年）之亂，光人相保聚，南徙閩中，今多爲士家。」[15]《八閩通志》風俗志引《建安志》亦云：「自五代亂離，江北士大夫、豪商、巨賈，多避亂於此，故建州備五方之俗。」[16]

這一次北方士民的大規模入閩，對於福建地區的開發、社會文化的發展以及聚族而居傳統的形成影響尤甚。一方面，閩國作爲十國時期的一個獨立割據的政治群體，爲了與鄰國對抗，取得生存的權利，王潮、王審知兄弟在福建建立了比較完善的政治體制，並大力促進社會生產和經濟開發。同時，他們也十分注重搜羅人才，禮賢下士，發展文化，僻遠的福建便成了落難士子和文人的最好避難所。當時中原有名的文人學者，如李洵、王滌、崔道融、王標、楊休、王倜、王拯、歸傳懿等，「皆以文學之奧比偃、商，侍從之聲齊袠、向，甲乙升第，岩廊韞望，東浮荊襄，南游吳楚，謂安莫安於閩越，誠莫誠於我公（王審知），依劉表起襄漢，其地也。」[17]《全唐詩》卷七六三亦云：「時中原人士楊承體、鄭璘、韓渥、歸傳懿、楊贊圖、鄭戩等皆避亂入閩。」[18]這不能不對當時比較落後的福建文化起著強有力的促進作用。正如清代閩侯人陳衍所論：「文教之開興，吾閩最晚，至唐始有詩人。至唐末五代，中土詩人時有流寓入閩者，詩教乃漸昌，至宋而日益盛。」[19]而在另一方面，王潮、王審知以武力據閩立國，隨王氏兄弟入閩的固始同鄉，無不成了閩中的統治者，門閥宗族的誇耀尤成必要。「王氏初建國，武夫悍卒，氣焰逼人，閩人戰慄自危，謾稱鄉人，冀其憐憫，或猶冀其拔用，後世承襲其說，世（祀）邈綿，遂與其初而忘之爾。此閩人譜牒，所以多稱固始也。」[20]可見這種家族血緣和統治者的優越感，更促使閩中居民對於宗族的依賴和標榜。因此，從隋唐以至五代，是中原地區門閥士族制度逐漸衰落消亡的年代，而在福建則完全相反，門閥宗族的標榜，為取得政治和社會、經濟利益，正具有十分現實的意義。許多與王氏兄弟入閩毫不相干的家族，為了在社會上取得一席之地，亦紛紛借託祖籍光州固始。以誇耀門庭。正如鄭樵所言：「閩人至今言氏譜者，皆云固始，其實謬濫云。」[21]即使是原先的閩越土著，為了適應新的社會環境，亦多改稱中原姓氏，附會固始祖籍，《輿地紀勝》云：「閩州越地……今建州亦其地，皆蛇種，有王姓，謂林、黃等是其裔。」[22]又《劉氏族譜·入閩考》云：「閩自漢武遷其民於江淮之間，盡墟其地，故後世氏族半屬中州，然《路史》謂閩乃蛇種，若黃、林是其土著，余考二氏譜諜，又似不盡然，……皆曰光州固始。」[23]原來的閩越土著，後代大部分成爲漢人，而在漢人的族譜中，我們完全看不到有關祖先爲閩越族人的記載。這種虛構、附會家族淵源的現象，充分反映了當時福建崇尚和重視家族血緣關係的社會風氣。

除這三次高潮之外，從東漢至明清的長達千餘年的歷史中，北方士民入閩時時有之，特別是宋末、元末戰亂之時，均有不少北方宗族遷入福建。他們既有來自河南等中州地區，也有從兩湖、江、浙、江西等地轉徙而來的。因此，從近現代福建的居民結構看，福建固有的土著居民完全被中原文明所融化了，取而代之的是由中原各地以及大江南北各地遷居而來的士民世家。民國時期有不少關於福建姓氏家族的調查材料，在此，我們試舉福安縣甘棠堡爲例。福安縣甘棠堡有居民數十姓，《甘棠堡瑣記》詳載各姓氏的祖籍和遷入時間，茲將有關資料列表如**表1-1**。

從上表中可以清楚地看到福建居民歷史淵源和北方士民南移對於開發福建所引起的決定性作用。地方志中所謂「故家巨族自唐宋以來各矜門戶，物業轉屬，而客姓不得雜居其鄉」，[24]正是福建民間聚族而居傳統的眞實寫照。

當然，北方士民遷移福建取得生存空間和地方上的統治權，並不是一帆風順的。在早期的遷居過程中，北方士民的活動往往遭到當地閩越土著的頑強反抗。如在孫吳時期，「會稽東冶五縣賊呂合、秦狼等作亂」[25]，「建安、鄱陽、新都之郡山民作亂」[26]，「越人因事交構，遂致疑隙，阻兵相圖」[27]，致使孫氏五次派兵征討閩中。南朝泉州一帶，「泉郎即此州之夷戶，亦曰游艇子，……遺種逃叛，散居山海，至今種類尚繁，……其居止常在船上，兼結廬海畔，隨時移徙，不常厥所」，直至唐初才被政府招撫。唐高宗時，陳政、陳元光父子經營閩南，也曾遭到土著民族

表1-1　福建甘棠堡各姓氏祖籍及遷入時間

姓氏	祖　籍	入閩時間	姓氏	祖籍	入閩時間
鄭氏	清河郡	唐僖宗時	王氏	太原郡	宋
薛氏	河東郡	唐季入閩	蘭氏	隴西郡	唐
鄭氏	滎陽郡	唐季入閩	郭氏	汾陽郡	不詳
鄭氏	滎陽郡	宋咸淳間	楊氏	弘農郡	不詳
陳氏	太邱郡	宋	黃氏	江夏郡	不詳
陳氏	潁川郡	宋	連氏	上黨郡	不詳
陳氏	潁川郡	唐　末	江氏	洛陽郡	不詳
蔣氏	樂安郡	宋	范氏	高平郡	不詳
錢氏	彭城郡	不詳	翁氏	京兆郡	不詳
游氏	廣平郡	不詳	謝氏	陳留郡	不詳
周氏	汝南郡	不詳	繆氏	東魯郡	不詳
邱氏	河南郡	不詳	許氏	高陽郡	不詳
林氏	濟南郡	不詳	徐氏	東海郡	不詳
徐氏	東海郡	不詳	詹氏	河間郡	不詳
丁氏	博陵郡	不詳	魏氏	鉅鹿郡	不詳
蘇氏	武功郡	不詳	曾氏	天水郡	不詳
備註：未說明入閩時間者，應是從福建其他地方轉遷福安甘棠堡者。					

的強烈反抗，所謂「此鎮地極七閩，境連百粵，左衽居推髻之半，可耕乃火田之餘。原始要終，流移本出於二州。窮凶極暴，積弊遂逾餘十稔。元惡既除，餘凶復起。……所事者搜狩爲生，所習者暴橫爲尚，誅之則不可勝誅，徙之則難以屢徙，倘欲全生，幾致刑措」[28]。從這些記載中，可以想見當時北方士民要在這偏僻之區征服土著取得生存之地，曾經過怎樣艱難而又殘酷的奮鬥。

即使是北方士民之間，由於缺乏應有的社會秩序，他們爲了取得自己的生存空間和政治社會利益，相互之間往往也要經過激烈的爭奪甚至相互殘殺。我們曾到鄉間作過歷史調查。漳州龍溪二十五都良村黃氏家族，現有丁眾三千餘人。據該族族譜記載，在黃氏入據良村之先，有隨陳元光入閩的莊、林諸姓居此，黃氏遷入後，依仗丁眾勢強，逐漸把莊、林等小姓擠出良村，復遷往仙都。而仙都的村民也是如此。仙都是龍溪二十五都的一塊小平原，原先有一些小姓居住，林姓遷入後，聯絡外地的林姓認宗，共同占據仙都，遂成大姓，現在仙都有人口近萬人，林姓占大部分。建甌祖氏家族，現在亦是閩北的一巨族，該族始祖遷入以前，該地爲謝氏所占據，後亦因祖氏勢力強盛，謝氏小族不得不另遷外地，而今祖氏所居住的自然村，仍沿襲最早的「謝屯」名稱。[29]

因此，北方士民不斷移居福建並取得生存空間，在一定程度上，必須以宗族的實力作爲後盾。在渡江南遷的過程中，他們每每統率宗族鄉里的子弟們，舉族、舉鄉的移徙，在兵荒馬亂的惡劣環境和交通困難的條件下，加強了相互扶助，鞏固了血緣關係。「當其在新墾地定居下來的時候，又爲著從事生產，防禦外來者的入侵，常採取軍事的組織。」所以在福建的聚落形態，其名爲塢、堡、屯、寨者甚多，這正是北方士民入遷福建時的那種濃厚的軍事戰鬥的性質在聚落型態上的反映。在這些屯堡寨塢中，有的爲一村一姓的村落，也有一村多姓的村落，從而形成了相當牢固的聚族而居的社會習俗。[30]

在中國傳統的農業社會裡，土地和山場是最爲重要的生產資料。中國自秦漢以來，已經形成了比較完整的封建土地制度，特別是從南北朝至隋唐時期，封建政府大力推行均田制度，土地的管理和分配有著一定的規章和秩序。但是在福建，情景完全相反。中原地區的土地制度，對福建極少影響，我們現在找不到任何的證據，可以證實福建實行過類似於均田制的土地制度，土地和山場等生產資料的占有，完全處於無政府狀態，每個家族都可以依仗自己的實力，占有一定數量的土地和山場，如上舉的福安甘棠（三塘）堡即爲一例，該《堡記》載云：

吾三塘之堡，雖彈丸黑子之地，實一方生靈淵藪也。況草創之初，艱辛萬狀，若不備述其由，後世子孫焉知先人創立彌艱？……宋元豐間，吾始祖祖美和公世居長溪赤岸，簪纓閥閱裔也。一日與青山致岐提刑謝公乘舟過訪蘇江同窗友劉省元愛雲公，見其門首海地堪以圍塘，歸而謀諸同志朱、金、鄭各宦家而經營焉。吾祖圍於南，是為南塘；朱、金、鄭圍於中，是名官塘；陳、蘇、鄭圍於外，是為外塘也。先圍築海成田，後遂即其地而居焉。三塘之名始於此，自宋元迨我國朝五百有餘歲，民居稠密，雞犬相聞，比屬江左之鄉，三塘為盛，丁產人物亦不亞於別都，且風土勇狠諳於水戰，剿捕海寇屢建大功績。三塘之名亦著矣。[31]

林、鄭、蘇、陳諸姓之所以能夠輕易地占據三塘（甘棠）地方，是因爲他們都是有政治地位和家族實力的官宦世家。家族勢力在謀求生產資料和經濟利益方面所起的重大作用，自然更進一步增強了家族團結的必要性。

我們在回顧福建社會文明開發史的時候，還不能忘記中華民族中客家人對於福建開發所作出的貢獻。福建省西北部是目前我國客家人的主要分布區域之一。據羅香林教授的研究，客家的先世，多居於黃河流域以南、長江流域以北，淮水流域以西、漢水流域以東等地區，他們最早的遷徙，亦是因受五胡亂華所引起。如巫氏，「乃山西平陽府夏縣人，迄東晉末造，五胡亂華，裔孫巫暹，由夏縣避亂兗州，轉徙入閩之劍津，居焉」[32]。卓氏，「晉五胡之亂，中原望族，相率南奔，粵有卓幹者，爲建安刺史，後因家焉」[33]。唐末黃巢暴動，五代亂離，也逼使客家人進行第二次遷徙。如寧化劉氏，「唐末僖宗乾符間，黃巢作亂，攜子及孫，避居福建汀州府寧化縣石壁洞」[34]，羅氏，「迨下唐僖宗之末，黃巢作亂，我祖箴貞公，……徙贛州寧都州，歷數十年，又遷閩省汀州府寧化縣石壁村，成家立業」[35]。上杭盧氏，「段宗乾符二年（西元八七五年）王仙芝、黃巢操謀不軌，剽掠州郡，……蓋公與縣尹公篮出閩者，令莆田，考滿，次永定屬上杭大塘崅瓦子鄉而居」[36]。蔡氏，「本周姬姓之後，文王之子叔度封於蔡，今河陽、汝陽、上蔡、新蔡諸縣，……唐末避黃巢之亂，遷於閩南」[37]。到了宋末，元人南侵，客家人再度大規模遷徙，如上杭魏氏，「三十九世淑玉公（原住江西石城縣），……生子元、亨、利、貞。時値宋末，天下混亂，……我祖兄弟驚恐流涕，商議只得移別處逃生。……亨公子國通，至福建汀州上杭」[38]。徐氏，「宋末有徐一郎者，自江西寧都遷福建上杭，其弟二郎，遷連城，傳五世，曰眞人，遷居長樂」[39]。陳氏，「故陳氏郡望稱穎川，宋末中原士族，紛紛南隨帝室播遷，有陳魁者率其族眾九十三人，移居福建汀州府之寧化上杭。……至其先九十三人所出之後裔，亦已蕃庶蔓延於全閩」[40]。

客家人由於其語言、風俗諸方面的差異，特別是由於移徙入閩後爲著爭奪土地、山場等生存空間，經常與當地先民發生衝突，福建的所謂主客之爭，一直延續至民國時期，這種經年不休的對立和爭奪，同樣造就了客家人對於血緣家族關係的依賴和重視，因而客家人有極強的家族凝聚力；而另一方面，長年的主客之爭，也促使客家人之外的福建居民，注重聚族而居和發展家族的勢力。

因此，從歷史發展的淵源來考察福建民間家族制度的演變過程，可以發現福建的家族制度與中原地區的家族制度存在著一定的差別。固然，早在原始時代，以黃河流域爲中心的中原先民在創造農耕文明的同時，結成一個個以血緣關係爲紐帶、有高度凝集力的群體，形成一個個安居的農業聚落。從氏族組織到農村公社，從農村公社到出現私有制和國家的文明時代，血緣關係作爲共同體內部的調節機制，發揮著重大的作用，並被國家統制機構吸收而爲宗法制度。然而，隨著秦漢以來大一統的中央集權政治體制的確立和完善，這種以血緣關係爲紐帶並具有高度凝聚力的社會群體，逐漸與國家政體不相適應。到了魏晉南北朝隋唐時期，中原地區的士族門閥制度，已由極盛走向衰亡。但是，在福建地區（東南、華南後開發的地區都有某些相似之處）卻不大相同。從東漢末至唐末五代，正是北方士民大規模遷居閩中的時代，他們的遷入，切斷了閩中越人土著的固有文明，帶來了中原地區的政治、軍事、經濟和文化制度，對福建地區社會經濟的開發，起著決定性的作用。然而，中州士民遷居閩中雖然有相當一部分是爲著避亂而來的，但他們在當地瀕臨滅亡的土著文明面前，中原先進的文明，自然而然地顯出了他們的自豪感和優越性。尤其是是在他們遷居福建的三次高潮中，都是以統治者的身分進入閩中社會的。這樣，正當中原地區門閥士族制度土崩瓦解的時候，福建的巨家大族們以門第相高，以世閥自豪，卻有著十分重要的現實意義和時代使命感。在某種意義上可以說，血緣家族關係促進了福建文明的開發和進步。再加上北方士民入閩之初和福建早期的開發，缺乏應有的政府控制力和社會秩序，人們獲取生產和生活空間，大多依仗自身的勢力甚至於軍事實力，弱肉強食，強欺弱，眾暴寡，這種局面，不能不進一步加強了血緣家族內部的團結，促使人們借助於家庭的力量，爲自身謀求更多的政治、經濟利益而奮鬥。這種歷史的因素，無疑是近現代福建民間家族制度較中原地區更加嚴密和完善的一個重要原因。

注釋：

[1]東甌國屬今浙江東部的溫、台、處一帶，南海國屬今閩粵交界的汀潮地區。

[2][3]《史記》，卷一一四〈東越列傳〉。

[4]《宋書》，志二十五，州郡二。

[5]嘉慶《惠安縣志》，卷三十。

[6]惠安《錦田黃氏族譜》，卷首，〈祠堂記〉。

[7]乾隆《福州府志》，卷七十五：外紀、引路振《九國志》。

[8]民國《建甌縣志》，卷十九，〈禮俗志〉。

[9]《林氏兩湘支譜》，卷一，〈閩序〉。

[10]《莆田欖巷文峰陳氏族譜》，第一冊，〈總序〉。

[11]《重纂福建通志》，卷八五，〈關隘〉。

[12]《潁川開漳族譜》引陳元光《候夜行師七唱》第二首。

[13]《金門縣志》，卷一，〈沿革〉；又卷十，〈祠祀志〉。

[14]莆田《南湖鄭氏家乘》。

[15]陸游《渭南文集》，卷三十三。

[16]黃仲昭《八閩通志》，卷三，〈風俗〉。

[17]黃滔《黃御史集》，卷五，〈丈六金身碑記〉。

[18]《全唐詩》，卷七六三，〈王延彬〉。

[19]陳衍《補訂八閩詩錄》序。

[20]鄭岳《莆陽文獻》，卷七；方大琮《跋方詩境敘長官遷莆田事始》。

[21]莆田《南湖鄭氏家乘》，鄭樵撰〈滎陽鄭氏家譜序〉。

[22]王象元《輿地紀勝》，卷一二八，〈福州景物〉上。

[23]惠安峰城《劉氏族譜》。

[24]萬曆《福安縣志》，卷一，〈風俗〉。

[25]《三國志・吳書・呂岱傳》。

[26]《三國志・吳書・鍾離牧傳》。

[27]《三國志・吳書・賀齊傳》。

[28]《重纂福建通志》，卷三，〈沿革〉。

[29]建甌《祖氏族譜》序。

[30]傅衣凌〈論鄉族勢力對中國封建經濟的干涉〉，載《明清社會經濟史論文

集》，人民出版社，1982年，頁80。

[31]民國《甘棠堡瑣記》，卷上。

[32]民國《巫氏通譜》源流考略。

[33]民國《崇正同人系譜》，卷二，氏族篇，〈卓氏〉。

[34]《劉氏族譜》首冊，《劉氏世系行實傳》。

[35]《羅氏大成譜》羅明高序。

[36]《范陽盧氏五氏修族譜》重訂源流考。

[37]民國《崇正同人系譜》，卷二，氏族篇，〈蔡氏〉。

[38]《五華魏氏族譜》。

[39]《崇正同人系譜》，卷二，氏族篇，〈徐氏〉。

[40]同上書，卷二，氏族篇，〈陳氏〉。

第二章

明中葉的社會變遷與福建家族制度的發展

宋明以後，中國的家族制度進入了一個新的歷史發展階段。

眾所周知，就全國的情況而言，中國近代的家族制度，一方面與古代的家族制度有某些聯繫，保留了古代家族制度的某些特點；另一方面它又不是古代家族制度的直接延續，其發生和發展過程，大體是在宋以後特定的歷史條件下形成和發展起來的。學者們在探討宋以後中國近代家族制度發展的原因時，普遍認爲：宋以後，我國封建社會已發展到後期，隨著生產力發展，商品經濟也因之有所發展，土地的買賣現象頻繁起來，階級矛盾相對明顯，在農民階級鬥爭的打擊和商品經濟的衝擊下，地主階級本身的分化也十分劇烈，不僅封建國家的長治久安沒有著落，就連地主官僚使自己子孫長享富貴的希望也常常落空。[1]對於地主階級的統治及當權者個人家庭地位的不穩定狀態，宋代的理學家們已敏銳地感覺到了，如張載在《宗法》中說：「公卿一旦崛起於貧賤之中，以至公相，……既死，遂族散，……止能爲三、四十年之計。造宅一區，及其所有，既死則眾子分裂，未幾蕩盡，則家遂不存，如此則家且不保，又安能保國家？」[2]因此統治階級和理學家們愈來愈注意宣傳孝悌、親親等封建的倫理觀點以加強對農民的控制，注意到用封建的「家法」來束縛農民的行動，從而達到維護封建統治秩序的社會目的。如張載主張：「……管攝天下人心，收宗族，厚風俗，使人不忘本，須是明譜系世族與立宗子法。」[3]程頤也有同樣的主張，他認爲「若宗子法立，則人知遵祖重本，人既重本，則朝廷之勢自尊。」[4]許多理學家們甚至還身體力行。如陸象山，「家於撫州金溪，累世義居，一人最長者爲家長，一家之事聽命焉。」[5]司馬光居家時規定：「凡爲家長必謹守禮法以御子弟及家眾，分之以職，授之以事，而責其成功。」[6]范仲淹則創建義田，「范文正自政府出，歸鄉……買負郭常稔之田千畝，名曰義田，以濟養群族。」[7]

宋代的社會因素和理學家們的倡導，對於福建家族制度的形成和發展，同樣也起了很大的推動作用，特別是「閩學」的興起，成爲宋代理學家的大宗之一。朱熹更成爲宋代理學的集大成者，大力鼓吹尊祖敬宗的家族制度，把張載、程頤等人所提出的恢復宗子法的主張賦予完善並付諸實施。他設計了一個宗子祭祖的方案，其法：每個家族內均須建立一個奉祀高、曾、祖、禰四世神主的祠堂四龕，而且，初立祠堂時，計現田每龕取二十分之一以爲祭田，親盡則以爲墓田，由宗子主之，以給祭用。[8]朱熹的這種主張對後世的影響是很大的。從此，祠堂、義田等便大量湧現出來了。[9]再如眞德秀，則極力主張立族長，以族長統率全族，主持「歆奉其先人之祀」的祭典。[10]宋代閩籍理學大家們的言行，對於宋代以後福建家族制度發展所起的作用是不能忽視的。

然而，形成嚴密而牢固的福建民間家族制度，光有理學家們的倡導還是不夠的。事實上，福建民間家族制度的全面發展和完善，是在明代中葉以後。換言之，明代中葉的社會經濟變遷及其在福建地區所形成的特殊社會環境，與這一時期家族制度的興盛和完善是緊密相關的。

朱元璋建立明朝以後，爲了加強對於民間基層社會的控制，曾在全國各地推行嚴密的黃冊里甲制度，把各地所能搜刮到的人戶，一律編入里甲組織之中，不准隨便移動遷徙，「凡一戶全不附籍，有賦役者家長杖一百，無賦役者杖八十，附籍當差。」[11]民眾出百里之外，要由政府發給路引，否則不得通行，嚴拿處刑。明太祖希望透過這些法令，使天下百姓個個都成爲安分守己之人，「能安其分，則保父母妻子，家昌身裕，爲忠孝仁義之民。」[12]由於朱元璋及其兒子朱棣嚴厲推行里甲制度，再加上人民飽經多年的戰亂之苦，亂極思治，明初社會出現了敦本尙樸的景象，小農經濟有著一定程度的恢復，中國傳統農業社會的機制得到了又一次充分的發揮。明朝初年的福建社會，也一度出現田園詩般的平和景象。如建寧府，「明興以來，士風漸復，民俗漸淳」[13]，汀州府各屬，「民安稼穡勤勞，少營商貿，歲時燕享不廢，亦鮮競於泰奢。少長服飾尙新，未嘗流乎侈僭，富家專守禾稅，貧夫力治山畬，廛無行貨之婦，衢無伏地之丐。室家不致終於曠怨，子孫不忍鬻於他鄉，官府教唆，刁潑之風罕聞，村落朋充，鬥狠之事稀見」[14]。閩中之永安，「値亂極思治之日，民則敦本而尙樸，士則篤行而重職，婦女則勤紡織而爲事」[15]。閩南之泉州府，「民飯稻羹，魚爲甘，於肉不敢羨也。山藪居民，樹藝葛苧，機杼所就，與他邑相灌輸，而貿易魚鹽，不過饔飧是賴。地利薄，故其蓄聚少，俗尙敦樸，自昔已然」[16]。

然而，明初朱元璋加強對於民間基層社會的控制，實際上是一種復古的行動，他所想要造就的民間社會，是在高度中央集權統治下，人們過著敦本尙樸、自給自足而又安土重遷的安分生活。顯然，這種復古守舊的理想化社會，與中國封建社會晚期日益前進的社會經濟是不相適應的。雖然他的這種政策，在元末明初戰亂之後的一段時期內，有助於促進小農經濟的恢復和社會生產的發展，但是，隨著社會經濟的恢復和發展，工商業的日趨繁榮，明初這種穩定而又保守的社會統治不可能繼續維持。到正統年間（西元一四三六至一四四九年）之後，統治集團日益奢侈腐化，土豪劣紳相競兼併，社會風氣「漸變其初，……或嚚訟，或賭博，或白取，或恣強」[17]，進入了器械相爭的年代。特別是那班官僚地主們，他們憑借其身分地位和政治特權，剝削壓榨小民有增無減，明初那種「四民各有室業，百姓安於農畝」的社會結構開始瓦解，明王朝對於民間基層社會的政治控制能力也出現了下降的趨勢。政府的各種賦稅徭役逐漸加重，地主官僚的錢糧負擔又多轉嫁到一般的農民身上。昔日可以維持溫飽的小農家庭經濟，已不堪負荷，他們或是喪失了土地，或是負擔著沉重的賦稅徭役。於是，民間逃亡流徙的現象日益頻紛，明初嚴密的里甲制度隨之出現了崩裂。如正統十四年（西元一四四九年），福建延平府就已經是「千里一空，良民逃避，田地拋棄，租稅無征」[18]。仙游士紳鄭紀在談到景泰、天順間戶籍變化時說：「查國初編籍，仙游一縣六十四圖，六千四百餘戶，……永樂宣德以來，賦役重併，虎瘴交災，人戶消磨十去八九，正統、景泰間，只有一十二里，天順間又將外縣流民附籍增爲一十四里，今合軍民二籍，僅一千百有餘戶。」[19]人戶減少六分之五。明代正統以後福建里甲的制度破壞和人口的消亡，說明了明初那種敦本尙樸、安居樂業的局面已經不復存在，人們爲了謀生，四出流竄，大量的流民成了明代中葉一個嚴重的社會問題，正統年間福建著名的「山寇」葉宗留，便是當時閩浙流民在福建山區所出現的一次大規模暴動的主事者。不過，我們應當認識到，明代正統以後福建里甲制度的破壞和人口的流亡，在一定程度上使人民擺脫了國家官府的政治束縛和戶籍限制，這不能不爲明代中葉以後工商業經濟的發展，提供了勞力的資源，引起社會經濟格局的區域變動。

福建地區雖然比中原地區開發較遲，但自唐末以來中國的經濟重心逐漸南移，經過兩宋的開發，福建的社會經濟有著較快的發展。到了明代，福建的社會經濟已經跨入了我國的先進地區行列。尤其是福建得天獨厚的自然環境，爲地區商品經濟的發展創造了良好的條件。東臨大海的地理便利，使福建地區很早以來就有著與海外各國交往的歷史。宋元時期，福建沿海商人即已浮海載貨，北上山東、朝鮮，東赴日本，南入交廣，遠航南洋各島。明代初年，明太祖朱元璋及明成祖朱棣爲了政治的目的，重農抑商，厲行鎖國政策，禁造雙桅大船，片板不許下海，限制商人的活動。這一政策施行的結果，使福建商人在海上的活動受到阻礙。明初政府的禁海政策，當然是與這一時期復古守舊的黃冊里甲制度相適應的。然而儘管如此，轟動一時的鄭和下西洋，仍不得不以福建爲航海和修造船隻的主要根據地。再者，明代經濟的恢復和發展，不能不逐漸地突破政府的封鎖和束縛，加上福建人多地少和視海爲田的自然社會條件，於是自永樂、宣德（西元一四〇三至一四三五年）以後，福建沿海各地的海上貿易活動又逐漸興盛。隨著正統以後小農經濟的破壞和人民的失業，福建各地人民犯禁下海通番現象日趨普遍。正統十四年（西元一四四九年），福建的地方官員已屢屢奏報沿海的農民紛紛棄農下海，所謂「瀕海居民貿易番貨，洩漏事情，及引海賊劫掠邊地者。……比年民往往嗜利忘禁，復命申明禁之」[20]。到了成化弘治年間（西元一四六五至一五〇五年），福建的漳州、泉州一帶，通海貿易已成了這些地區經濟結構中的一個重要組成部分。試舉漳州府龍溪縣的月港爲例：「饒心計與健有力者往往就海波爲阡陌，倚帆檣爲耒耜，凡捕魚緯簫之徒咸奔走焉。蓋富家以貲，貧人以佣，輸中華之產騁彼遠國，易其方物以歸，博利可十倍，故民樂之。雖有司密網，間成渴澤之漁，賊奴煽殃，每奮當車之臂，然鼓枻相續，吃苦仍甘，亦既習慣，謂生涯無踰此耳。方夫趨舶風轉，寶貨塞途，家家歌舞，賽神鐘鼓，管弦連飆，響答十方，巨賈競鶩爭馳，眞是繁華地界。……成弘之際，稱小蘇杭者，非月港乎。」[21]其他如梅嶺、安平、同安、惠安、閩縣、福清及福州琅琦諸地，亦都成爲當時著名的通番據點。[22]閩人謝肇淛曾論及嘉靖、萬曆年間的福建起家致富者：「海上操舟者，初不過取捷徑，往來貿易耳。久之漸習，遂之夷國，東則朝鮮，東南則琉球、旅（呂）宋，南則安南、占城，西南則滿剌加、暹羅，彼此互市，若比鄰然。又久之，遂至日本矣。夏去秋來，率以爲常，所得不貲，什九起家，於是射利愚民，輻輳競趨，以爲奇貨。」[23]十六世紀初葉，雖然是西方殖民者的興起時期，葡萄牙人、西班牙人相繼東來，他們以滿剌加與呂宋爲根據地，逐漸伸張勢力於中國沿海，企圖掌握東方海上貿易的主控權，但是，他們的擴張行動，遭到了極富冒險進取精神的福建海商強烈應戰，終明之世，以福建沿海士民爲主的中國海商，始終執當時東西洋海上貿易之牛耳。

明中葉福建人民擺脫政府的控制和傳統農業經濟的束縛，除了沿海商民大量從事違禁的海上私人貿易之外，其另外一個流向，便是向山區遷徙，從事山區的開發。僻遠而又交通不便的山區，是政府統治比較薄弱的環節，有利於失業農民的自由活動。而山區的生產，因其資源的限制，不是以糧食生產爲主，而是開採礦物，如煤、鐵之類，或是栽種經濟作物，如松、杉、漆、麻、菸、茶、甘蔗、藍靛、果樹之屬，以及農產品加工成品的紙、夏布等。這些產品都不是農民本身所能消費得了的，必須投向市場出賣，以進行交換。是以明中葉失業農民流向僻遠山區，促進了山區商品經濟的發展，從嘉靖、萬曆時期的記載中可以看到，當時福建的各地山區，都分布著不少的礦徒、炭徒、靛客、棚民、鹽販等等，特別是沿海等人口稠密的地方，其失地的農民，紛紛向西、北山區移民謀生，甚至深入江西、浙江等地。如嘉靖間記載云：「閩中有可耕之人，無可耕之地，……嘗觀漳郡力農者，散處七閩，深山窮谷，無處無之，而挾農具以入浙至溫、處亦時有焉。」[24]萬曆《永福縣志》云：「黃籍之戶口，固不盡爲邑人，而漳泉延汀之倖民流布山谷，生齒淩雜，實皆邑之戶口，而不登邑之黃籍。在彼邑爲亡命，在此邑爲賓萌，由童而白首，由身爲累也。」[25]《南平縣志》亦云:「依山傍谷，誅茅縛屋而居，日棚民，擶山禾山芋桐茶杉漆靛苧蕃薯之種，挈眷而來，披荆棘，驅狐狸種之，率皆汀泉漳永之民，……生齒漸盛，財用稍足，便自桀驁，爲士人患。」[26]外地的人口流向本地，而本地的人口流向外地，這是明中葉福建人口變遷的一個重要特點，流動的人口，都在極力擺脫官府的嚴密控制，爲獲得自主生產的權益而鬥爭，從而有力地促進了商品經濟的發展。

明代中葉以小農經濟爲主體的經濟格局的打破，政府黃冊里甲制度的瓦解，失業農民紛紛進入山區開礦墾殖，下海通商貿貨，雖然使得商品經濟得到了較快的發展，但是，我們應當看到明代商品經濟的發展是畸形的。無論是沿海商民的下海通番，或是山區礦徒、棚民的經濟活動，都是在與國家官府對抗中取得生存和進展的。這些試圖擺脫國家官府控制的工商業活動，大多屬於違法的、犯禁的。這種情況，與同時期歐洲的情景截然不同，在歐洲中世紀後期，冒險的商人們紛紛向海外擴展市場。十六世紀初，葡萄牙人、西班牙人相繼東航，開通聯結歐洲與美洲、亞洲的「大西洋航路」和「太平洋航路」。他們的行動，無不得到他們本國政府強有力的支持。但是，中國的海商從事東西洋貿易，與葡萄牙人、西班牙人爭奪貿易權益，卻被中國的政府視爲「自棄王化」的「海賊」，嚴加取締。其在山區從事經濟活動的礦徒、棚民們，亦經常被政府和當地士民視爲「盜賊」，橫加驅逐、迫害。萬曆《大田縣志》記載漳州流民寓居大田山區，「近漳之民健而侈，要之皆負氣剽悍，輕爲盜賊，飛詭丁苗，逋負賦稅，交易每校錙銖」[27]。永福山區亦是如此：「萬山之中，地之平曠者不得什一，……則漳泉延汀之民種菁種蔗，伐山採木，其利乃倍於田，久之窮岡邃谷，無非客民，客民黠而爲黨，轔轢士民，歲侵揭竿爲變者，皆客民也。」[28]這些記載反映了當地士民與流民的格格不入，當地士民每每借助官府的力量鎮壓外地的流民。因此，明中葉的流民活動，沿海和山區的工商業活動，充滿了社會風險，很難形成發展正常的經濟行動。也就是說，無論是沿海或山區的商品經濟發展，都缺乏一種良好的政治秩序和社會環境。

本來，明代中葉以小農經濟爲主體的社會結構的瓦解，人口的大流動以及工商業經濟的發展，形成了中國封建社會晚期最富變革特徵的時代潮流，許多新的經濟因素的萌芽，如市鎮經濟，手工業、農業生產和航海業中的雇傭勞動，商人集團和商業資本進入生產領域等等，都在這一時期漸露端倪。但是，由於商品經濟的發展缺乏一種應有的政治秩序和社會環境，因此，這種極富挑戰性質的工商業經濟的發展，對於傳統社會的衝擊，對於封建政治經濟結構的瓦解作用產生很大的限制，相反地，它在某種程度上加劇了社會的動亂和不安定。明代福建沿海和山區的工商業者，爲了維護自身的經濟利益，不得不走上亦工亦盜，或亦商亦盜的畸形道路，特別是沿海接濟通番和從事海上貿易的商民，這一特點現尤爲突出。如詔安地方，「闔鄉搶奪強凌眾暴視如飲食，……勾引連境山獞海艘，嘯聚百千，白晝剽掠乎鄉村，據險截劫乎商宦，歲無寧日。」[29]再如寧德五都之民，「星散擄掠，……經商出入，向賊買港給旗，……嗟以鳳鸞巢穴，犬羊所居，其禍可勝言哉！」[30]嘉靖、萬曆時期，爲禍沿海數千里達幾十年之久的「倭寇之患」成了當時一項極爲嚴重的社會問題。投入「倭寇」隊伍的，有爲數眾多的中國人，其中大部分是福建泉州、漳州一帶沿海的商民。在嘉靖前後，著名的通倭巨寇，如阮其寶、李大田、謝和、王清溪、嚴山老、許西池、張維以及二十四將、二十八宿等，差不多都爲漳州府人。[31]《東西洋考》論及嘉靖年間「倭患」的演變過程時說：「顧海濱一帶，田盡斥鹵，耕者無所望歲，只有視淵若陵，久成習慣，富家徵貨，固得捆載而來，貧者爲傭，亦博升斗自給，一旦戒嚴，不得下海，斷其生活。若輩悉健有力，勢不肯搏手困窮，於是所在連結爲亂，潰裂以出，……漳之民，始歲歲苦兵革矣。」[32]萬表《玩鹿亭稿》亦云：「海上強弱相凌，自相劫奪，因各結䑸依附一雄強者以爲船頭，或五只或十只，或十數只，成群分黨，紛泊各港，又用三板革㯕腳船不可數計，在於沿海兼行劫掠，亂斯生矣。」[33]

明中葉以後福建沿海商民下海貿易的亦商亦盜，固然有其反抗官府壓制的一面，但由於商品經濟的發展缺乏正常的社會秩序，這些亦盜亦商的沿海居民，往往帶有十分嚴重的投機心理，他們並不完全依靠海外貿易取得利潤，在相當程度上還透過搶掠沿海居民和其他海商來增殖財富，嚴重地破壞了沿海地區的社會安定。自嘉靖以來，沿海海寇不斷襲擾江南、浙江、福建、廣東各地，屠城掠邑，手段十分殘酷，給沿海居民帶來了極大的災難。當時記載云：「倭寇中國，擄掠男女，劫奪貨財，費靡刑傷不可勝計。」[34]這是有事實根據的。我們舉福安甘棠堡的記載爲例：「（嘉靖）三十八年己未（西元一五五九年）四月初十日倭奴萬餘紮住仙亭山，攻陷福安縣，魚肉生靈，虜掠少艾，官居房舍一炬焦土，古所謂塡巨港之岸，血流長平之窟，不異於斯時也。……至三塘（甘棠）之地概爲瓦礫，男婦擄殺奚啻千萬，古稱地利之雄，轉爲倭之行巢矣。」[35]至於海商與海商之間、海寇與海寇之間的弱肉強食、相互殘殺，就更爲司空見慣。如嘉靖年間著名海寇陳思盼、王五峰等，都是依靠殘殺異己而壯大的。所謂「王船主領番船二十只，而陳思盼往迎之，約爲一伙，因起謀心，竟將王船主殺害，奪領其船。其黨不平，陽附思盼，將各船分布港口以爲外護，而潛通五峰，五峰正疾思盼之壓己，而瀝港往來又必經橫嶼，屢被截迎，乃潛約慈溪積年通番柴德美，……內外合併殺之，……各船餘黨歸還，因無所依，悉歸五峰。」[36]明代後期稱雄海上的鄭芝龍海商集團，亦是依靠吞併顏思齊、劉香等其他海盜集團而稱霸一方的。

那些在山區活動的礦徒、棚民、靛客們，雖然他們的亦工亦盜性質不如海上商民那樣突出，但是在封建政府的壓制以及缺乏應有的經濟秩序的情況下，他們的工盜、商盜結合，有時也是很明顯的。舉永福山區的情景爲例，當時漳州、泉州、延平、汀州各府的流民在永福各地種菁栽蔗，伐山採木，時常爲變。嘉靖四十年（西元一五六一年），「漳人王鳳以種菁失利，因聚眾二十八都爲亂，不旬日，遂至數千人，監司發兵擊賊，糗糧不足，百姓皆逃匿。……西北諸都殘毀蕭然」。[37]萬曆十七年（西元一五八九年），正月，汀州丘滿「聚眾據陳山爲亂，……邑中束手無策」。十八年（西元一五九〇年）菁民包二、曹子貴更聯絡各地菁民，一起暴動，蜂洋、小姑、西林、赤皮、赤水諸處菁賊會盟爲亂」[38]。再如興化游洋一帶，亦時有菁客暴動，嘉靖末，菁客「溫子良、黃九烈、鍾三脅眾煽動樹幟，荼毒興、仙、永三縣生靈」。[39]萬曆十七年（西元一五八九年），廣業里黠盜柯守岳、曾廷邦等與「異郡菁紫諸邑客何南山、陳元泉、許一溪、邱汝夫、何西泉、顏玉湖等百餘人謀叛」[40]。明代福建山區經濟的發展，也可以說是在這種對抗的運動中逐漸前進的。

明代福建山海經濟的發展缺乏正常的社會秩序，工商業者得不到政府法律的保障，迫使他們走上亦商亦盜、亦工亦盜的道路，這更增強了整個社會的投機心理，妨礙了社會經濟的正常發展。人們所熱衷的是欺詐取巧、強凌豪奪，而不是用心於切實的發展生產，整個社會風氣從明代前期的敦厚古樸而向恃強凌弱轉變。如萬曆《建陽縣志》云：「往時民俗質厚，宗族比閭之間，由由于于，患難相維持，緩急相倚賴，居然古樸之風。邇來騖於澆漓，漸於侈靡，負權力者輒以勢漁獵其小民，挾機械者動以術籠絡其宗戚，告訐之風，日禁而日蕃」。[41]在海上貿易最爲發達的漳州一代，其澆漓之風尤甚，如《海澄縣志》云：「事雜易淆，物賴多覬，釀隙構戾，職此之由，以船主中上之產，轉盼逢辰容致巨萬，顧微遭傾復，破產隨之。」[42]崇禎《漳州府志》亦云：「豪門上族，實繁有徒，蜂目既嗔，豺聲乍展，始猶禍中黔庶也，終且煽害士紳矣。閭左無賴跋扈輈張，雞肋安拳，螳臂擢轍，始猶橫施村落也，終且明目都市矣。大都競勝終訟，競利啓衅、鼠輩因憑社作威虎，冠以生翼滋暴，狡者視暗劣爲奇貨矣。」[43]這種社會風氣的形成，更增添了商品經濟發展的風險性，給社會帶來不安定的因素。

造成這種商品經濟發展與社會環境不相適應的畸形狀態的緣由，除了上述政府與工商業者的對抗性、商品經濟發展缺乏正常的社會法律秩序以外，還在於生存的掙扎。福建山多地少，不斷增長的人口對於農業生產所造成的壓力，使得許多從土地上被排除出來的流民，生業困難，而且並非人人都可以在海上貿易和山區開發中取得生存，以致有許多失業的流民經常在飢寒交迫中掙扎，甚至轉死溝壑。於是，福建民間在亦工亦盜、亦商亦盜的同時，更游離出一些專以搶掠爲生的經濟土匪。他們沒有明確的政治鬥爭目標，往往僅侷限於一時一地的經濟利益，劫家掠舍，破壞生產，攔路剪徑，阻擾工商業活動的正常進行，造成明代中期以後福建山區連綿不斷的匪患。如閩西贛南交接一帶山區，長年爲盜賊盤踞之地。「瑞金縣壬田寨離縣三十餘里。路通車段頂長汀界，乃閩賊必由之路。及有地名新逕，離縣七十餘里，接會昌蛇山、武平、上杭白沙等處，地名竹園嶺背，與長汀古城隔山，南通桃源峒，俱爲流賊嘯聚之所。」[44]其中上杭三圖地區，尤爲盜藪，「惟三圖百餘年，無秋冬不嘯集，屢捕而不馴服，其山林險密，尤異他省，鄰省山寇共推之爲主耳」[45]。這些以搶劫爲主要目的的經濟土匪，對於社會的安定和經濟的發展是很不利的。

明代中葉以後，福建地區以至整個中國的社會經濟，特別是商品經濟開始快速發展，但由於中國傳統社會結構的堅韌性，使得這一時期商品經濟的發展與各種社會矛盾、階級關係的分化改組，錯綜複雜地交織在一起，加深了民間社會的不安定。再從當時的政治、法律環境看，不用說民間的販海墾山等工商業活動得不到政府和法律的應有保護，即使是一般的黃冊百姓，由於至明中葉時政府的各種行政機能已大大地變質墮落，各級政府大多只能魚肉百姓，對於保護民間老百姓的生命財產安全，實在已是無能爲力。舉明代龐大的軍事機構爲例，至明中葉時，「久而寢懈，漸以無存，其存者，則又苟且虛名，全無實用。甚至鎭海爲饒賊所襲，懸鐘爲倭奴所殘，銅山水寨爲海寇所焚毀，樓船戰具募然一空。弗所自保，焉能保人」[46]。謝肇淛在談及嘉靖萬曆年間永福縣的軍事治安時說：「所謂機兵者，徒以供縣官送迎存謝故人權貴於千里之外，而教場廢爲草坂，軍器庫乃不留寸鐵。……備數已耳，非能登鋒嘗寇者也。」[47]封建官府不能有效地保護黃冊百姓，社會的政治、法律環境一派混亂。

在這樣的情況下，福建民間所相信的是自身的實力，自身實力的強弱，將直接關係到社會、政治、經濟諸方面權益的占有。當然，在法制不健全的社會裡，人們僅僅依靠自身的力量是遠遠不夠的，於是，福建先民移居福建時那種家族互助的傳統，又在明中葉以後得到了新的體認。人們了解，只有增強家族的團結，發展家族的勢力，才能與器械相爭、弱肉強食的外部世界作有效的抗爭。我們前面所談到的福建各地整個家族地爲商、爲工、爲盜、爲賊的現象，便是人們依靠家族集體力量的一種表現。嘉靖、萬曆時期福建各地的「倭寇」，也是大多以自己的家族作爲據點依託，而肆虐於外洋異鄉的。如詔安縣梅嶺，「有林、田、傅三大姓，共一千餘家，男不耕作，而食必粱肉；女不蠶織，而衣皆錦綺，莫非自通番接濟爲盜行劫中得來」[48]。「亂民從倭者，集梅嶺，且萬家，……其在浙直爲賊，還梅嶺則民也，奈何畢殲之？」[49]，漳州附近的村落也是如此，「一村約有萬家，寇回家皆云做客回，鄰居者皆來相賀，又聚數千，其冬夏至柘林，今春又滿載仍回漳州去矣。」[50]當時月港附近的李、王、張、謝、林諸姓，都是著名的海商加海盜的淵藪，晉江安海的陳、楊、黃、柯、葉諸族，是以「入海而貿夷」而聞名一時。到了天啓年間，安海的鄭芝龍異軍突起，稱霸於明末東南海疆，其成功的一個重要因素，便是以其安海的鄉族作爲活動的根據地。直到他蕩平海上就撫明朝升官進爵後，他仍不願離開他的根本而龜縮於安海一隅。所謂「芝龍就撫後，……乃於安平置第開府築城，開海道，海船直通臥內，亭榭樓台，巧工雕琢，以至石洞花木，甲於泉郡。其守城兵餉自給，不取於官，旗幟鮮明，戈甲堅利，凡賊遁入海中，檄付芝龍取之如寄，海船往來，非鄭令旗不與通行。……故八閩以鄭爲長城，稱雄閩粵」[51]。鄭芝龍牢牢控制家鄉安海港，能得到本家族、本鄉土勢力的有力支援，割據稱雄，眞可謂如虎添翼。而鄭芝龍集團的成員組成，也正是以鄭氏家族爲核心，以鄉里人爲骨幹，然後向四周勢力擴展。這種海商力量與家族勢力、地域勢力的牢固結合，無疑大大增強了鄭芝龍集團的堅固性。

當然，明代福建的民間家族並非全是亦商亦盜，在當時紛亂的社會環境裡，即使是安分守己的家族，也不能不採取有效的措施，以保護本家族的生命財產安全。於是，各地家族紛紛團結起來，組織武裝，修築碉堡城寨，禦敵衛家。如漳州一帶，「平和小陂倡勇於前，漳浦周陂奮勇於後，……逆鳩族人習學技擊，教一爲十，教十爲百，少年矯健，相爲羽翼，每遇賊至，提兵一呼，揚旗授甲，雲合響應。……自是兵氣愈揚，人心彌奮」[52]。閩西永定前川堂堡的沈氏，「閩廣盜起，肆虐鄉邑，振奮身糾集子侄佃甲，以時訓練技射，保障一方」[53]。在福州一帶，鄉紳們倡呼：「今諸大姓族聚，宜聽自築以協守望，則巨鎮之堡，十可成其一二，局數十年間，海堡校聯，人各爲戰，……保障之上務也。」[54]明中葉以後福建家族武裝的興起，無疑大大加強了民間各家族的勢力，推動了家族制度的進一步發展。

明中葉福建社會的動蕩紛亂是促使民間家族組織發展的一個原因，此外，這一時期福建地區商品經濟的發展，也爲家族組織的發展提供了必不可少的經濟條件。特別是大量宗祠的建造，墳墓的建築，義莊族田的設置，隆盛祭祀活動的舉行等等，都需要相當數量的資金，而獲利倍蓰的工商活動，正好滿足了擴展家族組織的經濟需求。許多從事工商業活動的致富者，在傳統觀念的感召和現實環境的考驗下，紛紛解囊義舉，創辦家族事業，舉《聞見偶錄》中的兩則記載爲例：

> 蔡廷魁，字經五，泉州南安人，少貧落魄，游粵東，……資日起，亟迎其父母以養，厥後營室廬奉父母歸，構土堡以居族人，立大小宗祠，置祀產，俾族人沾先澤，有服之屬無令有鰥居失業者，設書塾捐修脯以課子姓，計所費較遺子者過半焉。
>
> 龍溪林瑤，字瓊仲，……幼孤而貧，貿易海上。……自振其業，建宗祠，祀自高祖以下，擘畫祭產，凡春秋之祭祀，歲時伏臘荐享之需，行悉必具，子姓讀書修脯書籍筆墨有供，自諸生試至禮部道路資斧有給。[55]

類似的記載，在福建地方志和族譜中，不勝枚舉，但有一點很值得注意，即這些義舉孝行人物，絕大部分是出自明代中葉以後。明代中葉以後中國的社會變遷在一定程度上改變了福建的經濟結構，使不少家族、家庭發財致富，而這些發財的族人，不忘其本，爲家族的發展貢獻了力量。

綜上所述，在明代中葉社會變遷的條件和福建特殊的社會環境裡，福建民間的家族制度，在傳統的基礎上，躍進到一個新的階段，家族組織日趨完善，家族管理日益嚴密，這種日益興盛的家族制度，在近五百年以來的福建社會裡，發揮了不可低估的作用。

注釋：

[1]左雲鵬〈祠堂族長族權的形成及其作用試說〉，載《歷史研究》1964年，第五、六合期；徐揚杰，〈宋明以來的封建家族制度述論〉，載《中國社會科學》，1980年，第四期。

[2]《張子全書》，卷四，〈宗法〉。

[3]同上。

[4]明，邱浚《朱子家禮》，卷一，〈通禮雜錄・祠堂〉。

[5]《鶴林玉露》，卷五。

[6]〈司馬溫公居家雜儀〉，轉引自福建《雲程林氏家乘》，卷十一。

[7]宋，龔明《中吳紀聞》，卷三。

[8]明，邱浚《朱子家禮》，卷一，〈通禮餘注〉。

[9]參見左雲鵬上揭文。

[10]眞德秀《西山先生眞文忠公文集》，卷二十四，〈塍亭記〉。

[11]《明律》第四，〈户律一〉。

[12]《明太祖實錄》，卷一百五十。

[13]《建陽府志》，卷八，禮俗，〈引弘治府志〉。

[14]崇禎《汀州府志》，卷四，風土志，〈引舊志〉。

[15]萬曆《永安縣志》，卷二，〈風俗〉。

[16]萬曆《泉州府志》，卷三，〈風俗〉。

[17]萬曆《永安縣志》，卷二。

[18]《明英宗實錄》，卷一七五。

[19]《重纂福建通志》，卷四十九，田賦，鄭紀，〈與龐大参書〉。

[20]《重纂福建通志》，卷二百七十，〈洋市〉。

[21]崇禎《海澄縣志》，卷十一，〈風土志〉。

[22]傅衣凌，《明清時代商人及商業資本》，人民出版社，1980年第二版，頁109-113。

[23]謝肇淛，《五雜俎》，卷四，〈地部二〉。

[24]鄭杰《虔台倭纂》，卷下。

[25]萬曆《永福縣志》，卷一，地紀，〈户口〉。

[26]民國《南平縣志》，卷十一，禮俗，〈引舊志〉。

[27]萬曆《大田縣志》，卷四，〈輿地志〉。

[28]萬曆《永福縣志》，卷一，〈風俗〉。

[29]《漳州府志》，卷四十二，〈藝文〉，許仲遠《奏設詔安縣治疏》。

[30]民國《甘棠堡瑣記》，卷下。

[31]傅衣凌《明清時代商人及商業資本》，人民出版社，1980年第二版，頁110。

[32]張燮《東西洋考》，卷七，〈餉税考〉。

[33]萬表《玩鹿亭稿》，卷五，〈海寇議〉。

[34]鄭舜功《日本一鑒・窮河話海》，卷六。

[35]民國《甘棠堡瑣記》，卷下。

[36]萬表《玩鹿亭稿》，卷五，〈海寇議〉。

[37]萬曆《永福縣志》，卷六，〈時事〉。

[38]同上。

[39][40]周華《游洋志》，卷八；鄭嶽《紀變漫言》。

[41]萬曆《建陽縣志》，卷一，〈風俗〉。

[42]崇禎《海澄縣志》，卷十一，〈風土志〉。

[43]崇禎《漳州府志》，卷二六，〈風俗考〉。

[44]天啓《虔台志》，卷四。

[45]顧炎武《天下郡國利病書》，卷九五；郭造卿《閩中分處郡縣議》。

[46]嘉慶《雲霄廳志》，卷八，〈兵防志〉，引林偕春《兵防總論》。

[47]萬曆《永福縣志》，〈武備〉。

[48]俞大猷，《正氣堂集》，卷二，〈呈福建軍門朱公揭〉。

[49]《漳州府志》卷四十六，〈紀遺〉。

[50]王文祿《策樞》，卷四。
[51]《安海志》，卷二六，〈鄭成功傳附芝龍傳〉。
[52]嘉慶《雲霄廳志》，卷八，〈兵防志〉。
[53]道光《永定縣志》，卷二十六，惇行傳，〈沈玉振〉。
[54]郭造卿《海岳山房存稿》，卷十一，〈土堡〉。
[55]雷翠庭《聞見偶錄》。

第三章

祠堂與族譜

祠堂是一個家族組織的中心，它既是供設祖先的神主牌位，舉行祭祖活動的場所，又是家族宣傳、執行族規家法、議事宴飲的地點。因此，祠堂設施的完善，實際上成爲宋明以來家族制度發展的主要標誌。

學界一般認爲中國家族祠堂的建造始於宋代，就全國的情景而言，大體是對的，但是由於福建地區的開發是與北方士氏的入遷聯繫在一起的，聚族而居的習俗古已有之，爲了強調家族的存在和作用，福建民間有些家族的祠堂建造，可以追溯到唐朝和五代時期。在福建一些較古老的姓氏如林、陳、黃、方的族譜中，都可以看見這種記載。如莆陽刺桐金紫方氏的祠堂，便建自唐末。「僖宗中和四年（西元八八四年）……廷范公歷宰閩三邑，遂居於莆，葬父祖於烏齊豐田，……營精舍以奉先，合族六子水部仁遜、秘書監仁岳、著作仁瑞、大理司直仁遜，禮部郎中仁載，正字仁遠咸協力以成父志，貿得隙地，復買八埏及某司業圃以益之，於是荐福始有祠。」[1]林氏家族，「唐武德貞觀間，吾林自中州入閩始居之（鳳林），已復徙澄渚，則梯雲遺跡，至今有焉，……，而九牧列祖祖堂儼然。宋末亂離，因割墓前給沙門爲啓精廬。……歷唐宋迄今千年，祠宇屢經修建。」[2]宋元時期，陸續有一些家族修建祠堂，如南宋莆田林氏「建先祠」、「置祭產」[3]。建陽陳氏家族的祠堂，則始築於元代。[4]然而一直到明代以前，祠堂的建築還侷限於巨家大族，一般的庶民家族尚未普及。

明代中葉以後，激烈的社會變遷加深了福建民間家族加強內部控制的緊迫感，而山海商品經濟的發展，又爲家族組織的建設提供了一定的經濟基礎。於是，福建民間家族的祠堂建造，進入了繁盛時期。唐宋以來早有建造祠堂的家族，祠堂的規模和數量不斷擴大，那些在宋元時期尚未建造祠堂的家族，也紛紛興起建造祠堂的熱潮，如連城新泉張氏家族，在明代萬曆以前，族眾已有千餘人，尚未建造祠堂。萬曆三十一年（西元一六〇三年）始，「擇吉庀材，造堂一間。……又越十五年丁巳（西元一六一七年），郁台公按家禮祠堂三間之制，於徐公祠（縣令功德祠）後更造一室，以棲先靈，以聯族姓。蓋未有祠堂之前，六股子姓各房一門，不相聚會故也。……又越有十八年，崇禎甲戌（西元一六三四年）建中亭大增華彩，……祠既成矣，祖既安矣，族既聚矣。前人肯堂，後人肯構，於是乎大壯厥觀矣」[5]。安海黃氏家族，明代前期於祠堂尚「未暇造也」，正統間建「逸敦堂」，「不過數椽」，到嘉靖年間，由「諸族之長者賢者度材鳩之，改增式廓」，幾經修整，最後於萬曆間才全部完工。其族人南京禮部尚書黃汝良在《祠堂疏記》中寫道：「（祠堂）草創前有堂而後無寢，……正昔絀有待我後人身。夫禮者爲大孝不儉其親，今子孫或千倉萬箱，而祠堂獨就簡因陋，居室多美輪美奐，而祀先卻不軌不物，祖宗神靈能無怨恫乎？……以榮辱相連通之理，於勢亦不得不改。此日我黃祠堂鼎新斷斷，……願我宗族同心協心襄贊祀事，庶幾並藉祖德以邀福於無窮云。」[6]安海是明代福建著名的海商聚居地，黃汝良的《祠堂疏記》道出了當時社會變遷對於家族祠堂建造的促進作用。

我們曾對閩北地區若干家族祠堂的建造情況作了統計，其結果也證實了祠堂建造的這一時代趨向，茲將有關的統計情況列表引述如表3-1[7]。

如表3-1所示，閩北各族的建祠時間，除少數理學家（朱、蔡）及名宦（李）的後裔之外，都是在明中葉至清末，可見這種情況是福建民間家族祠堂發展的一般趨勢。

明中葉以後福建祠堂的發達體現在家族內部祠堂的細分化。一般的家族，不但有一族合祀的族祠、宗祠，或稱總祠，而且族內的各房、各支房，也往往有各自的支祠、房祠，以奉祀各自直

表3-1　閩北地區祠堂建造統計情況

族　　別	家祠始建年代	資料來源
建陽（水南）傅氏	明萬曆	民國（宗譜）卷一
建陽（麻沙）蔡氏	宋紹定	光緒（宗譜）卷四
浦城東海徐氏	清雍正	民國（宗譜）卷一
邵武本仁堂李氏	宋淳熙	民國（宗譜）卷八
建陽紫陽堂朱氏	宋紹定	光緒（宗譜）卷一
浦城（北鄉）占氏	明崇禎	光緒（族譜）卷二十一
浦城勃海吳氏	明（年代不詳）	光緒（家乘）卷一
歐寧屯山祖氏	清康熙	道光（宗譜）卷八
建陽蕭氏	清咸豐	光緒（宗譜）卷一
浦城金章楊氏	清道光	民國（宗譜）卷十一
邵武樵西何氏	清乾隆	民國（族譜）卷尾
浦城（華陽）劉氏	明弘治	民國（族譜）卷五
歐寧程源余氏	明天啟	民國（家譜）卷一
浦城黄柏崔氏	清同治	同治（族譜）卷十一

系的祖先。漳州府的詔安縣，「居則容膝可安，而必有祖祠、有宗祠、有支祠。畫棟刻節，糜費不惜」[8]。興化府屬，「諸世族有大宗祠、小宗祠，歲時宴飨，無貴賤皆行齒列。凡城中地，祠居五之一，營室先營宗廟，蓋其俗然也」[9]。我們曾調查連城新泉的張氏家族，除總祠之外，另有支祠二十四座。惠安山腰的莊氏家族，族眾數萬人，大小祠堂之數連其族人都說不清，據說有一百餘座。福州郊區尚幹鎮的林氏家族，族眾近萬人，為了顯示族威，大宗祠蓋進會城，連共城鄉各處大小祠堂，不下五十座。《延壽徐氏族譜》載該族有祠堂三十二座，另有書堂二座、牌坊十四處、堂匾四十塊、寺宇十二座、石塔二座，均與祭祀祖宗有密切聯繫。[10]

隨著家族人口的繁殖，原先的居住地點已容納不下族人們日益增長的生產和生活需求，於是許多家族往往出現分支遷居外地的現象，以尋求新的生存空間。這樣，同一個遠祖而又不是居住在同一個地方的族人，也往往合建超地域的大宗祠，以奉祀共同的祖先。如仙游縣黃氏家族，派下子孫散居三十餘村，各地黃姓集議在縣城合建黃大宗祠，所謂「吾黃姓在仙，或自省來，或由莆至，或自泉遷，要皆來源於江夏，於是本親親之誼，建大宗祠於縣城」[11]。林氏是福建省人數最多的大姓之一，後裔遍布八閩各地，清代前期其族人爲官者在會城福州創造林氏大宗祠。「九牧（林氏）世居莆田，或移處仙游、漳浦、福州、侯官、長樂、連江、泉州、漳州、永春、龍岩諸州各縣，暨福唐及上府，連潮州、嘉應州，皆其苗裔，故唐宋以來林氏號爲昌宗。……我族姓僉議於會城內創造大宗祠，廟前奉祀祿公始祖及夫人孔氏……此亦敬所尊，愛所親，敦倫睦族之意也。」[12]甚至連許多遷居台灣和海外的福建分支子孫，也在台灣及東南亞等地合建大宗祠，並與福建的始祖宗祠保持密切的聯繫。民國時期，閩西漳州一帶旅居馬來西亞、新加坡一帶的許氏華僑，就曾聯袂回鄉倡建新加坡許氏大宗祠。泉州等地旅居東南亞的陳氏華僑，亦曾大規模回鄉舉行對譜引香火活動，以慶祝吉隆坡陳氏大宗祠的建立。在這種超地域的同宗祠堂的建立過程中，已經日益疏遠的血緣關係再度受到了重視。

以家族祭祀、議事和執法爲主要用途的祠堂，是家族權威和血緣關係的象徵，爲了維護祠堂的神聖和莊嚴，福建民間各家族對於祠堂都有一系列的管理規則，以保持祠堂的整潔和香火有期。有些強宗大族還專門設有祠堂司事和祠丁來負責祠堂的日常管理和灑掃上香。司事一般由族內精明強幹者擔當，而祠丁則多由孤寡無業之人充任，地位比較低賤。《平江陳氏族譜》中的《祠丁條約》規定：「一、每月十四、三十兩日，（祠丁）須到司事處領鎖匙開門，將各處堂屋灑掃潔淨，不許堆積灰塵。一、朔望香典，務先一日拈香牌通知值輪，又赴司事處領香錢百文備香蠟以便族人行香。香滿巡視清楚，將祠內門戶關鎖，鎖匙仍交司事處。一、夜間各地門戶應小心巡查火盜，不許疏懈。」[13]對於一般的族人，也不允許有損害祠堂的行爲，如長樂《曾氏家譜》規定：「一、宗祠內外不准私放畜類，以及不准夏秋曬穀至於垂涼寢睡等事，違者罰錢一千文充祠公用，若再抗罰，族房齊集呈官究治。一、祠堂內外凡有安囤家私柴草即在祠前焚化示眾。」[14]有的家族還規定族人損壞祠堂物件必須賠償公罰，婦女兒童不得隨意入祠，族人修建居室不得有礙祠堂風水等，尤其是那些有損於家族道德的行爲，如行竊、賭博，更是祠堂的嚴禁規條。如平江陳氏家族規定：「不許招引閒人到祠聚談聚賭，祠人人眷不許吃食洋煙。」[15]曾氏家族也規定：「禁排列賭桌，凡宗祠遇有祭典演戲等事，宜陳設宗器以壯觀瞻，不得排列賭桌，違者呈官究治。禁擄人勒贖。……寄在祠內，務宜禁絕此風，違者呈官究治。」[16]這些祠規從各個不同角度維護了祠堂的莊嚴和聖潔，保證了祠堂功能的正常發揮。

福建民間家族強調血緣關係的另一項重要措施，是族譜、家乘的修撰。如果說祠堂是用血緣關係把族人們牢固地紐結在家族組織上的活動中心，那麼族譜、家乘的修撰，便是爲家族組織的活動建立完備的檔案資料。

中國的家族譜學由來已久，特別是唐以前那種專門研究世家大族門第高下、維繫門閥制度的譜學，曾經在漢末、魏晉南北朝以至隋代、唐初興盛一時，但隨著唐代門閥制度的不斷衰落，這種古老的譜學也隨之退出歷史的舞台。而維繫近代家族制度的新譜學的興盛，與家族的祠堂建設一樣，主要始自宋、元以後，特別是明清時期才大力發展起來的。安溪《謝氏總譜》中論及近代族譜與古代譜學的差異時說：

自氏族立而後譜學興，然世代之風俗不同，宗支之派系亦異，是以作譜之義例大有判別。如《經籍志》載王僧孺諸人撰《百家譜》、王司空諸人撰《諸姓譜》，此合眾姓樹一譜也。《藝文志》載劉沅諸人撰家譜，蘇洵諸人撰族譜，此只一姓之譜也。蓋唐以前意在別流品備選舉通婚姻，故宜百家諸姓之譜，宋以後意在溯淵源分疏戚序尊卑，故宜一家一族之譜也。[17]

福建的族譜，正是在這種「溯淵源、分疏戚、序尊卑」的動機驅動下於明代以後普遍出現的。如惠安峰城劉氏族譜始於明末子命公的倡導：「積十五年之苦心修成族譜，源源本本不致渙散，至今近三百年，其原本相遞而傳之於吾家，寶之秘之。」[18]泉州梅溪陳氏家族，其族譜「相傳修葺自太學介石公之手。介石公以弘治丙辰（西元一四九六年）歲貢入太學，丁巳（西元一五五七年，即嘉靖三十六年）卒。」[19]泉州薛氏族譜亦創自明中葉：「吾家宗譜創自有明中葉，當世伯南塘公之世。」[20]再如連城新泉張氏家族，「吾始祖榮興公肇居新泉，孫枝蕃衍，瓜瓞綿延，亦云渙矣。然而族譜之立，昉於前明八、九（天啓、崇禎間）世族譜之修」[21]。

明中葉以後福建民間編纂族譜逐漸普遍化的同時，許多家族把編纂族譜作爲後代子孫的一種義務而寫進族規，以保證族譜續修的相沿不斷。如浦城季氏規定：「譜宜三十年一修，若不遵此，即屬不孝。」[22]《閩浦房氏族譜》亦規定：「宗譜有賢子孫或十年、三十年一修，則存沒葬地，時日不爽，先儒云一世不修譜爲不孝，宜知之。」[23]《湖茫李氏族譜》云：「譜牘須定三十年一修，毋得久延，致難稽查，凡屬外支，務須查明世系源流，相符者方准聯修。」[24]這樣，修纂族譜便成了家族組織的一項永久性事業。

福建民間各家族族譜所記載的內容詳略不一，一般言之，除了記載全族的戶口、婚配和血緣關係外，還有全族的墳墓、族田、族產、祠廟等的四至方位和管理使用法，家族的規約訓誡，修譜凡例義則，各類合同契約文書等。有些比較詳細的族譜，還記載有家族歷代的重大事件與外界糾紛、可風獎的人物傳記、科舉出仕以及義行芳名錄等。

儘管各個家族因經濟和文化條件的侷限，致使族譜的記載詳略有不同，但大凡家族的世系源流、血緣系統，卻是每一部族譜中最爲基本的內容，也可以說是族譜的核心。因爲修纂族譜的主要目的，就是爲了防止血緣關係發生混亂而導致家族的瓦解，所謂「傳襲世遠，子孫日繁，或叔侄位次高下之倒置，或兄弟名字稱呼之重複，家於市井者或不知山林之族屬，居於鄉村者或罔識城邑之戚疏，未必不由家譜不足徵故也。」[25]因此，爲了有效地聯絡這種逐漸疏遠的血緣關係，修纂族譜以理清家族的血緣關係便不能不成爲一件極爲重要的事情，所謂「譜牒明則昭穆分，而長幼序，尊卑別，而親疏辨」[26]。「親疏派別得譜則溯其源，上下支分得譜則窮其本，即蕩析代變而皆有所考焉。」[27]

福建各家族在修纂族譜時雖然都強調血緣關係的重要性，但是當我們仔細地分析了族譜中的血緣關係後，發現各個家族並沒有完全做到這一點。實際上，維護家族內部血緣關係的純潔性，只是族譜中所要體現的宗旨的一個方面，而在另一個方面，透過血緣關係世系源流的考訂排列，強調本家族血緣關係的高貴傳統，從而達到提高家族和族人的自尊心和榮譽感的目的。爲了達到這一目的，各個不同家族在修纂族譜時的共同作法，是盡可能地把自己的祖先與中國先朝的某些名人、望族聯繫在一起。如《清溪謝氏族譜》稱「吾謝之著姓也，爲周宣王時所稱元舅申伯，有大功封於謝，子孫因以爲氏，世居河南光州之固始縣，及漢晉時家世人材輩出。又稱江左風流焉。」[28]《林氏族譜》稱：「林氏出自子姓殷少師比干，諫紂而死，其子孫逃於長林，周武王已克商，封比干墓，爵堅郡公，命爲監，賜姓林氏。」[29]房氏家族則自稱「乃陶唐氏之後，至唐而玄齡公發祥焉，他如仕宦顯名當者代有達人」[30]。族譜中的這種血緣追遠溯源，並不一定眞有所據，大多只是攀強附會。我們曾翻閱過清代名臣及名儒李光地家族的族譜，他們所追溯的祖先是道家創始人李耳，該族譜儼然記道：

> 老祖伯陽公名耳，號伯陽，謚聃。周宣王四十四年（西元前七八四年）庚辰歲（似為丁巳年）二月十五日生於楚之苦縣屬鄉曲仁里，以生時耳有漏，白髮盈首，故名耳，亦呼曰老子，仕周為柱下吏。孔子五十一歲時謂南官敬叔曰：「吾聞周有老子，明道德之源，識禮樂之歸，則吾師也，吾將學焉。」……（李耳）著書上下篇，言道德之意，五千餘言，與清靜諸經並稱《太上十三篇經》。……公娶陳氏，生二子，長曰宗，衍隴西；次曰德，衍趙郡。……我湖（安溪湖頭）李出隴西，為唐高祖李淵公之苗裔。[31]

這些記載當然純屬子虛烏有，但是，耐人尋味的是這部族譜曾經李光地續修改訂，李光地號稱理學名臣，對先秦諸子百家學說造詣甚深，但他對於這篇有關其祖先淵源的文章，依然讓其流傳下來，可見福建族譜中的先世附會，大多是明知故犯。因爲這樣做有助於提高家族的社會聲望和地位。現在同安縣、金門縣有彭氏家族，其祖先也溯源到「隴西衍派」，始祖雖不是李聃，但也是神仙彭祖。[32]惠安有一個郭氏家族，是道地阿拉伯回教徒的後裔，至今仍奉行回教徒的習俗，但我們從他們的族譜中，看到他們所追溯的祖先，竟是中唐平定安祿山之亂的名將郭子儀。在閩西客家人的一些郭氏族譜中，也往往把自己的祖先奉為中唐名將郭子儀。顯然，這樣的記載是很不符合實際的。

即使是遷居入閩後的歷史，族譜中對其始遷祖的記載也並非完全可靠。如《莆田九牧林氏譜》稱其入閩始祖林祿，為永嘉時晉安太守；《文峰陳氏族譜》亦稱其入閩始祖陳潤為永嘉時晉安太守；又《莆田南湖鄭氏譜》稱其入閩始祖鄭昭，永嘉時為福、泉二州刺史。如此說來，晉永嘉二年（西元三〇八年）林、陳、鄭諸姓同時避亂入閩時，其祖先同時為閩中地方長官，則當時閩中太守何其多？更何況晉永嘉時福建僅設晉安一郡，又何來福、泉二州？《九牧林氏族譜》把其始遷祖林祿稱為「晉安郡王」，更是荒誕不經。自漢朝分封，非劉氏者不王，相沿至唐初，異姓大臣封爵僅至國公止，林祿名不見於《晉書》等正史經傳，豈能獨自封王！

因此，就族譜中的血緣世系而言，各家族對先代祖宗的追溯，大多是撲朔迷離，不可盡信。但是這樣的族譜記載，正符合於修譜為家族制度服務的宗旨，它從觀念上強調了家族的優越感、榮譽感，從而為加強家族內部的團結和鞏固家族的社會地位，起著積極的作用。

由於族譜對先代祖宗的追溯大多牽強附會，造成各個血緣世系的記載呈上略下詳的情況。現居地始祖以上的世系往往語焉不詳，輕輕帶過，而自遷居始祖以下，則代代排列，嚴格分明，不容混淆。如浦城《房氏族譜》在修譜凡例中規定，在記載血緣世系時遇到如下幾種情況要特別注意：

一、繼子注於所生之下，承伯叔某為嗣，然後直書於所繼之下系某第幾子某為嗣，明宗枝也。

一、男子為人僕及出家者，削之不錄，能歸有室者書之，與其自新也。

一、嫁婦、出婦、再醮入者，概不書生卒年月，上書娶某某氏生某子，蓋子無絕母理也。

一、娶孕婦而生者，譜所不錄，或乏嗣而無昭穆，應繼無可祧者，至抱異姓之子，雖注明於所養父之下，並無牽絲以防亂宗。

一、婢女得幸者曰妾生，有子者書之，而使知所自出，不以其賤而廢之。

一、宗裔分居外里者曰遷，依婦家而居者曰贅，明其辨也。

一、乏嗣者不曰無後，而曰無傳，不忍斥言也[33]。

顯然，透過區分這些非正常的繼嗣情況，更凸顯出家族正統血緣的純潔性。而在正統的血緣世系中，也應對於不同的房派，根據親疏情況加以區別，所謂「修譜所以明宗派、別親疏，凡我共祖子孫雖極寒微必須收載，其有同姓而所宗各異，縱富貴不敢妄援」[34]。其中對大宗宗子的世系尤爲強調，「宗子之旁應書大宗幾世，則小宗自可知也」[35]，以確保大宗宗子在家族中的領導地位。至於一般的子孫，在各自的世系中應「先書名，次字，次行，履歷出處生終，某葬某處，娶某氏，繼娶某氏，生終葬所，生幾子女，適某，詳其實也。異母者分注之，別所出也」[36]。

爲了使家族內部的血緣關係更加上下有秩，歷歷可查，福建的許多家族都實行名字排行制度，即在同一輩分的族人中，名或字必須用某一個統一規定的單字起頭，再與其他單字結合成名或字，以示區別。如某一父輩共生五個兒子，兒輩之名規定以「文」字排，則五兄弟可分別以「文強」、「文祥」、「文祺」、「文翰」、「文祉」爲名，這樣，在族譜中一看到「文」字排行，便可知道這些人是兄弟或堂兄弟輩分。有的家族則在名與字之後，另用統一的表行加以區別。惠安《劉氏族譜》陳述這種名字排行的作用時指出：「行者，列也，雁群飛必排空橫列，遙而望之參差如一，故父之齒隨行，兄弟之齒雁行。……字而綴之以行，列之以之，行明等也，次教辨也。曰某行曰某次，而眾明於諸祖諸父、群季諸孫之序矣。」[37]

這種以名、字、表行來強調與區別血緣關係的作法，有的是由祖、父輩臨時決定排行用字。如安溪謝氏家族規定：「子孫表名字，俱要取玉側絲邊之類，一般字樣甚便收譜，亦顯祖宗和睦。」[38]這裡，只籠統規定用玉側絲旁的字，而沒有具體規定用哪些字。而有的家族，則由某一祖先選定一系列的排行用字，記載於族譜中，後代子孫便沿用這樣成規的排列用字次第起名字，不得紊亂，如惠安劉氏家族的對門房行序是「予孟成弘，乾慶復樹，邦君建侯，伯仲聯芳，恢大第也，孫曾繼美」[39]。浦城房氏家族，「始祖從貴公由山東肇基浦城，前代已定『聯明睿智寬裕溫柔』八字爲行派，今經眾議當家乘肇修，柔字以下增修三十二字，倫序世次，永爲定規。又照續先世行派貼字以下增定各派三十二字，以防名分以別尊卑：

一、定行字記：派衍山東，族開拓浦，德貽慈孫，緒纘列祖，東壁書林，西園藝圃，奕葉流芳，餘風太古。

一、定名字記：景聚建邦，應毓賢良，傳家忠厚，華國之章，欽明允協，錫慶聯芳，光輝盛業，蘭桂蕃昌。[40]

族譜中的名字排行制度，不僅使家族內部的血緣關係和上下倫序關係分明可辨，而且還有助於聯絡不同區域內的同宗遠支族人的血緣感情。同一姓氏的不同分支家族，經常利用族譜中的血緣世系排行記載，進行「聯譜」活動。世代疏遠的同姓族人，只要一查核名字表行，便可分清各自的輩分世系，建立起親密的聯系。如安溪謝氏家族，曾於民國年間合數十宗支進行大聯譜，輩分分明之後，各宗支子孫公議決定排行班次悉歸畫一，修纂總譜。「總譜頒發各族之後，已命名者仍從舊班行，初命名者即用新班行，但必照舊班行父輩之尊卑，用新班行詩句之次第，……不得錯亂。」總譜頒發之後，各族族譜由各族自修，「但不得置新班行，仍用舊班行，致礙聯合通譜之例」。[41]金門縣歷史上隸屬於泉州同安縣，蔡氏家族的子孫分居同安縣新店鄉和金門的楓林村，兩地蔡氏沿用同一排行用字，即「景太靖延用啓喬，汝士復根炷基銓，淑梁熙培鑄洪財，珍海棠榮遠倉喜」。[42]故解放後雖隔絕數十年不通音問，近年重聚，一對輩行用字，便可分明尊卑親疏，尋根問祖。透過這種聯譜和修纂聯合大宗譜的活動，擴大了家族的勢力。謝氏家族裔孫謝維峻在《聯譜序》云：「聯之以譜，化弱小為強大，轉柔脆為堅剛，眾志成城。」[43]正指出了這種大聯譜活動的實質。

族譜在強調血緣關係的同時，還以其家族的道德價值標準來褒貶家族成員的行為，如泉州薛氏家族的《族譜義例》規定：「狀傳錄考妣之賢也，……賢者俱可不拘顯晦，示不遺小善也。至列妣有傳，節婦有傳，內女有傳，皆因賢而通錄之。」[44]連城張氏家族的《族譜例言》云：「有犯奸淫干礙倫常者，……當以黛墨塗其名，注以奸淫滅倫。……族內倘有作奸犯科之類，族房長知之，必通聞合族齊集祠堂，割去其譜。……輕身以假人命圖賴人者，通族眾攻其罪，公首呈官，仍於譜名下注以圖賴人命四字。」[45]浦城房氏家族亦規定：「鬻祖墳祀田，及家譜侵犯祖宗悖逆亂倫者，即書於本人之下，以懲不孝。」[46]這些措施，不僅使族人們的日常行為受到勸獎懲儆，家族的道德規範得到進一步的體現，家族的權威得到加強，而且，家族成員的良好社會行爲，對於鞏固和提高家族的社會地位和聲望，也有一定的益處。顯然，修纂族譜時所奉行的勸獎懲儆原則，對於維護血緣的純潔性和促進家族精神的發揚光大，起著不可忽視的作用。

總之，祠堂和族譜都以強調家族的血緣關係爲核心，用血緣的紐帶把族人緊緊地聯結在一起。在祠堂和族譜的交互作用下，家族成員具有十分濃厚的家族和家庭觀念，這種觀念不僅是維護家族聚居不散的精神支柱，同時對於那些游離在外地的族人，也有莫大的感召力，當官爲宦的族人固然以衣錦還鄉爲榮耀，即使是那些浪跡天涯的工商者流，亦大多念念不忘故里，舉連城《李氏族譜》的兩則記載爲例：

> （李）香泉，弱冠習舉子業，然天性至孝，年十九因念父垂老外貿，侍奉無人，即輟業援例入國學，隨父賈于白水鎮，遂居焉，厥復十有餘載，一夕忽念先人廬墓俱在連城，雖每歲祭祀父歸，而本源之念，桑梓之慕，輒勃發於中，而不能自己，於是決然遂奉其父而挈眷而旋。
>
> （李）梅亭，……賈于江右之白水鎮，……凡所籌劃皆中機宜，獲倍息，年二十七乃受童于其地，因喬居焉。……每春秋祭必歸，四百餘里一歲再往返，不以他務奪，不以風雨阻，其有孝思誠篤如此。[47]

《永定縣志》記載該縣風俗時云：「商之遠販吳楚滇蜀不乏寄旅，金豐、豐田、太平之民渡海入諸番，如游門庭，……少壯貿易他省，或每一歲，或三五歲一回里。」[48]這種情景實際也是福建各地在外經商爲工者的一般作風。近現代福建沿海有大量移居南洋各國的華僑，每年均有大量的僑匯寄回鄉里家族，成爲家族、家庭成員的重要經濟生活來源，據解放初對晉江僑鄉的調查，涵坂村的二〇九戶僑屬，生活絕大部分靠南洋僑匯者一二七戶，約占60％；半數靠僑匯者五十一戶，約占24％，其少部分靠南洋僑匯者三十一戶，約占14％。[49]至於海外華僑捐助家族建造祠廟、起造寺廟、購買族田，以及組織大型家族祭祀迎神賽會活動，更是屢屢可見。祠堂和族譜所強調的同宗共祖血緣關係，把游離四方的族人有效地聯繫在一起，而族人們對於家族的向心力量，又進一步促進了家族制度的向前發展。

注釋：

[1]《莆陽金紫方氏族譜》，〈莆陽刺桐金紫方氏歷代祠堂碑記〉。

[2]《林氏宗譜》祠堂。

[3]宋濂《宋文憲公全集》，卷十二，〈莆田林氏重建先祠記〉。

[4]建陽《陳氏家譜》〈祠堂記〉。

[5]《連城新泉張氏族譜》，卷之首，〈張氏家廟祠堂記〉。

[6]《莆陽鞏溪黃氏家譜》〈祠堂〉。

[7]鄭振滿〈明清閩北鄉族地主經濟的發展〉，載《明清福建社會與鄉村社會》，廈門大學出版社，1987年版。

[8]陳盛韶《問俗錄》，卷四，〈詔安縣〉。

[9]《重纂福建通志》，卷五十五，〈風俗〉，引《莆田縣志》。

[10]福州《延壽徐氏族譜》，卷二，〈祠堂先塋〉。

[11]民國《仙溪黃大宗祠公簿》。

[12]《林氏宗譜》，卷一，〈重建晉安郡王祠堂記〉。

[13]光緒《平江陳氏族譜》，祠丁條約。

[14]長樂《感恩村曾氏族譜》宗祠規條。

[15]光緒《平江陳氏族譜》，卷一，〈祠規〉。

[16]長樂《感恩村曾氏族譜》，宗祠規條，宗祠嚴禁十條。

[17]安溪《謝氏總譜》，卷首，〈聯譜序〉。

[18]惠安《峰城劉氏族譜》，〈修族譜序〉。

[19]泉州梅溪《陳氏族譜》，附錄，〈裱續舊譜前序〉。
[20]泉州《薛氏族譜》，卷首，〈續修薛氏族譜序〉。
[21]連城《新泉張氏族譜》，〈光緒戊子重修族譜序〉。
[22]民國《浦城高路季氏宗譜》，卷一，〈譜訓〉。
[23]光緒《閩浦房氏族譜》，卷首，〈修譜凡例〉。
[24]浦城《湖茫李氏族譜》，〈族規〉。
[25]安溪《謝氏族譜》，卷首，〈清溪謝氏指南序〉。
[26]上揭書，卷首，〈重修清溪謝氏族譜序〉。
[27]連城《新泉張氏族譜》，卷首，〈壬午重修序〉。
[28]安溪《清溪謝氏族譜》，卷首，〈謝家分派源流考〉。
[29]《林氏宗譜》，〈晉安世譜校正序〉。
[30]《閩浦房氏族譜》，卷之一，〈修譜凡例〉。
[31]《安溪湖頭李氏宗譜》，〈李祖伯陽公聖傳〉，又源流。
[32]參見《同安文史資料》第五輯。
[33]光緒《閩浦房氏族譜》，卷一，〈修譜凡例〉。
[34]光緒《閩浦房氏族譜》，卷一，〈房氏譜例〉。
[35]《清溪謝氏宗譜》，〈伴讀公修族譜時定示訓〉。
[36]光緒《閩浦房氏族譜》，卷一，〈修譜凡例〉。
[37]惠安《峰城劉氏族譜》附錄，〈字行說〉。
[38]《清溪謝公宗譜》，〈伴讀公示訓〉。
[39]惠安《峰城劉氏族譜》，〈字行說〉。
[40]光緒《閩浦房氏族譜》，卷一，〈修譜凡例〉。
[41]民國《安溪謝氏宗譜》凡例，〈班行詩〉。
[42]參見《同安縣文史資料》第六輯，〈同安、金門的蔡氏家譜〉。
[43]民國《安溪謝氏宗譜》，〈聯譜序〉。
[44]《薛氏族譜》，卷一，〈族譜義例〉。
[45]連城《新泉張氏族譜》，卷首，〈族譜例言〉。
[46]光緒《閩浦房氏族譜》，卷一，〈凡例〉。
[47]連城《文川李氏七修族譜》，〈列傳紀上〉。
[48]道光《永定縣志》，卷十六，〈風俗志〉。
[49]華東軍政委員會土地改革委員會編，《福建省農村調查》，頁88。

第四章

族產與義田

家族共有財產是福建民間家族組織的另一個重要內容，是維持家族制度得以運行的經濟支柱，其作用不下於祠堂、族譜，它與祠堂、族譜互爲配合，把族人們有效地聯結在一起，形成了家族組織的基本架構。

福建民間族產包括土地、山場、房屋、橋渡、沿海灘塗以及水利工程、水碓碾房等等生產生活設施。隨著明中葉以後社會經濟特別是商品經濟的發展，福建各個家族也紛紛涉足於工商業活動。於是，族產中增添了諸如店屋、生息銀兩、墟集等方面的內容。許多家族通過出租經商店屋和管理墟集來籌集家族經費和增殖家族財產。如連城張氏家族，「先祖原購店鋪，編列天地人和四號，上手出租於人，歸大宗永遠管業，正月十四日收租不得推前越後」[1]。泰寧杉易鎭歐陽氏，清中期有店房七十一棟，每年收租錢一百八十餘千文。[2]浦城縣徐氏家族，亦有店房若干座，其中文甫公祭產店房，「向租店面者收店租二十二千文。」[3]至於明清時期福建各家族在本地域內設置族墟、族市的現象也相當普遍，如連城鄒氏家族在乾隆年間公議設立公平墟，「憶昔吾鄉新開公平墟，先輩早有以舊墟稍遠，每思自辟一區，便於交易，然托諸空言，未果舉行。至乾隆戊戌歲之十一月十八日始議，一唱百和，眾心齊一，而十九日即起圩場，赴集如雲。……嗣後公平墟墟場墟租勝公房子孫分收圩租一半，敷公房、禮崇公、禮衡公、雄公、希孟公、永生公五公子孫收圩租一半」[4]。再如上杭蛟洋集場爲傅姓所開設，新坊集場，爲李氏等開設，「向各鋪販收租，向官完糧，其地址爲貿易用，不准外姓築造店屋」[5]。順昌縣禾口的張氏家族，於明萬曆間創建「禾口墟」，不僅歷年徵收店租、地租，而且持有對整個墟市控制權，墟界之內，寸土悉歸張氏所有，不容外姓染指。[6]連城張氏家族亦有新泉墟，爲了加強對族墟的管理和控制，該家族在《族規》中定下條款：「今議照依官升官斗公立式樣，不得任意加減，亦不得摻糠灌水（指交易米糧），此處買賣者自行交易，並無粒米寸粟費落旁人，亦無米牙人等，應如眾議守良規，違者公罰，頑則呈官究治。至於秤要十六兩，戥要十三號碼，銀水九四色。諸凡買賣如豬肉等項，務要眞實無傷，市價不二，庶幾稱其公平。」[7]明清兩代福建民間家族涉及於工商業領域，這一方面說明其自身的機能隨著社會經濟的變遷而自我調節，顯示出較強的生命力；另一方面，族產內容的多樣化，從另一個角度反映了明中葉以後福建民間家族制度的發展和變化。

明中葉以後福建民間族產雖然出現多樣化的趨向，但其中歷史最悠久且數量最多的，首推土地田產，即通常所稱的「族田」。接著，我們就以族田爲中心作較具體的分析。

族田的名目繁多，有祭田、蒸嘗田、社田、祠田、義田、書燈田、香油田以及公役田、輪班田、橋田、渡田、會田、社田等等，通稱「族田」。目前學界一般認爲中國最早設置族田的是蘇州范氏，即北宋仁宗時范仲淹買平江負郭田千餘畝以贍族。但由於福建有著較悠久的聚族而居傳統，族田的設置，大致可以追溯至北方士民入閩不久的隋唐時期。如《林氏大宗譜》錄有一則唐貞元十五年（西元七九九年）十月十六日裔孫林許寫的《墓田帖》，其中載：「墓田自隋開皇年中藻七代祖卜築於此，其後子孫相繼，代代墳墓不離此，墓田比來多被人盜葬」[8]云云。再如莆陽刺桐方氏家族，其祀田則創自唐末五代，「（唐）僖宗中和四年（西元八八四年）中丞七子三廷范公……嘗營精舍以奉先合族，六子……協心以成父志，貿得隙地，……共捐寶石金莊田三十石種，又捐南箕七石種，南門三石種，……捐濠浦田十石種，……增景祥橫圳田六石種，……計種五十九石，產錢七貫二百六十五文」[9]。可見這時莆陽方氏家族的祀田已頗具規模。到兩宋時期，理學家大力鼓吹「敬宗睦族」，族田的設置漸見推廣。如莆田林氏，「在宋初時已置祭田」[10]；漳州王氏，「以郭外田五百餘畝創義田」[11]；其他如建陽蔡氏、朱氏、興化陳氏、晉江江氏、永春清源留氏亦皆有祀田、義田之設[12]。宋淳熙《三山志》云：「州人寒食春祀，必拜墓下，富家大姓有贍塋土田，祭畢燕集，序列款洽，尊祖睦族之道也。」[13]反映了當時族田逐漸擴展的情景。

宋元時期福建民間的族田雖然有所擴展，但正如上引《三山志》所言，族田的設置主要還侷限在「富家大姓」，尚未出現普遍化的現象。特別是族田的設置是與經濟條件緊密聯繫在一起的，一般的貧寒小姓，不具備寬裕的經濟力量來擴充族田。到了明代中葉，福建的社會經濟特別是商品經濟日益繁榮，福建民間的家族制度進入了一個新的發展階段，家族共有田也隨之得到長足的發展。一般的家族在立祠設祭同時，也大力籌集資金擴置族田。如建陽傅氏，「祠始于戊午（明萬曆，西元一六一八年）九月，落成於庚申（西元一六七〇年）十月。……遂以二百畝爲春秋祠祭之需」[14]。連城張氏家族，始建祠于明代後期，「雖然祠既成矣，祖既妥矣，族既聚矣，而蒸嘗之需尚未具也。於是諸公……各貲若干，權子母，至於國初積幣近千。順治辛卯年（西元一六五一年）用價百有二十金，買楊梅灘田一千二百把，年收折色若干，充祭費用。又於順治十五年丁酉（西元一六五八年）展辟祠前左右基址築店房五十進，……添祭之用」[15]。再如泉州梅溪陳氏家族的義田，「吾宗從宋末以迄于今，蓋三百餘年矣，未有興此田，蓋自嘉靖辛酉（西元一五六一年）……諸叔父兄弟僉曰然，遂以告之家廟，而立爲大宗義田」[16]。在閩北的族譜中，一般都詳細載明歷代祖先所提留的祭產情況，**表4-1**試以年代確切者列表，以期反映其發展的過程與規模[17]：

如表4-1所示，於唐宋之際遷居閩北的宗族，一般自二十世前

表4-1 閩北祭產情況

族　　別	定居年代	設置祭田世代	田租（擔谷）
建陽竹林陳氏	唐　貞　觀	27－36	200餘
建陽麻沙蔡氏	唐　乾　寧	17－27	130餘
建陽蔡氏	唐　乾　寧	25－33	140餘
歐寧葉坊蔡氏	唐　乾　寧	19－29	150餘
邵武武尾黃氏	唐　　　末	29－35	260餘
浦城蓮塘祖氏	宋　咸　平	18－28	618
浦城仙陽蕭氏	南　宋　初	20－25	360餘
浦城北鄉占氏	宋　建　炎	11－？	1200餘
建陽南槎陳氏	宋　淳　熙	8－21	1946
歐寧屯山祖氏	南　宋　末	9－18	800餘
浦城金章楊氏	元　　　初	14－18	410餘
順昌上洋謝氏	元　　　初	6－16	1000餘
浦城下沙鄭氏	元　至　元	11－16	910餘
歐寧璜溪葛氏	元　　　末	6－11	246
浦城高路季氏	明　　　初	5－13	2372
浦城後山蔡氏	明　洪　武	8－20	1500餘

後開始提取祭產，於南宋至明初遷閩北的宗族，一般自十世左右開始提留祭產，由此可見，閩北各族開始提留祭產的年代，大致都在明代中葉至清代前中期這三、四百年間。這種情況正與前述的祠堂、族譜的發展情況相互吻合。

福建族田的設置和增殖，主要透過提留祭產、勸捐、派捐等途徑。所謂提留祭產，即是每當分家析產時，提取出一定數量的田產作爲祖、父輩的贍養費，祖、父輩死後，便成了祭田。如浦城房氏，三世祖時始設祭產，共提留租谷六十七擔，租米一百七十二擔，以及店房五所，池塘五口，地墓一片。四世祖共有三房，三房分家時再提留祭產，一房房朝相提留租谷一百四十八擔，池塘三口，房屋一所，地墓一片；二房房朝卿提留租谷一百三十餘擔，租米三五牙，店房九所，山林五處，園地四片，池塘五口；三房房朝寶提取租谷一〇〇餘擔。五世以下，亦相沿類此，「各房均有各祭，因房分多，不及悉識」[18]。我們接觸到許多福建民間的分家文書，亦都反映了這一情況。如浦城王氏《分鬮簿》載王母彭氏「尚遺下大苗租一千觔正，內抽出大苗租二百觔爲生母養膳租外，又遺下小苗田數坵爲定裕公祭產，向後兄弟照序輪收毋得越占搶收，所有家用器皿物件當日經過親戚族鄰目擊諸物肥瘦相兼，品搭高低，估値均勻，拈鬮爲定」[19]。南平劉氏《鬮書》云：「氏夫手所有田園屋宇，產業及樹木等物，除抽祭典、抽貼、抽長外，派爲五房勻分。」[20]有些家族、家庭提留祭產的數量是很大的。浦城王氏有田租一千九百餘擔，除「抽過長孫谷二百觔」外，其餘全部提留作「祭祖」和「膳租」，提留祭產占總田租的89％。浦城吳氏有田租五百六十餘擔，分家時提留祭產二百七十餘擔，祭租占總租額的近50％。浦城蘇氏有田租一千四百擔，分家時提留祭產五百四十餘擔。邵武邱氏有田租四百四十餘擔，分時提留祭產一百四十餘擔。泰寧縣杉易鎮歐陽氏，清嘉慶年間第一次分家，便提留「醮田」租米一百五十餘石，此外還有山場十處、店房四處、園地及寮屋若干，以及「學田」、「排年管里田」等租米五十餘石。這些家庭分家析產時所提留的祭產等，一般都達總租額的30％至40％左右。[21]這種分家提留家產的作法，是福建族田增殖最具制度化且最重要的一種手段。

向族人派捐以擴充族田的現象也很普遍。如歐寧縣屯山祖氏家族，「於康熙戊寅（西元一六九八年）建造繼善祠，……繼立蒸田數畝，僅供春秋二祭，而冬至之祭尚未舉也。……於是稟諸族長，商及族眾，各捐錢四百生利滋息以爲冬至之資」[22]。又如浦田占氏家族，「祠內原有祭租百石爲春秋官祭之需，……仍屬不敷，於是覆議，……五房又覆各籌常年的款，或出己租，或捐錢買田，或吊本房祭租」，共籌捐入田租六十擔。[23]

族田派捐的方法多種多樣，因族因地而異。閩北平氏家族有納丁錢之例，所謂「前代納丁而祖醮日擴，後代效之而祖醮日收，……蓋祖祠創自萬曆甲午（西元一五九四年），所有祭田不過二十餘石，以供祀事猶且不足，何況頒胙？自後司事者僉議納丁入主之例，每丁納銀三錢三分，每入一主，納銀六錢。查舊納丁者凡二百十有三人，總計納銀止獲七十一兩，并入主銀不下百畝，能買醮田若干」[24]。有的家族則向出仕者攤派「喜錢」。如閩南郭氏家族，「祖宗九世以上未有祀田，至十世樸野公始建祀業，亦聊具粗略而已。迨乾隆甲申（西元一七六四年）冬諸紳衿見其秋冬兩祭簡陋難堪，於是共興孝思，充祀銀以爲買置祀田之資，謹將酌議充銀定式開列於左：一生員充銀一大元，一監生充銀二大元，一鄉賓充銀二大元，一貢生充銀四大元，一舉人充銀四大元，一進士充銀十兩，一及第充銀五十兩，一仕宦隨力充捐」[25]。建甌上洋陳氏家族也規定：「援例捐監者，應充喜錢二千文，捐貢者，應充喜錢五千文，捐職七品以上者，應充喜錢十千文，承以爲例，不得異議。」[26]有的家族則向族人派徵「報丁錢」和「娶婦錢」，如泉州薛氏家族，「子孫娶婦喜慶銀一錢，添丁喜慶銀五分。」[27]連城張氏家族亦規定：「至六房新添貴子，每丁照納九四色銀三分報名。」[28]

除了派捐之外，各家族還鼓勵族人義損族產，如連城張氏家族在《族規》中說：「凡祠內子孫有捐己田己銀至三百兩者，許入主，祠內有捐至千金者，許祭祀時捧出神主，在祖宗旁配享，仍爲立傳，頒胙伊派下子孫。」[29]於是，一些「饒財樂助者」經常自動捐置田產，擴充族田。閩北《上平關西族譜》中載有許多族人捐獻祀田的契約文書。如林美公子孫捐田字約云：「立族田約人林美公子孫德士、亮山、亮紅、沛天、秀乾等，今爲林美公神主進祠，合口商議將本坊上寮田租三石正，載民糧六升，目今四至……分明，今捐撥與本族祠上爲業。」[30]有些族人捐獻的族田數量是很大的。連城鄒氏家族於道光年間重修譜牒，定敷公派下子孫鄒必功一次捐獻嘗田一百桶，「坐落地名馬羅圍，土田計共十處，捐入伯祖定敷公祠內，托公賢裔爲遞年祭敷公之日並具祭」[31]。到清代末期，鄒必功捐助的祀田錢租每年收入就達十三千。再如福州《雲程林氏家乘》的《祭田引》云：「吾家列祖皆爲廉吏，積俸以置祭業，僅足供粢盛耳。叔祖廷瓚妣陳氏寡而無子，恐嗣子不肖，以私田若干畝充之宗祠，計供祭外，差有遺積。」順治年間，該族一位在廣東爲知府的裔孫林戒庵，一次也捐獻銀兩四百餘兩[32]，贊助修理宗祠和購置族田等。

除了以上途徑以外，福建各家族往往根據各自的條件，透過各種臨時性集資，來擴充本家族的公有財產。雖然族產的增殖程度因族而異，有些家族還出現反覆敗落的現象，但就總的發展趨勢來看，從明中葉直至清末以至民國時期，福建各家族的公有財產，特別是族田，經過數百年的經營和積累，有如滾雪球般越滾越大。如連城四堡鄒氏家族，至清代道光年間，僅租佃出去的族田，每年地租收入穀米四百餘石，錢租近十萬文；建甌祖氏家族，到清末各類族田租達七千餘籮；建陽朱氏家族的總祠堂，每年租谷收入五百餘擔；建陽陳氏家族，清代後期僅祭租總額達二千擔，順昌上洋謝氏家族，歷代累計提取祭租三千餘籮。[33]

一九五〇年春，福建省農民協會曾對解放前福建地區的農村共有田作了典型的調查，調查報告略云：

本省各地區共有田在田地總數中的比重是這樣的：古田七保占75.8％，古田過溪占61.4％，永定西湖村占60％，永安吉前保占56.6％（以上屬於閩北閩西地區）。仙游四個村占43.5

％，永春七個村占29.53％，莆田華西占21.87％，南安新榜村占15％，福州市郊六個村占13.55％，福州市郊二個村占7.98％，福清梧嶼村占9.02％（以上屬於沿海地區）。從這裡，我們可以看到各地共有田所占比重不一樣，有高到75.8％的，也有低到7.98％的，一般來講，閩北、閩西占50％以上；沿海各地只占20％到30％。[34]

該調查報告還著重指出：各種共有田中，族田占絕對的多數。族田在福建土地總量中占有如此之高的比重，這恐怕在全國也是十分少見的。[35]

族產的用途很廣，凡是屬於家族事務的經費開支，一般都可以動用族產。舉其要者，建祠修墓、纂譜聯宗、辦學考試、迎神賽會、門戶應役、興辦公益事業（如修水利、修路、修橋、設渡、設茶亭、設路燈），以及與外族的民事糾紛、訴訟甚至械鬥等等，都需要族產作爲經濟後盾。但在這眾多的家族開支中，最主要的還是祭祀祖先的費用，因此，在許多家族中，族產、族田幾乎是祭產、祭田的同義詞。舉福州《三山葉氏祠錄》的記載爲例，這個祠共有田產三十畝，每年田租收入大都用於祭祀活動，其中詳細開支項目是：

一、春秋□祭應用約三十二千文，

二、元宵團拜應用約十三千文，

三、春秋祭墳應用約十六千文，

四、中元焰口應用約五千文，

五、祠丁工伙應用約三十六千文，

六、各項工賞境份應用七〇一七文，

七、完糧應用一〇〇八九文，

全年約共用錢一百二十千文。[36]

這裡除了完糧、元宵團拜、中元焰口等二十餘千文屬非純粹的祭祀開支外，其餘祠田收入的絕大部分均為祭祀開支。

族產除用於以祭祀為中心的家族事務開支外，它的另一個重要用途，是賑濟扶恤貧困的族人。如建陽傅氏家族的仰止祠，有祠田二百畝，「為春秋祀墓之需，羨餘則以備修葺及課藝資，而族之婚嫁喪葬無資者，咸取給焉」[37]。浦城劉氏家族的祭田，「原為後人祭賽之需，……今經眾議定子孫有清寒困苦不幸喪亡無所歸殯缺乏收殮者，該房查確，匣內給銀數兩，以備殯葬，上體祖宗之心，下恤無告之慘」[38]。陳盛韶在《問俗錄》中談及建陽縣的輪祭租時亦云：「本祭田之遺，濟恒產之窮，上供祖宗血食之資，下為子孫救貧之術，其法盡善。」[39]

為了有效地賑濟貧窮的族人，許多家族還特意設立了「義田」，使賑濟族人的目的更加明確。如建陽黃氏家族，「祀產……入祭充祀者，……至於義田，以給子孫之貧不能婚葬者」[40]。泉州梅溪陳氏家族，在明代嘉靖萬曆年間始設義田，「義田何以興乎？為贍族人而設也。……宗之乏者，有嫁娶喪葬，則咸於是取給焉」[41]。龍岩劉氏家族，「一族之人，不論貧賤富貴，立義田以賑之，發粟帛以助之，是族中聰明特達之英雄不至久辱泥塗」[42]。

以往人們對於族田的研究，大多注意其祭祀祖先的作用，而忽視了族田有賑濟貧困的作用，實際上，這兩者是並行不悖、相輔相成的。家族的祭祀活動，使得家族的血緣關係得到加強，而賑濟貧困，則更能使族人們感受到加強血緣關係的必要性和現實性，在經濟上深深地吸引著族眾，從而達到收族的目的。正是由於賑濟族人有著更現實、更直接的作用，因此，福建的家族，都十分強調家族內部相互救濟、相互扶助的重要性。如祖氏家族的《家訓》指出：「凡我同族，皆屬祖宗一脈所分，貴乎有無相恤，患難相顧，有恩禮以相待，無刻薄以相加。」[43]閩東吳氏家族《家訓》也強調：「設義塚以葬家族之無地者，立義祠以祭宗族之無後者，置義田以贍宗族之無養者，皆美事也，饒富之家當力爲之。」[44]

在這種「守望相助、患難相恤」的家族道德的指導下，許多富裕的族人，在大力捐助家族祭祀產業的同時，也積極參與族內的賑濟貧困活動。如連城四堡《馬氏族譜》中的傳記所載：「南峰公，諱大芳，……獲重利而歸，凡鄉族間人有患難困窮，視之如身膺其苦，必與之計畫，使得所而後已」；「維林，字玉春，……其經營會計，億在屢中。……好善樂施，周濟貧困，……有口不能贍，婚不能完者，恒見其慷慨助之」；「定策，字則升，……輕財好施，中外姻族子姓不給於食者餽之，不能婚嫁者助之，疾病無治療、死無棺櫬者資之，老而鰥嫠無告者憐憫而周之，稱貸無可償，及佃人不足入者，捐其負勿取焉，其睦婣存恤又如此。」[45]類似的記載，在福建族譜的傳記中不勝枚舉。

在一些經濟條件比較優越的巨族大姓中，除鼓勵族人和利用族田賑濟扶恤貧困之外，還設立了義倉、社倉、常平田等設施，使賑濟族人的行爲更加制度化。如連城張氏家族，其《族規》的首款即云：「昔朱子於崇安開糶鄉設社倉，……吾族社倉之設，於康熙四十五年乙未歲（西元一七〇六年）……十三世諱威倡會合族父老衿紳酌議，不領官銀，照依三戶米糧派出，每石科谷五升，復勸諭紳士殷實樂輸，共得谷六十餘石，竭力生放，現置田產，建倉廒積貯谷石，以備飢荒煮賑，貧乏賴焉。第前人勞苦經營已有成緒，後人當遵守勿替，使良法美意永垂不朽，斯可云繼承不懈矣。」[46]再如福安（甘棠）的陳氏家族，在清初設立常平田，該族人陳鋌撰《常平田序》云：「余少讀范文正公田記，竊喜其意之美，法之善，而惜其量之不廣，抑亦有志而未遠也。歲在丙戌（西元一六四六年），亢陽不雨，稱貸無門，欲活涸轍之魚，誰汲西江之水？余竊慕之，而莫可如何。乃捐己續置田業十畝有零，以爲常平義田。自丁亥歲起，時歉則歲徵其所獲，首供賦稅，計存而發以貸戚族之窮乏者，登收成本不取其息，以緩燃眉。」[47]這些常平田發展至清末，竟成了三塘（甘棠）堡的義倉組織。毫無疑問，這些義田、義倉等族產的運用，爲下層族人提供了某種程度的經濟利益，保障了他們的生死婚嫁葬喪和生產生活的低水平運轉，這種家族共利的現實經濟紐帶，在維護家族制度中所發揮的作用，是不容低估的。

福建族產的經濟共利意義還不僅體現在賑濟扶恤族人方面，實際上，宋元以來族產興起的一個重要原因，是爲了防止子孫們在動蕩不定的社會經濟旋渦中沒落下去，祖宗提留族產，是爲了給子孫留下一份永久性的財產。如浦城縣《後山蔡氏族譜》的《祭田引》說：

> 先人為子孫慮也遠，故其為計也周，家產分析，雖數萬金，傳歷再世，愈析愈微。惟厚積膳田，生為奉侍贍養，歿則垂作祭產，以供俎豆之需，或共理以孝字，或輪授以虔祝，綿延勿替，歷久常存。不幸而後昆式微……餘資猶堪糊口。

這種動機至民國期間猶然，一九五〇年福建農民協會調查家族共有田時認爲：「地主從他們的所有土地中劃出一部分爲族田，部分固然爲了作死後祭祝之用，但最主要的還是怕子孫把產業敗光。所以提作族田，也就是想使占有的土地保持得更穩固些。」[48]正因爲如此，族田的存在，其作用不僅僅只是通常所認爲的爲了祭祀活動，而在一定程度上，可以爲族眾提供經濟補助。如建甌縣屯山祖家族的「麗南祭」，每年田租收入近五百籮，由派下元、亨、利、貞四房輪收，「歸完糧辦祭外，尚多利澤」。

嘉慶二十年（西元一八一五年），「麗南祭」田租一分爲二，其中抽出「苗穀」一百六十七籮，又「苗銀」十餘兩，「公舉公廉正直者每房二位，近前承理徵租、完糧、完苗、辦祭，餘剩者存眾，修理各田溪、坑埂及田界各項」。此外，尚有租谷三百二十五籮，廨屋一所，「仍聽房分輪收」。據此推算，「麗南祭」用於家族事務的公共消費，約占地租三分之一，而直接由各房輪收分享的「利澤」，約合三分之二。[49]這些剩餘的「利澤」，或直接由子孫們享用，或用於族人宴會飲福開銷，以及以「頒胙」的形式分配給族人。《問俗錄》記邵武的登山錢云：「二月清明，率其子弟掃墓，計丁分錢，曰登山錢，個人觀禮者給以饃，曰打醮。歸祭於祖，祭畢合食，男先女後，皆由祭田開銷，食重豬肉，每席議定拜重若干，輕則眾口咄咄，既醉既飽，大小稽首，其知者以爲肉焉。然餼羊猶存，我愛其禮，毋亦有李忠定、黃簡肅之遺教歟！」[50]該書復載詔安縣的蒸嘗田云：「詔安……族大而豐者，肴核維旅，海物維錯，鼓吹演劇。其次者肴蔌必備，不敢儉於所生。維縉紳及六十以上抱孫者，得與於祭而分胙，以爵貴賤爲差等。原于乃祖分產之時，留田若干爲子孫輪流取租供祀，曰蒸嘗田。厥後支分派別，有數年輪及者，有十餘年始輪及，更有數十年始輪及者，其租多盈千石或數百石，少亦數十石，供祭之外，即爲輪及者取贏焉。」[51]所謂「頒胙」，就是當祭祀後，家族按男丁數量頒發一份「福份」，因「福份」大多是祭祀用的牲肉，故稱爲「胙」。頒胙可以說是家族精神祭祀和經濟分配的一種結合。

族田所包含的經濟共利關係在高、曾、祖、考等近親的祭田上表現得尤爲明顯。因爲這些近親祖先的祭祀規模一般都不大，開銷比較簡單、節省；而另一方面，近親之內的祭田一般都採用輪種的方式，如某一祖父有三個兒子，提留的祭田，死後便由這三個兒子輪種輪收，這樣的輪祭田，實際上就是三個兒子的共有田，每三年分享一次經濟收入。正如土改時福建省農民協會所調查的那樣：「中、貧農所產生的族田，雖也同樣受濃厚的祭祀觀念的影響，但頗多是由於他們占有的土地有限，如都分給子孫們，非但不能使他們解決生活，且反而使耕地的使用顯得更零碎與不合理，以族田的方式保留下來，讓子孫們得以從事較合理的使用。」[52]

由祖先提留的族產，原則上只要是他們的子孫，便有享用族田的權利，但由後代子孫集資而設置的祭田就不完全如此。由於族田有一定的現實經濟利益，這種後代集資的祭田，便不能不考慮到這些族田的利益分配問題。如建陽平氏家族，康熙年間曾發動族人交納丁錢以擴充祭田。「興納丁入主之議，凡三年，有分箸者，令納銀三錢三分；每入一主，納銀六錢。……積產五百石有奇及歲除春冬二祭外，凡納丁者受胙谷一石，是今之記名領谷者，皆其所自納也。」[53]可見這裡的族田是多投資者多獲益。武平李氏家族規定士紳們必須按官品捐置族田，而每逢頒胙則可獲得格外優待。如規定大學士捐田一百四十拜，其子孫可永遠得胙六十斤，尚書捐田一百二十拜，子孫得胙五十斤，總督以下類減。[54]這也體現了多捐田多頒胙的原則。有的家族甚至發展成集股合資的族產形式，其經濟收益更不容局外人染指。如連城《渤海吳氏族譜》中有春暉社、敦本社、報本社等祭祀組織，便是因「欲於祖居致祭一份新祠辦理而嘗產又不能敷，爰集眾議輸金合立一社」。這種祭祀組織的活動，僅侷限在本社之內，「一社凡二有四人，分作福祿壽三班，每班八人，輪流辦理」，「遞年額於新正十二日慶燈辰刻詣祠致祭，祭畢頒胙，每份二斤，……晚刻設席三筵，各社裔及相禮主祭經理均與領燕飲賞花燈。冬至日致祭祖祠暨黃竹壟京堂二處，宰豬二腔，每份每處頒胙四斤，……永遠遵行」。[55]每年致祭頒胙宴飲開銷的剩餘存放生息，再視生息增殖情況，按社份分配給社裔或擴充社田。再如浦城占氏家族的「冬至會」，也是一個集股而成的祭祀組織，分五班輪管所置田地山場，「每班八人，值管一年，將遞年租息所出，於冬至日備辦祭品，恭祭列祖列宗，各子孫餕餘頒胙。除辦祭、完糧外，若有餘額，四十人均分」[56]。在這種情況下，族田的設置、使用與經濟利益分配是密切聯繫在一起的。

族田作爲家族的公共財產，對族人來說，因具有一定的經濟利益，難免會出現舞弊吞占田租的現象。我們並不能因此就認爲，福建各家族的族田權益始終爲一小撮地主官僚等上層份子所掌握，因爲舞弊吞占族產不論在道義上、公私法律上，還是事實上，都只是非正常的行爲，福建各家族普遍在族規、家訓中嚴格禁止這種行爲。如浦城房氏家族的《宗規條款》強調：「設立祭田，祖宗享其血食，子孫沾其餘瀝，若不肖私行典賣，啓衅肇端，欺宗滅祖，合族共攻以警效尤。」[57]永安《余氏族譜》中也嚴禁吞滅祭產，「若恃強而乾沒，明肥一己之私囊，或逞詐而暗吞，隱斬先人之血食，均屬悖逆，俱宜創懲，侵蝕者咎有攸歸，典鬻者罪不容恕」[58]。再如《璜溪葛氏家譜》載有譜禁十條，其中禁懲舞弊吞占族產的就有兩條，即「禁盜賣墳山，禁貪吞祭業。」[59]顯然，所謂族田在絕大多數情況下爲族中地主、豪紳所霸占，是不符合福建實際情況的。否則，很難設想福建的族田能以如此規模不斷的發展。

爲了體現族田是家族成員的公有財產，福建省各家族對於族產的管理，都有一套相當完整而嚴格的規定。在一般的情況下，通族共有的田產，都是採用董事經理制度。如浦城葉氏家族規定：「經理司鑰及司帳者，各以尊祖睦宗爲念，潔心辦公，毫無侵蝕，庶足以服族眾之心，否則聚族公論，但不得妄生疑謗。匣內盈餘原備建祠及各項需費，族中不論貧富尊卑，俱不許其挪借。如經理私自借給以致虧欠無著者，責令賠償外，仍公行議罰。」[60]武平李氏家族，「議田租擇本族誠實者經收，伯叔具帖請托，若未經具請而擅自混收，除加倍賠外，將本人名字胙肉永遠扣除」[61]。對於經理族田的董事祭首們，除上述嚴禁私下舞弊吞占的制約外，其工作情況，都需要受到家族的共同監督。如長樂曾氏家族規定：「秋冬二祭次日早飯後，族房長、宗子祠政必須齊集祠中，料理數目。」[62]建陽葛氏家族規定：「祭首每屆本年秋收之際，其苗穀要收入前村莊內貯存，……至明春辦祭之日，要憑公出售，不得私匿穀價，致干公憤。」[63]福州《錦塘王氏支祠規制》的有關規定尤爲詳盡：「一祠內出入租粒，族房(長)、總副理先期三日議定，所入租粒或足額、或減收、或發糶，議價錢列字布知族人，一人不得自專。族房（長）、祠紳、總副（理）議定清楚後，方准發糶，亦不得私借私糶。倘租粒存總理者，用族房（長）字式封鎖，存副理處亦然。……一祠內所有契券、字據、錢文、租粒、悉交總副理平分均收，遞年分均收，遞年中元節日到祠會齊，數簿核算；迨冬至日補記復算清楚，開列祠內，輪換筆跡，繳入各數簿畢，總副理即將明年值輪春、秋、冬三祭並清明、重陽祭掃名次開列明白，貼在祠內，布知族人。或無總副理，族房長亦然，平分收存。……如有不遵公論，定即呈究。」[64]

有不少家族爲了防止固定經理制度的積久成弊，還實行分班經理制度，舉武平《李氏族譜》中的記載爲例：

> 本族報本追遠，設立春秋祭，嘗購置田產以奉祭祀，俾後代子孫循規率例，肅然起敬。無如支派繁盛，人心不古，每歲辦祭潦草收事，甚或操縱數人之手，嘗田租稅收討不及其時，以致佃户逃租，因而藉口享祀不供，其事難保任事者無

侵漁之嫌也。今合族公議求其至公至妥，可垂永久之法。僉議安慶公與觀受公、隆應公為一班，禎廣公為一班，禎瑞公與禎海公為一班，懋崇公與瑛公、璘公為一班，分為四大班，周而復始。其嘗田及雜稅則該班之子孫收取，任其於本班擇有才力者，遵今簿內所載祀規及頒胙等，毋得增減，至若谷價或貴或賤，發胙或多或寡，田租或欠或完，應歸值年自認，不涉各班之事。因考查嘗谷收入除遵規辦祭外，尚有盈餘，所以各班之值年經理對斯嘗之辦祭有餘或賠外，應自行料理，不得生端異說，變更族議，……洵久遠之計也。[65]

這種分班輪流管理制，一方面體現了家族制度對於族田的管理和分配，而且有能力進行自身的不斷調節和完善；另一方面，各房普遍參與族田的管理和使用，家族事務更加公開化和透明化，族產的使用和分配亦日趨合理化，這不僅從經濟上使族人感受到自己所應享受的權利，而且也從精神上、行政上進一步加強了參與家族事務的積極性，這對於維護家族的團結，無疑起著重要的作用。

注釋：

[1]連城《新泉張氏族譜》，卷首，〈族規條款〉。

[2]嘉慶十四年泰寧歐陽氏《分關》文書。

[3]浦城《東海徐氏宗譜》，卷十，〈文甫公十四股祭產合同〉。

[4]連城四堡《鄒氏族譜》，卷二十四，〈祠產，公平墟合同文〉。

[5]民國《上杭縣志》卷二，〈建置志〉。

[6]順昌《清河張氏九修族譜》，〈禾口墟記〉。

[7]連城《新泉張氏族譜》，卷首，〈族規條款〉。
[8]《林氏宗譜》，頁63。
[9]《莆陽金紫方氏族譜》，〈方氏南山荐福祠碑記〉。
[10]嘉靖《延平府志》，卷十八。
[11]嘉靖《延平府志》，卷十八。
[12]民國《盧峰蔡氏族譜》，卷一，蔡淵〈蔡氏祠堂儀約〉；邱浚《朱子家禮》卷一，〈通禮餘注〉；宋樓鑰《攻媿集》，卷八十九，華文閣直學士奉政大夫致仕贈金紫光祿大夫陳公行狀；《清源留氏族譜》〈義莊局記〉。
[13]轉引黃仲昭《八閩通志》，卷三，〈風俗〉。
[14]建陽《傅氏宗譜》，卷一。
[15]連城《新泉張氏族譜》，卷首，〈宗祠記〉。
[16]萬曆《梅洲陳氏族譜》，〈義田記〉。
[17]引自鄭振滿〈明清閩北鄉村地主經濟的發展〉，載《明清福建社會與鄉村經濟》，廈門大學出版社，1987年版。
[18]光緒《閩浦房氏族譜》，卷四，〈祭產〉。
[19]複印件藏廈門大學歷史研究所。
[20]抄件藏廈門大學歷史研究所。
[21]鄭振滿〈清末民間閩北六件「分關」的分析〉，載《中國社會經濟史研究》1984年，第三期。
[22]《屯山祖氏宗譜》，卷八，〈坤房繼善祠冬至配饗序〉。
[23]浦城《占氏族譜》，卷二十一，〈祭產〉。
[24]浦城《平氏族譜》，〈論納丁附載頒胙舊序後〉。
[25]《蓬島郭氏家譜》，卷一下，〈祀田〉。
[26]《福甌上洋陳氏宗譜》，卷一，〈凡規〉。
[27]《薛氏族譜》，卷一，〈族譜義例〉。
[28][29]連城《新泉張氏族譜》，卷之首。
[30]《上平關西族譜》，契抄。
[31]連城《鄒氏族譜》，卷十九，〈必功公捐田字〉。
[32]《雲程林氏家乘》，卷十一。
[33]參見鄭振滿〈明清閩北鄉村地主經濟的發展〉，載《明清福建社會與鄉村經濟》，廈門大學出版社，1987年版。
[34]華東軍政委員會土地改革委員會編《福建省農村調查》，頁109。

[35]毛澤東曾在江西省興國縣永豐區作過農村調查，公堂土地占有全區土地的10％。這裡需要指出的是，福建省沿海族田比重較小，並非意味著沿海的家族制度較閩北地區不發達。沿海族田比較少是因爲沿海各地人多地少，土改時人均土地僅在一畝左右，以當時的生產力計，每人必須有七八分土地才能保證食糧足用，因此，族田占土地總量的20％至30％，可能是沿海地區擴充族田的最高限度。

[36]光緒《三山葉家祠錄》〈條規〉。按：書中引文用□者，均爲原脱字。下同此例，特此説明。

[37]建陽《傅氏宗譜》，卷一。

[38]浦城《劉氏四修族譜》，卷五。

[39]陳盛韶《問俗錄》，卷一，〈建陽〉。

[40]建陽《重修黃文甫公族譜》凡例。

[41]《梅洲陳氏族譜》，〈義田序〉。

[42]龍岩《劉氏族譜》，卷一，〈規訓〉。

[43]蓮湖《祖氏族譜》，卷一，〈家訓〉。

[44]《海陵吳氏族譜》，卷首，〈家訓〉。

[45]連城四堡，《馬氏族譜》，〈列傳〉。

[46]連城《新泉張氏族譜》，卷之首，〈族規條款〉。

[47]福安《甘棠堡瑣記》，卷上。

[48]華東軍政委員會土地改革委員會編，《福建農村調查》，頁111。

[49]《閩甌屯山祖氏宗譜》，卷八，〈祭產〉。

[50]陳盛韶《問俗錄》，卷五，〈邵武廳〉。

[51]陳盛韶《問俗錄》，卷四，〈詔安〉。

[52]華東軍政委員會土地改革委員會編，《福建省農村調查》，頁110。

[53]建陽《平氏族譜》第一冊。

[54]武平《城北李氏族譜》，卷末，〈產業類〉。

[55]連城《渤海吳氏族譜》，卷之首。

[56]浦城《占氏族譜》，卷二十一，〈祭產〉。

[57]《閩浦房氏族譜》，卷一。

[58]永安《余氏家譜》，卷一，〈譜禁八條〉。

[59]《璜溪葛氏宗譜》，卷一。

[60]《南陽葉氏族譜》，〈濟美堂族規〉。

[61]武平《李氏宗譜》，卷末，〈產業規條〉。
[62]長樂《感恩村曾氏族譜》，〈宗祠規條〉。
[63]《璜溪葛氏宗譜》，〈榮善公祠祭條規〉。
[64]福州《錦塘王氏支譜》，卷二，〈義部〉。
[65]武平《李氏宗譜》，〈春祭分班辦祭引〉。

第五章

族長與內部管理

福建民間家族組織在其內部領導階層的管理和控制下，得以正常的運行並發揮作用，這個領導階層，即是通常所說的族長，族長所擁有的權力，就是族權。

以往論者談及中國家族制度下的族長與族權，大多與地主豪紳聯繫在一起。實際上，福建民間家族的領導階層即族長，大致可以分爲兩個系統：一是精神方面的系統，二是功利方面的系統。

所謂精神的系統，就是家族進行祖先祭祀活動時的領導系統。這個系統大多是由各個家族以及家族內部各支房的長輩們組成。家族的祭祀是一種崇拜祖先的活動，這裡所要體現的精神是慎終追遠、水源木本，因此，祭祀活動必須是昭穆井然、上下有序，至於族人們的社會、政治、經濟等方面的差異，在這種緬懷血緣恩德的活動中，已顯得不太重要，而家族中輩分的高低，成了衡量族人們在祭祀活動中地位高低的最主要標準。許多家族的家譜都強調「敬祖宗而明統緒，辨昭穆而明親疏，不爲不重」[1]，「凡爲人子弟者不敢以富貴加於父兄宗族」，「卑幼之於尊長坐則起，行則隨，遭諸道必旁立而揖，行過乃過，彬彬禮讓，邕爲太和，釀爲厚福」。[2]各個家族之所以要始終如一地強調這種血緣長輩之尊，是因爲血緣關係畢竟是家族組織的立族之本，「夫自一人之身分而至於千百人之身，由一人之世傳而至於千百年之世，……人不忘祖宗也，使人不棄宗族」[3]。假如拋棄了血緣關係上的尊卑觀念，那麼一切的家族組織和制度便無從談起。

特別是從宋代理學家們提出恢復宗子法的主張之後，宗子的族長地位，在福建民間各家族中普遍被承繼下來。如安溪謝氏家族認爲：「宗子所以主祭祀而統族人，務在立嫡不立庶也，宗子死，宗子之子立，無子則立宗子弟，無弟則次房之嫡子立。既爲宗子，必謹守禮法，以光先德，族人亦宜推讓，毋得輕忽。」[4]侯官雲程林氏家族在《家範》中對宗子的尊長作用闡述得更爲詳細，茲摘錄如下：

> 治家當仿古立宗法，如始祖之嫡子則承始祖之祀，從此直下嫡子世為大宗，合族宗之，是繼始祖之嫡，謂百世不遷之宗也，此謂大宗。始祖之庶子則不得以稱始祖，必待其卒而其嫡子繼之，則自別為稱，而親兄弟宗之，是謂繼稱之小宗。……大宗則承始祖之派而祭其自稱以上之四世，小宗則各承其宗之派，亦各祭其自稱以上之四世。故支子不敢祭其父，支孫不敢祭其祖，謂統於宗子，各附於其宗，以禮行也。大宗所以統其宗族，合族有大事，必稟大宗而後行，小宗所以統其兄弟，各宗有大事必各稟小宗而後行，又諸小宗必總統於大宗之子，如此則宗族之內人情相稟，人倫不亂，治家之要法也，子孫其遵而行之。[5]

林氏家族的大宗小宗論，未免有些理想化，似乎家族中的所有事務，其最高決策權統領於大宗宗子之手。實際上福建的許多家族都不可能完全做到這一點，而出現了許多變通的辦法，但是至少在祭祀事務上，族內輩分高的長者承擔了重大的責任，則是比較普遍的現象。如福州葉氏家族，大宗共分七房，七房外子孫爲小宗。這個宗族的《祭祀條規》寫道：「嗣後族中入主附祀，七房內（大宗）祀正龕，七房外（小宗）祀左龕。」[6]其春秋祭祀的儀節是這樣的：

> 班次：主祭者一人位首行，主祭准以七房內齒長者充，其七房外齒長者不充，所以別本支，定主人也，永為例。次三四行按長幼循序遞列，按通禮族姓詭庭東西的昭穆世次為序，凡從曾祖諸父從祖諸父，位次主人而居東階上前列，今七房

外昌輩有人，應以七房外之昌輩位列次行之中，七房內滋輩次之，其七房外滋輩概列七房內滋輩之下，七房外大輩概列七房內大輩之下，餘照推。[7]

在這裡，長幼有序、人倫不亂的精神得到了充分的體現，而宗子和長輩，成了這種精神活動的核心人物。

然而，福建家族的活動並不僅限於祭祀，還有大量諸如與官府打交道、與鄉鄰共處，以及家族內部的行政、經濟管理等等實質性問題，都需要有一個強有力的領導班子來解決。而另一方面，家族內部輩分高、年齒長的族人，並不一定是富有才幹、善於組織管理的菁英人物。因此，當家族遇到各種實質性事務時，家族內部的領導階層，便無法完全依賴輩分高、年齒長者，而更多的是依靠於家族內部的士紳和知識份子，以及那些精明強幹者。我們姑且把這個系統的領導階層稱之為功利的系統。

我們從各種族譜中，都可以看到這個系統在家族組織中發揮著巨大的作用。如明代中葉以後福建一些家族一度掀起建立家族武裝、修築家族土堡的熱潮，首倡者絕大多數是官僚和地方生員。如長泰縣善化里的林氏家族，「庠生林承芳易寨坦以石，鳩本約十三寨，練結土兵，保衛鄉里」[8]。雲霄進士林偕春，在家休致時大力為本鄉族武裝的建立奔走呼籲：「其民勇義，習於戰鬥，……誠能綏之以恩，鼓之以義，聯之以信，則人自為戰，家自為守，亂無所窺，而因以漳南為保障。」[9]萬曆年間連城新泉張氏家族修築武裝土堡，係由該族「儒學生員張希周、張希民同耆民張長潭、張長鶴及民張良祖、張俸等倡興」[10]。寧化李氏家族的太平寨，亦由該族鄉紳李世熊及族長們「目擊貧民竄死之慘，始議創寨於官坑之蓬峰」[11]。祠堂、墳墓的修建也是如此。如明代嘉靖間任刑部尚書莆田林俊，曾「鳩興泉漳林姓之人，重修建墓庵，募人看守，……匾曰閩林始祖」[12]。安溪湖頭李氏宗祠的修建，清初進士李光地也是積極倡導者之一。再如族譜的修纂，安海黃氏族譜，明代中葉以後續修數次，均爲官宦在其間主持，嘉靖年間由進士黃憲清主持，天啓間又由其子南京禮部尚書黃汝良克繼父業。連城新泉張氏族譜歷明萬曆、崇禎、清康熙、乾隆、光緒共五修，萬曆間爲儒學生員張希周等主持，崇禎時爲生員張希尼等主持，康熙時爲舉人十一世孫張星炤主持，乾隆時爲進士十四世孫張斯泉主持。光緒時也爲生員十七世孫張欽、張際唐等主持。連城四堡鄒氏家族，遷居該地近十世未見發達，直至明代嘉靖年間生員鄒希孟大力經營，修祠堂、築先塋、置族田、設族塾，之後該族才日見興旺，所謂「太高祖希孟公龍足鄉之人杰也，以優行補博士弟子員，家聲丕振」，「先世以來綿綿繩繩，暨太高祖希孟公而愈大焉，公爲邑庠耆宿，名噪士林，……恢宏先緒，裕後光前，種種善行，難以悉數」。[13]可見生員鄒希孟對於該家族的發展起了決定性的作用。至於家族與家族之間發生利害衝突，挺身理論者更是非士紳學子們不可。如惠安張坂村的駱氏家族，於明代崇禎年間與楊氏家族互控占奪墳山，闔族公舉「生員駱廷梅、日高、日晤、日異、日泰……往縣再控」[14]。泉州晉江薛氏家族於嘉慶年間與鄭氏家族互控墳山，公舉舉人薛龍光爲主控人，而鄭氏家族亦公推舉人鄭和鈞與之對控。[15]甚至連鄉族械鬥、抗交錢糧等不法之事，亦有不少士紳生員爲首滋倡。家族中的士紳知識份子在社會上有著良好的地位，廣泛的交遊，比較成熟的領導藝術，他們與家族組織的緊密配合，無疑大大提高了家族組織的效率發揮，提高了家族領導階層的權威性。在許多場合裡，家族中的長輩們由於年老體衰和知識有限，不能有效地管理各種事務，不得不退居其次，由士紳學子和精明強幹者主持決定。即使是上面所講的祭祀系統的領導，由宗子和輩分高的族人爲首，也是相對而言的。在一些小族弱族的祭祀活動中，各種儀式比較簡單，輩分高的長者率領族人依次拜祭自然不成問題，而在那些巨族大姓的祭祀活動中，儀式複雜，循規蹈矩，不但需要很強的組織能力，而且還要有較良好的文化素養，才能勝任各種祝文、祭文的撰寫唱贊。在這裡，受教育程度不高而又沒有政治地位的長輩，只是依式擺樣而已，眞正發揮作用的還是那些士紳學子們。泉州梅洲陳氏家族規定主祭者由年長者與有功名者輪充，「蓋禮有三獻，初獻以臨祭，年長者主之，次獻以有爵者主之，終獻則以宗孫主之，則庶乎長長貴貴，重宗之義一舉而兼得焉」[16]。這反映了族長中的輩分與士紳學子的互相配合。

家族士紳與家族長輩的結合，大大加強了族長的權力，他們可以主持祭祀祖先，代祖先立言，代祖先行事；他們可以制定和修改各種家訓族規，操縱家族事務和規約族人的行爲。舉晉江縣施氏家族的《族約》爲例：

一、族中既立有族房長，事可質平，皆當據實秉理，會有爵者詣大宗祠，平心剖析孰是非，大杖小罰，就祖宗前釋怨修好。倘強悍罔從，逞凶興訟者，通族公討，正暴戾也。

一、婚喪，……族房長察其果限於貧未克舉者，就公項會族眾量助，務令速舉，若冒費不速舉，本人杖，族長賠償，通周急也。

一、士農工商，各宜勤儉，……設有不肖子弟棄生業，結匪類，開設賭場，放頭網利，致誘子弟破家辱身，殊可痛恨，以後族房長稔知放賭帳目，不許取討，仍令族眾赴大宗祠戒飭，令其改過自新，不改者送官究治，除穢莠也。

一、閨門最宜嚴肅，男女授受不親，……設有不幸，帷簿不修者查確，房長會族衆，男從重究會，削去生庚，女不論有子、無子，逐回母家，扶風化也。

一、分家業，必令族房長均產業、定公鬮，父母毋私所受，兄弟無專已有，違者罰金充祠，杜競爭也。

一、子孫見尊長，當循循執行，不可倨傲鮮□，以爾、汝相呼，或有過受呵責，不論是非，俱應俯受，如果理是，亦當徐徐白諸尊長，不可使氣忿爭，……重敬愛也。[17]

以上只是列舉族房長的主要職權，實際上族房長之權並不侷限於此，他們還充當族人糾紛，以及戶婚、田土等刑事案件的法官和裁判，他們控制著族田和其他共有財產的管理權和分配權，控制著家族與外部聯繫的外交權。對於觸犯家族法規的族人，他們有權決定各種程度不同的處罰和懲治，甚至死刑。可以說，族長們擁有主宰家族一切事務的至高權力。

正因爲如此，人們普遍存在的誤解是，族長所擁有的族權是階級壓迫的一種重要工具。我們不否認存在著某些族長恃勢欺壓族人的現象，但就一般的情況而言，族長們對於家族權力的運用，必須以家族的「家法」、「族規」、「宗範」、「祠規」、「族訓」爲基本準則。筆者曾經披閱過百餘部福建的家族族譜，各種族譜中所記載的族法、族規固然有許多不同之處，但就其內部管理的最基本精神，不外是「敬宗」和「收族」兩大方面。「敬宗」就是強調傳統的追溯，建立家族血緣關係的尊卑倫序；「收族」則著眼於現實，尋求家族內部長期的和平共處、聚而不散的有效途徑。因此，在福建各個家族中所制定的各種族規、家範一類，大體上以「敬祖宗」、「重宗長」、「禁犯上」、「睦宗黨」、「重師友」、「重繼嗣」、「安靈墓」、「凜閨教」、「重藏譜」、「卹患難」、「急相助」、「懲小忿」、「禁欺凌」、「禁亂倫」、「禁爭訟」等爲主要內容，這些「敬宗」、「收族」的族規內容，是維繫家族內部團結和合作的必不可少的兩大要素。

當然，作爲中國封建社會後期基層社會群體組織的家族，除了有牢固的內部團結之外，爲了盡可能多擁有社會上的地位，還必須樹立一種足以誇示鄉里的家族威望。樹立這樣的威信需要多方面的努力，而其在族規、家範上的反映，則是強調家族道德和行爲的純潔性，以及禁止族人們有違社會公德的不法行爲。如永安《余氏家譜》的《譜禁八條》中，首條便是禁委身賤役，所謂「力田讀書居世應有恒產，爲商攻技憑人各擅其長，徒手耗食固當懲，賤役無良尤必飭，一身充入，百惡俱呈，……今與宗黨約，如敢委身賤役玷辱宗祊，定即視若路人，不准入廟與祭」。第八條是禁鬻子他人，「以祖宗之遺體，甘委他人爲阿堵之老銅，任割骨肉或爲緇流，瓶缽蕭條，而永無生路，或爲奴隸，鞭撻痛楚，而長作下人，即爲他姓子，彼既上有所承，何敢稱我爲父，我既自棄所生，何顏復呼爲子，……忍心害理，莫此爲甚，贖其子擯其人不許入廟與祭」。[18]連城張氏家族的族規亦云：「身者祖宗之遺傳，倘鬻身爲人奴僕，辱及前人矣，即買充衙役，至於作奸犯科，亦與此同類，皆所當禁。」[19]浦城房氏家族則規定：「族內子孫人等妄作非爲有干名教者，不待鳴官，祠內先行整治。」[20]許多家族在勸誡子孫務本業、力農田、四業必精其一的同時，還禁絕族人遊手好閒。如璜溪葛氏家族的禁約有十條，其中有二條是「禁好事賭博，禁喜嗜洋煙」[21]。連城張氏家族也規定「不得偷雞盜狗，攫人財物，自投法網，且賭博爲盜賊之源，蕩散家業，鬥毆行凶，皆由於此，殊爲可恨，至於開場縱博名爲窩賭，大干律例，先當嚴禁。」[22]長樂曾氏家族在嚴禁賭博的同時，還嚴禁擄人勒贖，所謂「吾宗自先世以忠厚待鄰里，恐有一二不安分者乖違宗規，擄人勒贖，寄在祠內，務宜禁絕此風」[23]。這些規約，既可維護本家族在地方社會上的聲譽和威信，還可以在一定程度上防止族人們因行爲不當，導致蕩家破產的結局。

總而言之，福建民間各家族衆多的族規、家範中所體現的核心精神，基本上是以「敬宗」、「收族」，是以提高家族內部的合作與團結、樹立家族對外威信爲目的的。族長們圍繞著這些基本精神，衡量和判斷家族成員的日常行爲，從而決定對違法的族人採取應有的懲處。當家族成員觸犯家族基本精神和行爲準則時，族長們眞可謂擁有主宰生殺的大權，但是在這些家族基本準則之外，族長們隨心所欲地支配、懲處家族成員，甚至利用族權來剝削壓迫族人的現象，應當說是比較少見的，是非正常的。試想，如果一個家族長期存在著族長利用族權非理性地剝削、壓迫普通族人，那麼這個家族的長久存在顯然是不可能的。

這裡需要進一步指出的是，許多論者往往把中國家族內部所提倡的上下人倫等序不亂的規範，與封建政治上等級觀念和階級觀念混爲一談，這顯然也是一種誤解。家族內部所提倡的尊卑有別，其目的在於親親，在於敬上撫下，而不是爲了強調等級的壓迫。相反地，正是由於中國封建社會晚期階級分化的加劇，貧富變幻的無常，以及封建統治的腐敗，才促使家族內部重視提倡尊上愛幼的平等精神之必要性。在親親的家族上下人倫關係下，貧富不均的陰影得到了淡化，人們在同一個祖先面前，同樣的輩分，享受同樣的權利、精神上的滿足，彌補了社會政治經濟方面的不平衡，族人們便在這種精神平衡的禮法下，加強了內部的團結。

敬宗和收族二者是緊密相連的，但從現實的意義看，敬宗的目的終究還是在於收族。福建各家族所提倡的「卹患難」、「濟貧窮」等規約，便是貫徹家族平等精神以達到收族目的的具體表現。我們在上一章中曾論及族產義田等的管理和使用時，已經從另一個面反映了這一情況。這裡，我們再舉候官《林氏家乘》中對於收族卹貧的具體規定：

> 一、宗族有男女幼失怙恃，及家貧無以婚嫁者，許宗子鳩集族人之力代舉，違者罰之。……
>
> 一、家族遭喪，有貧窶不能棺斂及具葬者，宗子會族人以義代舉，不許徇俗火葬，違者重罰。……
>
> 一、本宗之嫡，如有子孫貧乏不能存者，公同量支借與生理，俟其家道稍立，取其母銀仍付本宗收管，以備賑貧之用。……
>
> 一、宗族子孫，貧窮必相給，生計必相謀，禍難必相恤，疾病必相扶，婚姻必相助，死葬必相資，此家世延長之道也，違者族長會宗子斥之。
>
> 一、諸婦有寡居……若貧而無子者，宗子會族人周給衣食死葬，立昭穆相應之子以嗣其後。[24]

在這些族規中，我們可以了解到家族內部從生產、生活等各方面對貧困孤寡者提供恤助，使族人在家族組織的籠罩下，獲得一定程度的現實安全感。值得注意的是，這種家族內部相互扶助、相互恤救的原則，有時甚至能夠超越政府的法令，比政府的法令更具有權威性和實用性。如明清兩代封建政府曾制定一系列的賦役優免政策，這本是對有政治身分的士紳們的一種經濟優待，然而，這種優待是以損害鄉里其他不持有優免權者的利益爲前提的。爲了保護家族內部的平衡，貫徹「不敢以富貴加於父兄宗族」[25]的原則，我們曾看到一些家族特意以族規的形式，限制族內士紳實現這種賦役優免權，以免損害其他族人的利益。如明代嘉靖年間福州郭氏家族的《規約》載云：

嘗謂國有定制，家有定規，夫制定則，職分均而上下安；規定則，則大小安而公私便。吾祖居玉融化北里下澤朗之中興境，上古以來世傳詩書禮讓，唯以耕讀立業。……今祖宗厚蔭弟姓喬居上流，遷於省城，有啓步庠序讀孔孟者，有奮志公門業蕭曹者，如是豈不美哉！……吾族僅十四五人，倘效優免，何人當差？……今立議定，上丁者以二十二歲為定，通丁者早則以二丁上丁議免，遲則以六十歲議免。其官吏生員，只照族例，依規當差，丁米聽其別免。茲憑家長同族眾公舉議論已定，立成家規，永為定約，向後如有頑梗恃富貴藉勢壓眾者，許眾丁合心公首違約之罪，毋得庇私徇情，如有阿從及藉勢欺人強免者，天譴神誅，不得昌盛。家長的筆親立家約，以付後代子子孫孫以為定規。[26]

基於這種「國有定制，家有定規」，甚至家規重於國制的觀念，福建各家族在處理其內部事務時，首先是根據家族的法規處理，其次才顧及地方和國家的法律，族人們必須首先服從於族規、家法，其次才遵守地方法規和政府法律。如永定縣邵氏家族的《祠規》規定，族人遇有爭論，訴之族中，不能理而後鳴之官，「如有徑赴呈詞者，即爲目無尊長，先與議處，而後評其是非」[27]。連城張氏家族的族規云：「族內或有產業相爭等項，俱要先鳴私房處服，如仍未睦，方許經六房公論，倘不聞族而徑到官者，定以家法重懲，更有恃強行凶聚眾鬥毆者，攻其罪具結鳴官重究。」[28]浦城李氏家族的族約規定：「睦族和鄰乃安身保家之道，……但有酗酒爭鬥毀罵尊長，及因事爭辯者，俱先稟告族長，聽與各房公直人處斷平息。如有不告族長輒行赴官告理，及族長處斷已明，逞刁不服者，族長各房公直人即備情連名呈官處治。」[29]從中國法制史的角度看，傳統的「刑不上大夫」的觀念，固然嚴重地削弱了中國歷代法律的權威性，阻礙了中國法治制度的正常發展，然而地方家族制度下普遍重視私法家規而忽視政府公法，同樣也使國家法律失卻約束社會的有效作用。而缺乏法律秩序的社會，正如我們前面所指出，它又進一步促進了福建民間家族制度的發展和完善。

族長們在行使家族組織的權力時，雖然必須遵循體現著敬宗收族精神的族法、族規，但是家族內部的大宗、小宗之分，各宗各房發展不平衡，導致強宗強房與弱宗弱房的差別，以及族長和士紳們本身社會政治經濟等方面地位的不同，都有可能對於公正行使族權產生某些影響。因此，如何平衡和協調家族內部各房各支房甚至各個族人的意見和利益，是維持家族內部團結和穩定的另一重要因素。族長們固然有權對某些家族事務作出自己的決斷，但在更多的場合裡，家族內部的事務處理，一般都在族長的主持下，採取眾房公議的形式，以盡可能地徵取更廣泛的贊同意見。我們曾在安溪縣檔案館見到一份民國時期劉姓的《若乾家族會紀錄》，即該家族處理各種事務的會議並形成決議的紀錄。其中《若乾家族會章程》云：

第一章　總則

第一條　本會定名為若乾家族會。

第二條　本會以處理本房公共事項，促進家族進步為目的。

第三條　本會假建安祖宇為會所。

第二章　組織

第四條　凡本房人年滿二十歲者，均為本會會員。

第五條　本會設理事七人，並互選常務理事一人，組成理事會，辦理本會日常事務。理事人數各房分配如下：長房二人，二房一人，三房二人，四房二人。……

第八條　理事會分設總務、財政、祀祭、福利、調解等股，各設股長一人，由理事互推兼任之。

……[30]

成立於民國時期的劉氏若乾家族會，雖然在章程、名詞等方面帶有某些現代的色彩，但其眾房合議的形式，無疑是福建各家族處理其公共事務最傳統、最流行的一種形式。

在族、房長的主持下，家族會議取得一致意見，形成決議，這些決議往往以契約文書的形式公諸於眾，付諸於實施。從而具有家族法律的效力。福建各家族譜中收錄有大量諸如此類的契約合同文書，茲舉二例如下：

一、長汀縣龍足鄉鄒氏家族於乾隆年間在本鄉水口新起公平墟場，由於闔族分爲葉勝、定敷二房，爲了協調二房子孫的行動和均衡各派子孫的利益，該族立有建墟合同文書：

立合同人勝公子孫同曾侄孫禮崇公子孫御祖、洪生、熊雲、中彥、雄彥、一彥、聖乾、微耀等，為本鄉之水口新起公平墟，老少歡悦，但各齊心踴躍，各出自己糧田以作墟場，其建造店宇並小莊皆照八股均派。勝公房墟基使用俱出祠內公項，禮崇公、雄公、希孟公、永生公四公合成一半，勝公一半。自後每年將公平墟稅當作八股收稅，勝公房收墟稅四股，禮崇公眾房亦收四股。其年二房各收一半，至稅年收墟稅，公議勝公房擇知事者四人，禮崇公房擇知事者四人，至臨收租之期，務要知會八人，同往均收均分，毋得越議一二人專擅。恐口無憑，立合同字，各付一紙，永遠為照。

乾隆四十四年六月廿三日立合同人勝公、崇公子孫同立。

二、建甌縣祖氏家族七房子孫對於祭產管理的會議合同文書：

立合同憑據七房裔孫等，緣永庚翁祭谷六百餘籮，碓廠一座，照依房序輪收久矣。茲因子孫繁衍，良頑不一，貧富不等，致有祭祀衍期，錢糧拖累貽羞先人，會議於祭田內抽出二處，土名烏坑辦及車輮，共祭谷九十籮，並碓廠一座，苗銀苗谷歸眾祭祀，每房派定一人理事，收苗、還苗、完糧俱係理事者料理，值年者只收五百籮之谷，別無雜派，惟祭祀日備辦碗碟甌筋而已，其條例載明祭簿，俱各遵行，但恐後有頑梗子孫不顧廉恥違例混爭，特於碓下錢糧二項再申禁之。碓既入眾，倘遇木商過壩，補貼修壩之資，應存眾公用，錢糧既歸眾完，若遇皇恩豁免亦應存眾公用，值收房分人等俱不得混爭。此議之後，惟願後人恪守而遵行之，即為子孫慈孝矣。特立合同憑據七紙，各執一張為照。

乾隆甲辰四十九年正月　日立

合同憑據裔孫：剛房右郁、健房右典、中房德望、正房伯昂、純房聲梧、粹房樟燦、精房右疆。（餘略）

當然，這種會議合同契約所涉及的範圍是十分廣泛的，不但有建祠立廟、置產買業、婚嫁喪葬、繼嗣抱養、分家析產、鬥毆爭論，還有興修水利，組織生產生活活動等各個方面。由於家族內部的許多重要事務經過這種協議合約的形式來解決，在一定程度上體現了家族內部和睦相親的關係，或者說是一種比較平等的關係。家族內部事務的管理，能夠比較正當而全面地反映家族成員的意願，這對於增強家族內部的凝集力無疑是至關重要的。其實，我們通常所講的「族長」這一概念，本身就是十分模糊的，如果說參予家族事務管理的人便是族長的話，那麼每個家族的族長階層就未免太龐大了。通族的宗子族長之下有各房的房長、支房房長、族房長之外又有士紳學子，還有經管祠堂、族田、祭祀等具體事務的董首、經理們，他們往往都參加家族事務的公議活動。如此龐大的「族長」隊伍，與其說獨斷專制了家族的一切事務，倒不如說他們的決策在家族中具有很高的代表性。

因此，福建各家族的內部管理，基本上是在「敬宗」、「收族」的原則下，比較公平合理地協調和平衡了家族內部各個階層、各個房派乃至各個族人的利益，在一定程度上體現了同一祖宗之下人人平等的道德觀念，從而有力地維持和促進了中國封建社會晚期以至近代福建家族制度的不斷更新和完善。當然，確實存在著某些家族的某些領導成員濫用職權、營私舞弊的事實，然而這種行爲與福建家族制度的整體發展趨勢相比，畢竟只是少數。同時，這種舞弊和欺壓族人的行爲，也是族規、家範中所不允許的。許多家族在強調族長權威性的同時，也制定了一些制約族長濫用權力的條文。如浦城房氏家族的《宗規》云：「尊長無不是，卑幼不循，妄行欺凌控告尊長者，祠內先行整治，仍懇國法治之。尊長果有玷缺，或欺祖侵蝕，人人得而直言，是又不拘於分也。」[31]連城張氏家族的族規亦云：「族內晚輩無故得罪房族長，一經六房核實，罰伊不敬，若倚恃年老輩尊，……捏詞刁詐者，不在此例。」[32]這種權力的制約，使各個家族能夠形成一個得到族人長期信賴，而不是只有短期行爲的權力機構，這樣的權力機構，才足以使家族內部保持一種比較協調穩定的利益和精神平衡，使族人們感受到家族的眞正存在。福建家族的內部管理，大體上體現了這一點。否則，我們不能想像一個充滿剝削壓迫和欺詐凌辱的家族組織，能夠長期地維持現狀並且繼續發展下去。顯然，過去誇大家族內部的不平等關係，是不符合福建家族的實際情況的。

注釋：

[1]《清溪謝氏宗譜》，〈伴讀公示訓〉。
[2][3]《雲程林氏家乘》，卷十一，〈補輯家範〉。
[4]《清溪謝氏宗譜》，〈伴讀公示訓〉。
[5]侯官《雲程林氏家乘》，卷十一，〈家范〉。
[6]《三山葉氏祠錄》，〈支祠條規〉。
[7]《三山葉氏祠錄》，〈春秋丁祭儀節〉。
[8]乾隆《長泰縣志》，卷六。
[9]林偕春《雲山居士文集》，卷三，〈與唐麓陽太守書〉。
[10]連城《新泉張氏族譜》，卷之首，〈重修土砦告示〉。
[11]李世熊《寨堡記》。
[12]嘉慶《惠安縣志》，卷三十四，〈塋墳志〉。
[13]連城《郭氏族譜》，〈蒸嘗序〉。
[14]惠安《駱氏族譜》，〈大事記〉。
[15]泉州《薛氏族譜》，卷十四，〈育墓山控案稿〉。
[16]《梅洲陳氏族譜》，〈陳氏祭法〉。
[17]晉江《潯海施氏族譜》，天部，〈潯海施氏族約〉。
[18]永安《余氏家譜》，卷一，〈譜禁八條〉。
[19][22]連城《新泉張氏族譜》，卷之首，〈族規條款〉。
[20]《閩浦房氏族譜》，卷一，〈宗規條款〉。
[21]《璜溪葛氏宗譜》，譜禁。
[23]長樂《感恩村曾氏族譜》，〈宗祠嚴禁十條〉。
[24]侯官《雲程林氏家乘》，卷十一，〈家範〉。
[25]上揭書。
[26]福州《郭氏支譜》，卷七，〈天房大用公家約〉。
[27]光緒《永定邵氏世譜》，卷首，〈祠規〉。
[28]連城《新泉張氏族譜》，卷之首，〈族規條款〉。
[29]《湖茫李氏三宗譜》，卷九，〈族約〉。
[30]安溪縣檔案館，卷宗第二〇九號。
[31]《閩浦房氏族譜》，卷一。
[32]連城《新泉張氏族譜》，卷之首，〈族規條款〉。

第六章

割據與官府統治

聚族而居的福建民間家族制度，是血緣關係和地緣關係的雙重結合，因而具有比較明顯的地域割據和自治的性質，這一特質與中國傳統的大一統中央集權的政治體制是相矛盾的。然而，民間家族制度的存在又是一種不容官府忽視的事實，因此，在福建民間家族與官府的統治之間，存在著十分複雜和微妙的關係。

解放以來中國學術界的一個重要論點，就是認爲中國封建社會晚期民間家族制度是封建政治統治的一種補充輔助形式，家族組織，特別是族長、族權起著維護封建統治制度的作用。但是，在事實上，福建民間家族爲了維護自身的小圈子利益，與官府統治不可避免會產生矛盾，這是時而可見、不能抹殺的。尤其是明代中葉以後，隨著社會、經濟諸方面的變遷，官府對於民間基層社會的垂直統治愈加困難，許多家族往往處於各自爲政、自行其是的狀態。舉沿海漳州一帶的情景爲例：雲霄「梅州向有城寨在雲、詔交界，居民四千餘戶，一萬餘丁，係吳姓聚族而居，族大丁強，賢奸雜處，匪徒或出洋行劫，或登岸搶擄不一，莫可誰何！」[1]在詔安縣，明嘉靖、萬曆以後，各鄉族紛紛建立武裝自衛，繼而橫行地方，幾與官府抗禮，所謂「今日沿海之民以保甲爲故事，以小逞爲習慣，嘯而往，挈而還，設財自衛，官不能問，……禮讓不能化，法令不能戢，緩急有變化，爲異類也」[2]。到了清代，這種局面依然如故，陳盛韶在《問俗錄》中談及詔安二都的情景云：「二都去縣治遠，民強蠻，被控不至，差求一錢不得，求一飽不得，求一入門不得。拏得一人，往往奪去，由是差亦臥票不行。會營親臨，我出則逃，我歸則出，空費財力。……是非曲直，官不能辯，而民亦不告諸官，自相報復，釀成擄禁械鬥，京控重案，歷任官受其累。」[3]從以上記載可以看出，封建官府對於地方鄉族的統治能力是何等的微弱，基層家族幾乎成了地方上的獨立王國。

中國封建政府對於基層社會統治的最重要標誌，是對於民間人口、土地和賦稅的有效控制程度。但自宋代特別是明代中葉以後，封建中央政府對於民間的人口、土地的控制能力日益下降，民間隱瞞人口、土地，從而躲避政府賦稅徭役的情況日益嚴重。[4]形成這種局面的因素固然是多方面的，但至少就福建的情景而言，政府對於人口、土地、賦役的失控，家族制度在其中扮演了重要的角色。爲了保護本家族的利益，家族透過對官府的某種程度對抗，使族人們有效地躲避了政府的賦役徵派和對於人口、田地的清查。《問俗錄》中有一段關於福建家族夥同隱產逃稅的描寫，茲摘錄如下：

> 國家維正之供，全重魚鱗實徵冊一書。詔邑（詔安）不然，官坡廖氏，附城沈氏，及為許、為陳、為林，田不知其幾千畝也，丁不知其幾萬户也。族傳止一、二總户口入官，如廖文興、廖日新、許力發、許式甫是也。更有因避役徭數姓合一户，如李林等户合關世賢，葉趙等户合為趙建興是也。[5]

這就是說，各個家族往往以一些代號性的花戶與封建官府發生納賦關係，從而使家族內的許多實在丁戶田地躲避了納稅服役的負擔。這裡，我們再舉一些族譜的類似記載以作進一步的論證。《永安余氏家譜》賦役志中載有該家族自明代以來所承擔的賦稅差徭始末，其中略云：

> 邑志明萬曆以前户口皆有增減，至四十年（西元一六一二年）邑令王公良臣詳請上司每户額派十丁，不論故絕，永為定式。吾族祖里六甲，有祖余均美小名六七郎公，於洪武十一年（西元一三七八年）為抽軍事僉充正軍。……律載人户以籍為定，軍匠不許開户，故先朝只充六甲。自國朝不復勾

軍，康熙丙午（西元一六六六年）冬邑令袁植公以户糧過額，僉户丁余黴明充八甲黄顯鎮一半，辛亥（西元一六七一年）春邑令陳公於逵復撥族中糧户同充户名余安隆，六八之分自此始矣。

由此可見，余氏家族自明代以至清代康熙年間，通族僅以一甲半花戶輪充政府的差役賦稅，而至清代後期，余氏家族的人口已旺達二千餘人，儼然永安一大巨族，但是他們向封建政府承擔的各種賦稅徭役，仍然是以清初這一甲半的花戶名稱與之發生聯繫，整個家族的田地人丁均在這一甲半在冊的地丁花戶掩護下，逃脫於封建政府的控制之外。

再如永春縣康氏家族，明洪武間在冊戶田帖僅係「安溪感化里民籍眞福」一戶，至成化年間，族人分居永春，衍眾至數十人，乃於「成化八年（西元一四七二年）壬辰，（長子）福成公始入戶陳貴，頂其絕甲陳佛成戶籍。」[6]其後相沿不變。這裡，不僅數十戶人家僅報籍一戶，而且康姓頂冒陳氏籍，偌大的康氏家族，在官府的冊籍上竟以陳氏入載，戶籍的編審登記完全流於形式。祖先的戶籍被族人們世代襲用，賦役的數量也不受家族人口、田地變化的影響，數百年來幾成定額。

福建各家族擁有大量的共有田，這些田地向地方政府登記納稅人，一般不能以家族的名義上報的，而只能附寄在一般民戶下，或者隨意捏造出一些烏有的戶主來。這種作法，本身就包含著比一般民戶更易擺脫官府直接控制的有利條件。這樣就使得家族共有田在躲避封建賦稅方面，比一般民田有著更大的活動餘地。我們曾統計過武平李氏家族的部分族田約一百七十餘畝，每年收租達二百五十石左右，但每年實際向政府僅交納賦稅二十二斗餘。若以清代的民田科則計，一百七十餘畝田至少承租一百斗左右的田賦。這個家族的族田每年向地方政府交納的賦稅，還不到實在田畝的三分之一。[7]福州林氏家族的祭田約一百五十餘畝，每年約收取租銀十五兩，租谷九千六百餘斤，而至乾隆年間每年僅向政府交納田賦一石五斗餘。到民國二十四年（西元一九三五年），「閩侯清查田賦糧戶，同改呈報雲程林氏宗祠公業，計中則民田四畝二分，山園中則計三畝九分零，應納糧銀大洋四元五角六分正」[8]。從清代直至民國，這個家族的族田交納賦稅額，都不到實際田畝的十分之一。這些例子可能比較突出，但是，家族組織起了庇護族人當差納糧的作用，應當說是一種普遍的現象。

明清時期福建各家族利用以上種種辦法來庇護族人納稅當差，還只是屬於正常範圍，也就是說屬於官府所能容忍的範圍。因爲自宋代以降，封建政府無法切實地控制民間的實際人口、土地數量，於是只好退而求其次，力爭維持土地賦稅的「原額」。[9]即只要保住全國各地的土地賦稅「原額」，至於這個「原額」如何攤派到各個具體的納稅人，就顯得不是那麼重要。福建省各家族在交納賦稅時沿用數百年前的花戶名稱，或是隨意捏造出某些烏有的花戶名稱來與政府打交道，正符合了政府這種維護「原額」的作法。政府只要根據這種烏有的花戶收取到「原額」的賦稅，而對於家族內部究竟有多少納稅人和納稅土地及其變化情況，無從知道也沒有必要知道。在這個意義上講，福建各家族用一些代號性的花戶與官府發生納賦關係，從而使家族內的許多實在丁戶田地逃避了納稅當差的責任，這是屬於正常的「合法」行爲。正因爲如此，我們在一些家族譜中，也可以看到要求族人如期如數完糧納稅的族規、家法記載。如浦城李氏家族的《族約》云：「錢糧乃門戶重事，族中俱宜依限完納。」[10]侯官林氏家族的《家範》云：「居家百幾用度俱可以節約，獨維正之供必不可悠忽苟延，此決不能已之輸。稍爲掣肘挪移，則難於支補，而貽累無涯，故寧輟他務以輸稅賦，使門無追呼之吏，則飲食亦安，魂夢亦清，雞犬亦寧。」[11]顯然，這裡所說的依限完納，是指那些在冊的「原額」錢糧，而不是要求族人毫無隱瞞地按實在人丁田地數額「急公樂輸」。有些論者根據族譜中交納賦稅的家訓族規，認爲家族是一個諄諄勸說人們完糧納稅的教師，和催索錢糧的凶神惡煞的衙役皂隸[12]，從而保證了封建國家的賦役收入，這是不符合實際的。否則，中國封建社會晚期就不會出現那種衆所周知的土地賦稅大量隱瞞的現象了。

正因爲家族所承擔的政府賦役與族內的實際在人丁田地差距很大，各不相干，民間的戶籍和賦役日益世襲化和定額化，於是有些家族爲了統籌安排本家族的賦稅錢糧，專門設立了公役田、門戶田，統一應付政府的賦稅差徭。如梅溪陳氏家族，明代中葉設五班里正公田，「一班二班之田各百餘畝，三班四班之田各六十餘畝，五班之田則八十餘畝，大約諸子姓所以充里正一歲之費者，皆是物也」[13]。泰寧歐陽氏家族，清代「編入在城二圖地甲，與葉姓同爲里長，廖又繼入，十年輪辦一次，……是以予置田米二石，承爲歐陽一姓排年管里田，歷年租數，除開每年冊里、圖差常禮以及完納本田糧額外，約總貯得租谷三十餘石，排至十年之期」[14]。邵武黃氏家族的公有田，「除供祭外，其餘爲贍十甲里役之用，……而管年歲有豁谷，料理廳、縣圖差新班之事。……凡安糧之戶，概不用錢」[15]。這種「公役田」、「門戶田」的設立，使政府的賦役派徵與民間實際人丁田土之間的距離更加遙遠。

有的家族則對賦役的應納實行通族的統籌安排，在家族內部實行賦役負擔的再分配。如永春官林李氏家族實行各房輪值法，每年設賦役「聽年」之人，以應付官府的催徵：

> 其聽年，本朝以來俱係三房催辦，至順治十七年，長房始催一年；十八年，三房朝序始催一年。越康熙十一年，三房朝序、朝郡方與二房合約，照丁米聽催，五年輪流：二房聽四年，三房聽一年，長房以米少不與，每年只貼聽年人租五石，以為辛苦。而遍族覆議：雜派繁重之時，每石產貼聽年人辛勞銀二錢；如雜派少，每石產只貼一錢，永以為例。……總計通族聽年租只有六百七十五觔，原本族聽年只有一人，因奉憲均苗，撥出本户李重米入二甲內，故於康熙三十三年甲戌正月，再議本族設聽年二人，以便催納。其通族聽年租，應照二人均收。其聽年二人，湧泉公房遞年輪一人出聽，傳建公房一人，碧溪公房一人，賽賜公房、賽瑞公房共一人，遞年輪一人出聽；周而復始，不得推諉。[16]

李氏家族輪値的「聽年之人」，專門負責催徵本族賦稅，是該族與官府在賦稅方面發生聯繫的「出頭」人物，而其他族人雖然擁有許多人口和土地，卻在這「聽年」之人的掩護下，與官府幾乎不相干。在這樣的場合裡，每個家族成員所承擔賦役的輕與重，不取決於人丁與田地的多少，而是取決於家族內部對賦役負擔的重新統籌和分配，取決於家族與地方官府之間的微妙關係，家族的社會地位愈是雄固，對於族人們的庇護就愈顯有效，地方官府對於其間田地人丁賦役虛實更是難以措手。

更有甚者，在一些丁眾勢大、地方割據局面比較嚴重的家族中，公然聚眾抗糧毆差的現象也不斷發生。如閩南的南靖、平和一帶，「南靖地方有地名車田者，戶口千餘家，……富者恃遠以抗糧，催納多不遵畏，貧者恃遠而以宰牛竊盜爲事，強弱相凌。……平和地方有地名王寨者，戶口亦千餘家，……民俗刁頑不一，與南靖之車田無異」[17]。廈門同安馬巷廳一帶抗糧之風尤烈，所謂「抗欠錢糧也，則各鄉皆然，我朝厚恩深仁，屢行蠲免，該民人習爲固然，不特小民群思覬覦，即殷富紳戶無不效尤，以國家寬恤之殊恩，成頑戶逋糧之惡習。桀黠者倡首把持，各花戶從而觀望，甚至一士在庠，則庇及合族，一丁入伍則霸及通鄉，緩之則任意拖延，急之則鼓眾抗拒」[18]。泉州晉江一帶亦是如此，「縣中久無徵冊可稽，而唯賴圖承是問。蓋圖承係鄉中強房，世代相傳，……並不以官給印串爲憑，其中隱匿侵蝕從何查悉。加以刁衿劣監、營將弁兵包庇抗延，甚至一鄉之內有欠至數千兩，而歷年絲毫不完者」[19]。咸豐年間：同安縣更發生了大規模的家族動用武裝抗糧事件：

> 仁德里各保濱海頑户累欠錢糧，派差催徵竟敢毆抗，即於六月初四日親赴該里，暫住金鞍山廟內，……飭傳各保家長即兑山保下蔡鄉家長李學等來廟分別認完，……詎該家長張天祿等躲避所給諭札，各家屬亦不接收，聲稱保內二十餘年不知完糧。……六日夜二更時分該頑户邀集多徒圍住廟門放槍恐嚇，……係板橋保滸井鄉張姓之人所為。……（十二日營兵）馳抵滸井鄉，旋有該鄉生員張紹學、洪塘鄉生員張數玉即張灼出來接見，尚有武舉張興邦、家長張天祿、張秋、張禪、張勤、張經、張情等避匿不到。……十三日晨各鄉匪徒執持銃械伙眾而至，顯係抗官，……鄉匪愈聚愈多，不下千人，寡難敵眾。[20]

以上這些抗糧事件的共同特點，就是整鄉整族共同抗糧，參加者不僅有一般的貧苦族人，更有生員、舉人等上層人物在策劃倡首。這種情況充分說明了福建民間家族與官府統治之間，存在著一定的矛盾和衝突。在家族勢力強大的地方，官府的統治能力被大大削弱了。

福建民間家族與官府之間雖然存在著許多利益衝突和對抗，但家族畢竟是中國大一統專制政體下的基層社會群體之一，完全的對抗是不可能的，家族不論在道義上，還是在現實中，都必須與官府統治保持一定的平衡和協調。這種平衡和協調工作，一般是透過家族內的士紳和知識份子來進行。這些人既是家族內部權力的主要掌握者，是家族共同體利益的代言人；同時又是官僚階層的一員和後續力量，與官府有著千絲萬縷的聯繫，有溝通的渠道。這樣，這些鄉紳士子在家族與官府的交往中，扮演著雙重角色。一方面，他們努力入庠食餼，爭取進入國家和地方的統治階層，國家政權的盛衰與他們個人的榮辱有一定的聯繫。而另一方面，他們又是家族的成員之一，他們的田產廬屋、經濟利益，又往往與家族的利益緊緊地結合在一起。這種雙重的身分和利益關係，導致這些鄉紳士子們能夠在協調官府與家族的關係方面發揮重大作用，同時也使官府與家族之間關係更加微妙化、戲劇化。他們既不願使家族的利益，特別是他們切身的利益受到國家政府的侵蝕，同樣的，他們也不願意讓過分強大的地方家族勢力，從根本上危及封建國家政權的安全。於是，每當家族與官府在地方政治、軍事、經濟諸方面發生權益的矛盾時，這樣鄉紳士子們，一般都會把家族勢力對於國家政府的權益侵擾控制在適當的程度，以免使家族與官府的對抗尖銳化。因爲適當的對抗可給家族帶來一定的地方權力和經濟利益，而尖銳對抗的最終結果，則將導致本家族勢力的覆滅。如前面所談及的清末同安縣滸井鄉張氏家族的武裝抗糧，顯然是一種沒有掌握好適度的過激行爲，結果福建官府調集大兵會剿，「家長張京等並滸井鄉張天祿等合具結狀，限三日內將咸豐十年起至同治三年上欠完新舊糧谷照數全完，不敢逾延，即令糧書當面認明，屆期兌收。並諭各該家長嗣後督促族衆按年完糧，不得再來抗欠，倍干重咎，伊等均各唯唯，又據張天祿等送出餘犯張有、張吉二名到案訊」[21]。而同時欠糧拒納的李、葉、陳諸姓，因未參與武裝抗糧毆殺官差事件，他們拖欠拒交錢糧如故，官府對這些家族絲毫沒有辦法。當時，同安、晉江一帶的地方官慨嘆道：「同邑糧務難徵，向來納完三分，報須在八分以上」，「勸導傳催則負嵎不出，追呼稍急則聚眾抗官，官欲從嚴懲辦，每苦經費乏資，猶慮急則變生，釀成巨衅，反蹈辦理不善之愆。是欲整頓催科，則積習仍無回挽，而民玩愈甚，徵糧愈難措手」。[22]官府與家族之間的複雜微妙關係，在這地方官員的文書中暴露無遺。

因此，在家族勢力強盛的地方，我們固然可以看到諸如負隅拒差、恃眾抗糧等不服從官府為所欲為的越軌行為，但在一般的場合裡，許多家族還是希望能夠與官府相安無事，協調相處，並且告訴族人們守己安分，從形式上服從於官府領導。如上述的族規要求族人依期交納錢糧，便是在不損害家族權益的基礎上服從官府統治的一種表現。再如族規中勸誡族人們「務奉公守法，毋蹈貪黷以貽辱祖宗，遺禍子姓。」[23]「男子賢愚不齊，士農工商各安其業，要之無忝祖先斯可矣。……若習學非良，賭博者、盜竊者、酗酒爭鬥者，教唆起滅詞訟者，外內亂鳥獸行者，暴橫鄉里，駈騙財物者，不孝不悌不廉不檢者，合族擯之不齒」[24]等等。這些規定，在一定程度上維護了家庭成員的經濟利益，同時，也使家族及每個族人的行為規範，大體限制在封建政府所能接受的範圍之內。而從地方官員這方面看，他們的仕途升遷以及經濟利益的獲得（例如舞弊錢糧，暗派私徵等等），也有賴於地方勢力，尤其是地方士紳學子階層的配合和默許。地方官員對地方實行過分的苛索和剝削，同樣也可能遭致地方家族勢力的強烈反抗，乃至被公呈驅逐，斷送了前程。在這種情況下，無論地方官員也好，家族勢力以及鄉紳士子勢力也好，他們之間相互對立的行爲，都有著一定的界限，爲了雙方各自的利益，二者往往能夠在這個界限之內，形成一種相互牽制的比較默契的關係。地方官員和家族勢力之間的這種妥協關係，不但使官吏們普遍存在但又有一定界限的貪婪苛索行爲，爲社會和政治所接受，成爲非法但實際上又是「合法」的行爲，同時也使家族勢力對於官府政權權益的侵蝕日益既成事實化。

從總的發展趨勢看，宋明以來隨著家族制度的興盛和發展，特別是地方士紳勢力與家族勢力的結合，使得家族在地方政治、軍事、經濟各方面發揮著愈來愈重要的作用，與此相反，官府對於民間基層社會的統治和控制能力，在家族勢力的不斷侵蝕之下，不能不有所下降。這裡，我們只要對明清兩代福建政府對於民間基層社會統治形式的演變過程，作一簡單的回顧，便可清楚地認識到這一點。

如前所述，明代前期，政府推行嚴密的黃冊里甲制度，但從正統、成化之後，政府對於民間社會的控制能力日益下降，里甲制度有名無實。而這一時期，正是福建地區社會變遷激烈、山海盜寇交訌的多事之秋，福建的地方官員，不得不另外尋求統治民間社會的有效手段。於是，在嘉靖前後，具有某種地方自治、自衛性質的保甲制度，被地方官員們陸續推行。

保甲制度與里甲制度的最大不同之處，就是保甲制度有明顯的禦盜衛鄉的職責，是一個準軍事組織。「夫保甲者，……無事，巡警如故；有警，社首保長，統帥冊內夫家，更迭而出，或據險而守，或乘便出擊，或以偵賊等役。」[25]正因爲這是一種準軍事性質的基層組織，利用鄉族保衛鄉族，因而它既有保衛地方的一面，但也容易爲地方勢力所控制，成爲與官府對抗的工具。當嘉靖年間福建地方官府推行保甲制度的時期，地方官員們已經意識到這種潛在的危險，因此，他們制定了保甲連坐制度。嘉靖二十六年（西元一五四七年），巡撫朱紈在福建全面推行保甲制度，特別強調了官府對於民間保甲應擁有絕對的控制權，並擔心保甲爲巨室豪族所控制，他說：

> 保甲之法，操縱在有司則可，操縱在巨室則不可，近見聞一等嘉談力行者，此不過為蕃植武斷之地耳，非真欲厚俗也。[26]

朱紈的擔心後來不幸而言中，嘉靖中後期，沿海倭寇和內地山寇的活動加劇，各地鄉族紛紛自己武裝起來，組織鄉兵、族兵、建築土堡城寨，各自爲政，割據爲政，地方保甲制度的控制權，實際已經轉移到鄉族勢力的手中。到了萬曆年間，福建地方官員繼續推行保甲制度，不得不在一定程度上承認大姓巨室對於保甲的領導權。如萬曆二十年（西元一五九二年）任福建巡撫的許孚遠，在《敬和堂集》中說：「（團練鄉兵）此舉專爲各保地方所設，惟富室大家爲主，貧人下戶干係甚輕，……今須理勸士大夫家爲之倡率，若果爲保家保族之謀，即子弟、僮僕，皆可教之即戎，何須規避？」[27]萬曆四十三年（西元一六一五年）任福建巡撫的黃承玄在整飭保甲時亦云：「凡保中富家、大姓，其族眾、義男、幹僕，率以千百計，宜於保甲之外，另集鄉兵，以資防禦。」[28]關於保長的人選，他們認爲尤以鄉族士紳爲宜，「近來約正、保長多不得人，……本鄉若有縉紳先生、孝廉、文學，該州縣虛心咨訪，聽其核實公舉」[29]，「謀諸鄉荐紳先生，……首推士夫，及於耆老，及於舉、監、生員，隨地方人材多寡爲率，短中求長」[30]。萬曆年間福建地方官員的這些主張，比較嘉靖年間朱紈強調官府對於地方保甲的絕對控制權，顯然已對地方鄉族勢力作出了較大的讓步。因此，到了明代後期，地方鄉族勢力，特別是家族中的士紳學子們，已經在相當程度上掌握了民間基層社會的治安、行政等權力，政府對於地方的控制能力進一步下降。

在清王朝穩定統治全國一段時期內，內患外禍相對減少，地方鄉族武裝自衛的重要性有所下降，但這時家族勢力控制地方基層社會的層面已基本形成，有清一代始終未能像明初里甲制度那樣建立一種嚴密管理的戶籍制度，而基本沿襲明末那種渙散的局面，便是國家政府無法重新建立對基層社會控制的有力證據。正因爲如此，清朝政府對於福建地方基層社會的統治，不得不更加倚重於家族制度，乾隆年間，福建地方官吏議設族正副，試圖利用族長強化其對基層社會的統治。《福建省例》載云：

> 閩省之泉漳二府，民多聚族而居，恃眾逞強，或生事鬥狠，或狡黠健訟，情僞百出，相習成風。雖各有房族房長，並不由官選定，非盡端方醇正之人，平時既無約束，遇事各袒所親，毫無補於風教。今據晉江縣王令議設族正副，以專其責，自屬息事寧人，化民成俗之意，所當照行。惟是事有大小，犯有輕重，應如該府所議，分別辦理。如族內遇有雀角爭論一應細微事故，即令該族正隨事誡諭處釋，毋使架詞涉訟。若有作奸犯科一切重大事發，應責令該族正副據實具稟，倘庇族徇隱，別經發覺，族正副照例治罪。[31]

福建地方官府設立族正副，固然是爲了加強對族長的控制，以達到統治地方的目的，但在另一方面，也說明封建政府也完全意識到家族勢力在穩定和統治地方基層社會舉足輕重的作用。到乾隆晚年，福建地方官員甚至向清廷奏請，給予福建地區各族族正以頂戴，最後因乾隆皇帝的反對而未能施行。

乾隆皇帝反對給予福建族正以頂戴的理由是：「此等所舉族正，皆係紳衿土豪，若明假以事權，必使倚仗聲勢，武斷鄉曲，甚而挾隙誣首及頂凶抵命，何不可為？」[32]可謂擊中要害。與家族勢力加強對民間基層社會控制相消長的，是國家政府對於地方控制能力的削弱，因此，自明中葉以後，封建政府對於家族勢力的增長是始終懷有戒心的，雖然家族勢力在控制基層社會方面的權力有所增長，但由於官府的抵制，官府與家族勢力的相互牽制、妥協，家族勢力對於官府權益的侵蝕，還是很有限的，它不可能從根本上動搖中國大一統的中央集權制的政治體制。

儘管如此，我們必須強調的是，宋明以來家族制度的發展，並非如一般論者所指出的，是封建政府統治的輔助手段，家族與官府之間的權益衝突是始終存在的，這裡，我們再舉兩則耐人尋味的史料，以進一步論證。

一、李光地《始祖祠祭禮略》云：

古者宗子非世官即世祿，故可以其祿祭而世主大宗之祀。今既無是，則所謂宗子者，或降為氓隸，而不齒於衣冠，既不得逾分而行士大夫之禮，且不知親嘏之文，不任拜跪之事有矣。權以時宜，須用爵祿於朝者主祭，蓋以其分既得具禮，其人又嫻威儀也。雖然緇冠餼羊雞可廢，須以有爵者主祭居中，宗子居左，直年者居右，立跪而以昭穆為前卻焉，亦連名以致以宗祖之前，是亦酌古准今，無於禮者之禮也。[33]

二、《福建省例．刑政例》「禁革生員公呈保結干預官事等款」云：

生員不准派充調處公親也。……生員充作公親調處，是驅之武斷鄉曲，且滅詞訟也，此後生員不得干預外事。……生員不准派充族房家長也。……士子身列教庠，自應各尊所業，免其派充家長、彈壓族眾，……查家長乃一定之齒序，非無憑之稱號，行輩尊，雖韋布猶家長也；行輩小，雖貴顯猶卑幼也。……地方官如有擅行調撥及派作家長，令其彈壓族眾，承管公事者，告發之日，照例參處，並即行飭禁。

李光地官居禮部尚書、大學士，是康熙皇帝的寵臣，但是他返鄉置身於家族之中，卻極力主張家族的一切事務，應由有政治身分的官紳來擔當，輩分年齡應居其次。這是因為他深切地認識到只有士紳掌握了家族的權力，方能更有效地控制地方事務，擴大家族的影響。而從官府方面來說，一旦士紳勢力與家族勢力緊密結合，官府對於基層社會的統治就不能不流於名存實亡。因此，他們不得不用「省例」即法律的形式，來反對士紳干預地方事務，控制家族權力，主張族房長應是行輩尊者而不是顯貴者。這兩種針鋒相對的看法，正反映了家族制度與官府之間的衝突，以及中國封建社會後期民間基層社會統治形式，某些微妙的變化趨勢。

注釋：

[1]嘉慶《雲霄廳志》，卷八，〈兵防〉。

[2]民國《詔安縣志》，卷八，〈武備〉。

[3]陳盛韶《問俗錄》，卷四，〈詔安縣〉。

[4]何炳棣〈南宋至今土地數字的考釋和評價〉，載《中國社會科學》1985年，第二、三期。又拙著《清代賦役制度演變新探》，第二卷，廈門大學出版社，1988年版。

[5]陳盛韶《問俗錄》，卷四，〈詔安縣〉。

[6]永春《桃源鳳山康氏族譜》，卷首。

[7]武平《李氏族譜》，卷末（戊），〈祭產類〉。參見拙著《清代賦役制度演

變新探》，第二卷，廈門大學出版社，1988年版。

[8]侯官《雲程林氏家乘》，卷十一，〈祭產〉。

[9]參見何炳棣先生上揭文。

[10]《湖茫李氏三宗譜》，卷九，族約。

[11]侯官《雲程林氏家乘》，卷十一，〈補輯家範〉。

[12]參見徐揚杰〈宋明以來的封建家族制度述論〉，載《中國社會科學》，1980年第四期。

[13]泉州《梅溪陳氏族譜》，〈里正公田記〉。

[14]泰寧杉易歐陽氏，《分關文書》。

[15]邵武《勵潭黃氏族譜》，卷十三，〈祀恩志〉。

[16]《官林李氏七修族譜》，卷一，〈聽年，大當考〉。

[17]《漳州府志》，卷四十二，〈藝文〉；蔡世遠《請移遠界改屬近縣疏》。

[18]程榮春《桐軒案牘》〈馬巷廳任內〉。

[19]程榮春《桐軒案牘》，〈晉江縣稟苦累難支請予卸篆委員接署由〉。

[20]程榮春《桐軒案牘》，〈滸井張姓頑户抗糧糾眾拒捕傷斃兵勇請委大員移撥水師會同拿辦由〉。

[21]程榮春《桐軒案牘》，〈滸井鄉抗糧拒捕一案，該家長悔罪完糧，指燒匪屋交出餘犯押候，跟交正凶訊辦由〉。

[22]程榮春《桐軒案牘》，〈稟福州府夾單，苦累難支請予卸篆委員接署由〉。

[23]侯官《雲程林氏家乘》，卷十一，〈家範〉。

[24]浦城《胡茫李氏三世譜》，卷九，〈族約〉。

[25]葉春及《惠安政書》十二，〈保甲篇〉。

[26]朱紈《甓餘雜集》，卷八，〈公移二〉。

[27]許孚遠《敬和堂集》〈公移文〉，「團練鄉兵行各道」。

[28]黄承玄《盟鷗堂集》，卷二九，〈約保事宜〉。

[29]黄承玄《盟鷗堂集》，卷二十九，〈約保事宜〉。

[30]許孚遠《敬和堂集》〈公移文〉，「鄉保條規」。

[31]《福建省例》，〈户口例〉，「議設族正副」。

[32]《清高宗實錄》，卷一三三五，〈乾隆五十四年七月辛亥〉。

[33]李光地《榕村續集》，卷六。

第七章

鄉族間的聯絡與衝突

明清以來的家族雖然在地方事務中發揮重大作用，但在同一個地域內，其社會是由若干個家族共同組成的，每一個家族都不能不和家族外的世界發生多種聯繫，形成自己對外關係的網絡。

在福建家族與社會的聯繫中，地緣關係的共利因素是不能忽視的。當地方上的利益基本上與家族的利益相吻合的時候，同一區域的各個不同姓氏的家族，可以和睦相處，甚至聯合起來。如明代嘉靖、萬曆年間倭寇猖獗以及明清之際的動亂時期，地方上的家族為了保家衛族，經常聯合起來，遇有賊警，各個家族相互呼應，相互救援，以保障地方上的共同安全。如漳州沿海一帶，所謂「凡數十家聚為一堡，砦壘相望、雉堞相連，每一警報則鼓鋒喧鬧，……提兵一呼，揚旗授甲，雲合響應」[1]。在福州、興化沿海一帶，「附海居民，難受海上不時拿人拷餉、搶掠財物，因構築土寨，……日間依然在家種作，遙望賊至，即入寨堅壁，賊不能害」[2]。閩西寧化一帶也是如此，「數十鄉連為一關，合盟禦敵」，「部署周密，治簡嚴，緩急呼應，務聯諸鄉如一家，自此匪類潛踪，商賈如歸」。[3]

在一般社會比較安定的情況下，許多同一區域內的家族，為了共同的利益和維持家族之間的平衡關係，往往也能達成一定的諒解和規約，從而和諧相處，鄉里平安。舉長樂縣的梅花里為例，此處居住著數十個姓氏的大小家族，他們共同制定了鄉約，建造了鄉約所，成為當地一種具有約束力的民間法制機構。《鄉約》的主要內容也和一般的族約、族規大致相同，旨在維護鄉里的社會地位和加強鄉里各家族的團結，其中對大家族欺凌小姓的行為，有著嚴厲的禁止。《鄉約》共有二十一條，茲摘錄如下：

序云：古者五族為黨，五州為鄉，睦淵任卹之休，由來尚矣。降至後代，生齒日繁，箕畢情好各異，大家巨族作福作威，小姓寒門畏首畏尾，遂使正道不行，競凌日起，求其相保相愛親遜之風，表仁里之善者，蓋亦罕矣。吾梅一鄉列姓數十，間有奸頑好利之徒，或詭計挑唆，或橫行嚇詐，或貌為洽比以煽誘，或托為公言以把持。有一於此，里閈靡寧。爰同各姓尊長朔望集諸子弟於鄉約所宣講聖諭廣訓，申明鄉規條約，藹然怡然，父與父言慈，子與子言孝，兄與兄言友，弟與弟言恭，毋恃富以欺貧，毋倚貴以凌賤，毋飾智以驚愚，毋藉強以欺弱，十甲數百家，家家可喻，一族數十户，户户可風，則家室和平，風俗淳厚，古道豈不復哉？倘以侮慢而違仁厚之風，以偷薄而虧協和之理，古道之不存，即公理之不恕也，爰有條規開列於下：

一、吾梅列姓繁浩，莠良不等，茲編為十甲，每甲舉齒德兼優一人為長，舉曉事秉公一人為董事，才幹者二人副之，十甲之中互相勸勉，倘有不肖匪徒，公同綑送究治，或無辜被陷，公呈僉保。其有踪跡不明，新遷居住者，立即驅逐出境，所以靖鄉閭免株連。

……

一、鄉黨序齒尊長，人所當有，而老吾之死，並以及人之老，《傳》言之矣。但尊長輩非藉端欺壓，若卑幼敢不遜弟，公罰不遵，定即呈究。

……

一、睚眦小忿，細故微嫌，自不能情恕理諭者，先投本甲董事理論，如尚不決，宜俟朔望講約畢，申明剖斷，若竟恃強橫毆，呈勾控制者，即將首衅人罰戲一台，後論所爭曲直，不遵者定行稟究，以息刁橫之風。

……

一、公議事體，雖有衿耆董事商榷，子弟靜聽其間，如有處置不當之處，不妨抒其所見辯論，但不粗蠻無狀，面斥是非，及退有後言，以乖體統。

……

一、董事之選，原藉其秉公理事，凡朔望講期及甲內事體，宜齊集商議，不得緘默退縮，於事知無不言，言無不公，庶克安靖鄉閭，倘有利己徇私、躲避不前，經眾論摘發，則立即會議斥革另選充補。

一、士為四民之首，務宜正身率物，諸凡宜進前監理，但瑣屑並及，未免荒其本務，茲除細微小故聽甲長董事自行料理，其有不決疑難者，集同理論，亦不得退後。[4]

……

這種以各家族族長、士紳們牽頭制定的鄉規民約，無疑比起封建政府里甲、保甲制度更能協調地方上各個家族間的關係。在這種情況下，族長們的權力得到進一步的擴展，他們不僅有權處理家族內部的事務，而且對於地方上的事務，也負有了一定的責任，甚至於有權主裁一切。正因爲如此，傅衣凌先生在論及中國封建社會晚期的民間基層社會時，使用了「鄉族勢力」、「鄉族組織」的概念，這是十分符合福建民間基層社會血緣關係與地緣關係相結合的鄉族共同體特徵的。在某種意義上可以說，鄉族勢力對於地方事務的控制，是家族制度向外部世界的必然延伸。家族制度的道德和功利概念，超出了聚族而居的界定，當地方的利益受到侵害時，鄉族組織便能夠代替家族組織的職能，更能團結本區域的不同家族，共同維護鄉族的榮譽和利益。當然，在這種鄉族共同體的規約下，大姓與小姓所發揮的作用有所不同。一般言之，在同一個區域內，對地方事務發揮主要作用的是那些丁眾勢大，特別是士紳較多、政治地位較顯赫的大姓巨族。如康熙年間任過大學士的李光地，其所在的安溪湖頭李氏家族，因李光地父子叔侄多人爲官，地位顯赫，成了當地當然的領袖人物，這裡的鄉規民約，幾乎全是由李氏家族撰定、頒布於鄉里，由各個鄉族共同遵守執行。李光地就曾經寫過《同里公約》，在這《公約》的字行裡，不時顯露出他身居高位而訓導鄉里的心態。該《公約》略云：

一、諸鄉規俱照去歲條約遵行，我已囑托當道，凡係人倫風俗之事，地方報聞，務求呼應作主。但恐我輩用心不公，處事不當，或心雖無私而氣不平，事雖不錯而施過甚，則亦於仁恕之理有乖，皆未足以服人心，而取信於官長也。嗣後舉行舊規，必酌其事之大小輕重，可就鄉約中完結者，請於尊長會鄉之耆老，到約完結；必須送官者，亦請尊長會鄉之耆老，僉名報縣懲治。……

一、約正於族行雖卑幼，然既秉鄉政，則須主持公道，自後鄉鄰曲直有未告官而投訴本鄉者，除尊長發與約正調停者，則為從公訊實復命，尊長而勸懲之。……

一、約正須置功過簿一冊，寫前後所立規條於前，而每年分作四季，記鄉里犯規經送官及約中懲責者。於後務開明籍貫姓名、並因何事故，以備日後稽考，或能改行，或無悛心，俱無循情。[5]

有政治地位的巨族大姓雖然在地方事務上發揮主要作用，但是地方社會的長期穩定，卻有賴於大姓、小姓間鄉族的共同配合。因此，在那些鄉規民約得到長期執行的地方，大姓巨族在操縱、控制地方事務的同時，一般也能顧及到其他小姓的利益，俾能和諧相處。上舉長樂梅花里《鄉約》中特別強調禁止大族欺凌小姓，正是大姓協調小姓利益的一種體現。李光地也多次勸誡其族人，不得恃強凌弱，橫行鄉里，所謂「維桑與梓，古人必恭，巷路鄉鄰，孰非親串？侮老犯上，謂之鴟鴞；貪利奪食，謂之虎狼，吾等老老尚在，必不爾容」[6]。我們不能想像一個長期存在大姓欺凌小姓現象的鄉族共同體，其道德和法制準則，能夠得到切實的遵守和永久的執行。

李光地撰寫的《同里公約》和長樂梅花里的《鄉約》，只是處理同一區域內各個家族關係的一般原則規範，實際上，地方上有大量的日常生活和生產的活動，需要鄉族組織加以協調管理，在這些具體事務的協調管理中，共利的鄉族間也都體現了和諧相處的原則。舉地方上的水利建設為例。水利是傳統農業社會時代社會生產的基本建設，而水利設施的建設和使用，往往超出家族的地域範圍，需要鄉族組織通力建成並調節使用，必須盡可能地做到公平合理，從而為各個家族所接受。如福安縣甘棠堡內有大小家族三十個，《甘棠堡瑣記》中有《斗門記》，記述此地水道斗門的使用規則：「一斗門內外有二所，其外斗門建在甘坪塢兜，坐癸向丁兼丑未，其水道流通，由劉族眾田浹澗而流，故斗門起閉由劉氏所司，所以冬成之日，有斗門谷之抽，照章每斗田抽谷一觔。」《甘堂堡瑣記》中還有《水利碑文記》等，記載壩水的使用情況，所謂「壩源所注，闔都共之，議照兩傍橋垛設閘，輪日啓閉」，「每月初一日起至月終止，一圖閉閘、五日蓄水，受蔭二、三圖，開閘五日，放水轉注，五日二輪，周而復始，不得此盈彼縮。其修理壩路斗門木閘諸費，總令一二三圖均不得混行推卸」。[7]家族與家族間偶爾發生某些糾紛，也可在鄉族組織和士紳公親的調解下，得到順利的解決。我們曾在華安縣仙都鄉見到一張契約，便是因陳、林二姓族人為水圳糾紛而由鄉族里的「公親家長」調解事，茲將該契約摘錄如下：

立換字人豪洮與仲通公派下等，為平圳圳水滋嫌一事，蒙公親子狗、萬意，延請兩保公親家長出為調理冰判，全港圳水改收流入豪洮右邊厝下水窟，轉流入田培苗，不得分散，將洮向豪昌、隆蓋置買兩片茶畬，判換仲通公派下等栽插杉松竹木，又將豪捧承管茶畬一片，判換豪洮掌管，又昌畬內判付新開橫路一條。至公至夷，相得相益，俾春風於兩面，復和氣乎一團，憑公人立出換字一樣二紙，各執存炤。

光緒十六年庚寅閏二月　日　公親人　前坑黃澇

霞林林孨

雲山湯和春

大坪林集福

吉土陳吉生

立換字人　豪洮[8]

毫無疑問，這種由地方鄉族「公親」所調解成立的契約，具有同政府法律一樣重要的權威性，其實用效率甚至比政府法律有過之而無不及。

鄉族勢力對於地方事務的控制和管理，實際上是家族制度下的基層社會自治化的進一步擴展，正因爲如此，中國封建社會晚期的基層社會統治體制，可以分爲「公」與「私」兩大系統，即國家與鄉族（家族）的雙重統治。隨著家族制度、鄉族勢力的不斷發展，國家政權對於基層社會的統治，大體只能維持間接的統治，明清兩代的封建官僚政治已愈來愈喪失其有效的社會控制能力，對於民間基層社會實際上是無能爲力的。正是在這種歷史條件和社會變遷中，「私」的統治體制不斷地得到了強化，家族組織、鄉族組織以及鄉紳階層空前活躍，從而對民間基層社會實現了全面的控制。

然而，地域內的家族共利，由鄉族組織控制地方事務和協調各家族之間的比較和諧的關係，這只是中國封建社會晚期福建民間家族外部關係的一個方面。而在另一個方面，割據性的家族制度具有很強的排他性，特別是爲了爭奪對地方社會的控制權，家族與家族之間，鄉族與鄉族之間相互欺凌、相互對抗的情況也處處可見。如興化一帶，「爲巨族、爲小姓、爲強房、爲弱房，……仙游小姓畏大姓甚於畏官。其畏之奈何？一朝之忿，呼者四應，直到劍及寢門，車及蒲胥之勢」[9]。漳州一帶，「強凌弱，眾暴寡，福建下四府皆然。詔安小族附近大族，田園種植，須得大族人爲看管，方保無虞。其利或十而取一，或十三而取一，名曰包總。否則強搶偷竊，敢怒不敢言」[10]。特別是自明代中葉以後，福建民間各家族紛紛建立家族武裝、團練鄉兵，使得許多家族間的矛盾向武裝對抗升級。所謂「前明之季，海氛不靖，剽劫公行，濱海居民各思保護村莊，團練鄉勇，制造戈兵。逮入國朝，耿、鄭交訌，戈梃嚴用，至康熙三十六年（？）台寇始定。百姓習於武事，其間聚族之人，挾睚眦之嫌，輒至操戈相向，彼此報復，習以爲常」[11]。於是，家族間的武裝械鬥事件頻頻發生，成爲福建地區，尤其是漳州、泉州兩府的一個非常特異而又十分嚴重的社會問題。如同安馬巷廳一帶：

> 民皆聚族而居，習尚囂凌，以強欺弱，以眾暴寡，睚眦之仇，動輒列械互鬥。……地方官員下鄉查辦，明知其斃於鬥案，完結之後，其命案不得不以緝凶了事。甚者需造累年鬥殺，並不報官為之清理，只得延請公正紳耆往為調處，則計兩造所傷人命，照數准抵，多則賞以銀錢，名曰賠補，每名多則百餘千，少亦數十串。其錢或出於本鄉之勻攤，或出公親之賠墊。……遇民無不以鬥為樂，踴躍從事，轉輾報復，

數世不休，性命傷殘死而無悔。（馬巷）廳屬彈丸之地，查歷年鬥案共有三十餘起，每起百十名至數十名不等。經年累歲，愈積愈多，思欲逐案清理完屬，無從措手，此械鬥之難治也。[12]

福建的家族械鬥，其起因是多種多樣的，歸結起來，大體可分爲觀念的和權益的兩大因素。許多械鬥，往往是由於某些雞毛蒜皮的意氣之念，而釀成大動干戈。在仙游西鄉一些地方，家族與家族之間本無太大衝突，但偶因某個族人與外人發生衝突，雙方家族互不相讓，遂成械鬥，「一人成仇，舉族爲之擋路，釀成朋毆巨案」[13]。仙游《薛氏族譜》曾記該族與莊姓的爭鬥互控，也是由於「體面攸關」。該族譜載云：「乾隆五十五年間，因五房爾總、長房淑芹與楓街土豪莊工互爭田收鬥毆，工先就楓亭司主呈驗，……圖丟我族臉色……旁觀咸稱：莊四姐有此勢力，薛家畏縮不敢到案，必有罪，等語。我族有識者聞此惡言，抱公憤而認大誼，謂事雖爾總、淑芹兩家與工爭水起禍，而案浪至此，倘失足於一時，則貽臭於千載，體面攸關，公議以欠租呈訴。……斯時莊工父子抱頭泣懇，憑伊所控持刀擁門，率眾扛毆，放火燒寮，阻耕害課等惡究辦，縣主不依押出取其欠租，遵依甘結備案。族人喜躍回歸，莊工丟臉難堪。……我族大快於心。」[14]我們曾調查惠安北部一些家族械鬥的原因，柯、莊二姓械鬥多年，只是因柯姓有一個族人夫妻吵架，莊姓妻子賭氣回娘家，娘家仗著族大勢眾，發動眾丁上柯家問罪。原意不過虛張聲勢，爲莊姓女兒出一口氣，不料柯姓不甘示弱，弄假成真，積鬥多年。陳、吳兩姓的械鬥，原先亦因陳姓家族有一小孩放牛吃了吳姓的菜園，吳姓菜園主人責罵並打了小孩一耳光，小孩哭鬧回家。陳姓闔族公憤，祠堂鳴鼓，執仗前往吳姓問罪，吳姓亦嚴陣以待，兩方械鬥相沿幾達百年之久。還有一些家族的械鬥，純粹是出於歷史上的積怨，後代子孫並不知其所以然，平時也無明顯的利害衝突，但每年定期舉行械鬥如同約定儀式。類似以上這些械鬥，主要是從維護家族的榮譽這一觀念出發的。[15]在家族制度十分嚴密、血緣觀念十分濃厚的福建民間，人們普遍認爲家族的榮譽受到損害是不能容忍的，即使是很微小的事情，只要有損於家族的榮譽，每個族人都應挺身而出，不得苟且。

福建家族械鬥的另一起因是由於地方權益的爭奪，特別是經濟利益的爭奪，在械鬥事件中占有相當的比重。我們在前面談到中州士民遷移福建之初，各個家族爲了獲得生產資源和活動空間，大多採用實力占有的方式。這種習俗，實際上一直延續到明清時期以至民國時期。在中國財產私有權缺乏應有的法律保障的情況下，利用家族的力量來占奪土地、山場、灘塗便成了一種很有效的手段。於是，福建民間的家族械鬥往往成了家族、鄉族間爭奪經濟利益的一種解決辦法。請看一九四九年之前閩江下游沿江各村的情景：

> 在洲田或蜆埕被發現時，往往不是一鄉或一族可以和平而順利地把它占有的，而是要經過鄉與鄉或族與族之間的激烈爭奪之後，才能斷定屬誰的。在閩江下游的沿江各村，一般都是聚族而居，彼此存在著嚴格的畛域觀念，而「強欺弱、眾暴寡」又成為鄉族間普遍的現象。如有浮壅的洲地，在一些「一姓的大鄉」附近，問題還比較簡單，只要各房各派都能利益均沾，就可以免除糾紛。如果是小姓或小鄉的所在地發現了洲地，那就無可避免地要引起一場激烈的爭奪。在北港，遠洋、江邊等村，都是爭奪洲田聞名的強鄉，而在南港方面，則尚幹鄉在洲地爭奪的歷史中所占的地位當是首屈一

指。尚幹為林姓一姓聚居之鄉，宗族繁衍，人丁旺盛，不但在南港範圍內恃其鄉大人眾，占有了許多洲田與蜆埕，還曾插足過北港與琅岐、長樂一帶的占洲之爭。……

洲田、蜆埕的爭占，如雙方勢均力敵，往往會釀成械鬥，否則在強弱懸殊的形勢下，小族或小鄉就只有投訴官府。關於前者的事實，多至不勝枚舉，如尚幹、義序、遠洋、江邊等鄉，在過去都是慣於為爭洲而發動械鬥的強鄉，至今（解放後）尚幹鄉與義序鄉還存在著一些鄉族間的隔閡，據說就是因過去爭洲械鬥所遺留下來的宿恨。在南嶼附近的觀洲與曉岐兩村，去年還發生過為著爭洲而引起的一場規模不小的械鬥。所謂「無屍不成洲」，這句語並不是沒有事實根據的。[16]

這種經濟上的因素，使家族、鄉族之間的對抗更富有現實的意義。那些經常在械鬥中取得經濟利益的強宗大族，固然意識到加強家族勢力的必要性，即使是小姓弱族，亦無不意識到團結抗爭的必要性，所謂「小姓積怨既久，乃集群小姓以與之敵。」[17]家族間的對抗進一步深化。

這樣，福建家族外部關係的兩個方面，即與一些家族和諧相處而與另一些家族對抗械鬥的關係，使得中國封建社會晚期福建民間各個家族之間的關係，處於十分錯綜複雜的局面。友好的家族間固然可以患難相處，而對抗械鬥的家族間也可以各自尋找自己的同盟，多族聯合，愈演愈烈。如龍溪、漳浦、雲霄一帶，「大姓則立紅旗，小姓則植白旗，……訂日互鬥，大姓則合族相幫，小姓則合幫相助」[18]。泉州府，「郡府械鬥最爲惡習，有大小族會、東西佛會，勾結數十姓，蔓延數十鄉」[19]。興化一帶，則有著名烏白旗大械鬥，延續百餘年之久。「興化烏白旗之始，起於仙游洋寨村與溪里村械鬥。洋寨村有張大帝廟，村人執廟中黑旗領鬥獲勝；溪里村有天后廟，村人遂執廟中白旗領鬥亦勝。由是二村械鬥，常分執黑白旗，各近小村附之，漸及德化、大田、莆田、南安等處，一旗皆萬餘人。」[20]民國時期雲霄縣的莆陽大械鬥，亦延及數十個鄉村和族姓。雙方購置軍火，修築碉堡，形成包圍與反包圍的層層對峙，歷時十餘年。在這種大小姓的激烈對抗中，家族的關係也日趨複雜了。爲了對付共同的敵人，同姓通譜和異族聯姓的現象相當普遍。如漳泉一帶，械鬥各方，有「以海爲姓」、「以同爲姓」者，即大姓中有李姓、蘇姓、莊姓，合爲包姓。各小姓及雜姓，則合爲齊姓。「其初，大姓欺壓小姓，小姓又聯合眾姓爲一姓以抗之。從前以包爲姓，以齊爲姓，近日又有以同爲姓，以海爲姓，以萬爲姓。」[21]

福建家族的這種錯綜複雜的局面，也影響到民間的通婚選擇。由於聚族而居的傳統，福建居民本村、本族通婚的現象十分罕見。家族的男子取娶與女子的出嫁，都必須與外村、外姓發生關係。因此，民間的通婚受到家族外部關係的影響十分明顯。那些和諧相處並在禦敵械鬥中結盟的鄉族，往往又用通婚的形式以結世好。而在那些世相仇殺的家族中，相互通婚的比例相當少，甚至完全沒有。我們曾調查過泉州府惠安北部的十三都，這裡陳、吳二大姓長年械鬥不已。在械鬥激烈的年代裡，陳、吳二姓通婚的現象幾乎斷絕；在相對緩和的年代裡，偶爾有通婚的現象，但婦女在家族中的地位，一般都比來自其他姓氏的婦女要低一些。特別是當械鬥再起時，這些婦女是很受歧視的。相反地，鄰村的潘氏家族與陳姓交好，雙方通婚的現象十分普遍，家族裡的婦女輩非姑即姨，致使在這兩個姓氏所供奉的神祇中，竟有一尊「姑媽」偶像。姑媽姓陳，據云是先輩中陳氏女出嫁潘氏，後來羽化成仙，造福陳、潘二姓，於是陳、潘二姓每年均有迎姑媽回娘家的迎神賽會活動。再如閩西連城霧閣四堡的鄒氏、馬氏兩個族姓，自明代中葉以來同心經營雕版印刷業而聞名。由於共同的地緣關係和經濟上的聯繫，二姓關係十分密切。我們現在看到民國時期修纂的《鄒氏族譜》和《馬氏族譜》，其中各類人物傳記中有涉及配偶者，竟有一半以上是馬、鄒二姓的聯姻。這種友好關係延續了三百多年。據說從清末起，兩個家族因商業上的矛盾逐漸反目成仇，於是友好的通婚也驟見減少。

總之，福建家族的外部關係，是以家族的聲譽和利益作爲最高準則的。不同的家族根據自身不同的傳統和利益，在社會上形成一個個相對的獨立鄉族勢力。在這種情況下，是非道德標準，階級陣線的劃分，往往被嚴重地沖淡了。鄉族之間的頻繁摩擦和衝突，大大模糊了鄉族內部地主與農民階級的矛盾，由於鄉族勢力總是在維護本鄉族利益一致對外的口號下，用各種手段將鄉人族人團結在一起。而對於「敵人」的概念，大多以家族的利益爲主要衡量標準，許多家族爲了置異己家族於死地，甚至不惜誣陷對方爲「匪」、爲「盜」，控官究辦。如龍溪縣二十五都陳姓與鄰近安溪奇坑村陳姓械鬥，龍溪陳姓搶先赴府上控，「僉懇速飭委勇押放一面飛檄大隊剿辦」[22]。這樣，就使得所謂「盜」、「賊」、「匪」等概念，變得十分複雜起來，很多地方的所謂「盜賊」，並不完全是傳統所認爲的農民反抗運動或農民起義，而往往是鄉族對立的產物。清代後期，同治三年（西元一八六四年）太平軍李世賢部進入福建永福。陳莊的陳姓族人堅壁清野，逃入深山，阻擾太平軍的活動。但與陳莊鄰村的李莊，卻因與陳氏家族世有仇隙，轉而擁戴太平軍，企圖借太平軍之力打擊陳氏家族。太平軍進雲霄時，莆陽的張氏家族聚堡抵抗，與之長期械鬥的丁、李等姓，同樣投靠太平軍，借太平軍的力量屠殺張氏家族。永春等地的小刀會起義，也都出現過類似宗教會社與家族對立相互攪合的情況。對於這種情況，我們顯然不能用階級鬥爭的理論一言概之。嘉慶年間曾經在福建擔任地方官的姚瑩，就曾經指出福建漳州平和一帶鄉族的複雜關係。他說：

平和地界閩廣，從古為盜賊之藪，自王文成平寇亂而始建邑，其地溪嶺深阻，摻篔叢密，無三里五里之平，岩壑蔽虧，彼此阻礙，民皆依山阻水。家自為堡，人自為兵，聚族分疆，世相仇殺，故強凌弱，眾暴寡，風氣頑獷。……民則以户姓之大小，支派之富貧為強弱，一夫振臂，和者千百，勢甚洶洶。……白日持械劫人於途，不得不謂之盜。然（平）和民比黨毗鄰，無非寇仇睚眦之怨，報之以死，平素彼此不敢入境，惟伺劫之途以快其私意，故瑩以為是仇而非盜也。[23]

福建沿海的這種鄉族習氣，也隨著閩人的大量遷居而移植於台灣各地，進一步發展爲分類械鬥。陳盛韶在《問俗錄》中云：「閩、粵分類之禍，皆起於匪人。其始小有小平，一閩人出，眾閩人從之；一粵人出，眾粵人和之，不過交界處擄禁爭狠，而閩、粵頭家即通信於同鄉，備豫不虞，於是台南械鬥傳聞淡北，遂有一日千里之勢。……結黨成群，塞隘門，嚴竹圍，道路不通，……火光燭天，互相鬥殺，肝腦塗地。……閩人爲叛民，粵人即出爲義民，保護長官，衛守城池，匪人又乘此假公濟私，肆横報復，遇閩人不問其從賊與否，殺其人，焚其室，劫其財。……台灣滋事，有起於分類而變爲叛逆者，有始於叛逆而變爲分類者，官畏其叛逆，謂禍在官；民畏其分類，謂禍在民。百餘年來，官民之不安，以此是。」[24]這種情況，不僅混淆了封建社會的階級矛盾，削弱了農民反封建鬥爭的意義，同時造成了農村社會的不安定，很不利於社會經濟的順利發展。

福建家族間的對抗與械鬥，固然對社會的發展起著了許多不良的影響，反映了家族制度的愚昧性和落後性，然而，它對於加強家族內部的團結，維護家族對於地方社會的控制權，卻有著強烈的現實效果。家族與外部的抗爭、械鬥，不論是出自意氣面子，或是出自經濟利益，它都使族人感覺到家族勢力對於自身安全和權益的庇護，感受到家族存在對於自身存在的必要性。一旦族人與外族發生衝突，整個家族齊心協力，一致對外。如云：「乃通族之羞，非一人私憤，其公費等錢，除養子孫外，照依派鹽丁數均出，如有恃頑不出者，會眾同取。」[25]「事關通族，將歷年所積羨餘，公動公用；不敷，就族上、中、下丁協鳩濟公；或族人罹外侮者，公同出力，若分心異視，通族摒棄之，……能捍大患，禦大侮，保全子姓，通族倚重祀之，顯有功也。」[26]這種共禦「外侮」的觀念，大大強化了族人的內聚力，同時對於加強本家族在地方社會的控制權力，都能收到強烈的效果。

注釋：

[1]嘉慶《雲霄廳志》，卷八，〈兵防志〉。
[2]陳鴻、陳邦賢，《清初莆變小乘》。
[3]李世熊《塞堡記》。
[4]長樂《梅花志》，〈鄉約二十一條〉。
[5]李光地《榕村別集》，卷之五，〈同里公約〉。
[6]李光地《榕村別集》，卷五，〈戒子孫〉。
[7]民國《甘棠堡瑣記》卷上。
[8]契約影印件，藏廈門大學歷史研究所。
[9]陳盛韶《問俗錄》，卷三，〈仙游縣〉。
[10]陳盛韶《問俗錄》，卷四，〈詔安縣〉。

[11]《皇朝經世文編》，卷二十三；鄭振國〈治械鬥論〉。
[12]程榮春《桐軒案牘》，〈馬巷廳任內〉。
[13]陳盛韶《問俗錄》，卷三，〈仙游縣〉。
[14]《楓溪薛氏族譜》。
[15]清末申翰周的《閩竹枝詞——詠械鬥》有句，「兩姓相爭嚴伍陣，拼將人命作妝場。」注云：「兩方械鬥，認族不認親，雖翁婿甥舅，相持不讓。及死傷多人，始罷戰議和，雙方推除死者人數外，按名給恤了事，並不報官，各親串仍往來吊唁。」
[16]華東軍政委員會土地改革委員會編《福建省農村調查》。
[17]陳盛韶《問俗錄》，卷三，〈仙游縣〉。
[18]張集馨《道咸宦海見聞錄》。
[19]《溫陵風土紀要》。
[20]施鴻保《閩雜記》，卷七，〈烏白旗〉。
[21]據莊吉發《清代天地會起源考》轉引《宮中檔》劉師恕摺。
[22]呈控文影印件藏廈門大學歷史研究所。
[23]《皇朝經世文編》，卷二十三，〈上汪制軍〉。
[24]陳盛韶《問俗錄》，卷六，〈鹿港廳〉。
[25]《潯海施氏族譜》，天部，〈族約〉。
[26]惠安《駱氏族譜》，附記，〈倡義立字稿〉。

第八章

家族與家庭裂變

家族由眾多的個體家庭所組成，家族的擴大是與個體家庭的不斷裂變而緊緊聯繫在一起的。日益擴大化的家族與不斷裂變化的個體家庭之間，既是相互依存、又是相互矛盾的。這種雙重性的關係，對於中國封建社會晚期個體私有經濟的發展是相當不利的。

眾所周知，世界歷史從中世紀向近代社會轉化的一個重要標誌，就是私有個體經濟得到迅速的發展。特別是到了資本主義社會，這種私有經濟的發展不僅是自由競爭式的，而且得到法律和社會的充分保障。私有財產神聖不可侵犯，是近代西方世界的普遍信條。但是中國的情景卻並非如此。雖然中國的私有經濟早已出現，某些經濟現象大大早於西方世界，如土地的私有化和自由買賣，中國早在春秋戰國時期便已出現。而歐洲的土地自由買賣，則是最近數百年的事情。然而，中國一直到近代以至民國時期，個體私有經濟始終未能得到順利的發展，特別是未能得到國家法律和社會的強有力保障。土地買賣依然阻礙很多。一般的個體家庭，雖然擁有自己的一小塊土地財產，但封建政府可以利用種種藉口，加重對一般百姓的剝削。至於貴族、官僚、地主、富商利用政治和經濟特權，任意私徵暗派、轉嫁賦稅乃至兼併貧民土地，更是中國封建社會裡司空見慣的事情。即使是那些貴族、官僚、地主，他們固然可以利用其政治特權和經濟優勢，橫行一時，富甲一方，但因政治上的優勢是不穩定的，身分地位起落無常，經濟的發展又得不到法律和社會的應有保障，因此他們盛衰榮辱亦在不斷變幻中，難以得到長期的維持。故中國封建社會裡有所謂「千年田，八百主」、「人無三代富，人無三代貧」的諺語。《紅樓夢》中「陋室空堂，當年笏滿堂；衰草枯楊，曾為歌舞場」、「金滿箱，銀滿箱，轉眼乞丐人皆謗」，或者「昨憐破襖寒，今嫌紫蟒長，亂烘烘你方唱罷我登場」的描寫，正是中國社會各階層政治地位變幻無常，和私有經濟得不到正常順利發展的眞實寫照。

中國傳統文化道德強調義而恥言利，也嚴重地束縛了私有經濟的正常發展。然而就社會發展的趨勢而言，利是每一個人的天然所好，非求不可。這樣就造成了中國社會數千年來言行不一、表裡難符的虛僞狀況。特別是士大夫階層，絕大多數人對於金銀財寶是孜孜而求，但是在口頭上卻要冠冕堂皇，或是遮遮掩掩，言不由衷。中國有句老話：「滿口仁義道德，滿腹男盜女娼」，這未嘗不是對大多數官僚士大夫的有力諷刺。

這種重義輕利的傳統價值觀念，反映在對家族、家庭組織演變的看法上，則是提倡累世同居共財的大家庭制度。特別是到兩宋時期，社會、政治、經濟的動蕩不定日益加劇，階級關係日趨複雜，於是，堅持義理的士大夫們，力圖把個體私有經濟的發展，侷限在大家庭制度之中，使它成爲一種既順應社會變化，又符合傳統道德觀念的理想化家庭模式。我們從歷代正史的記載中，可以看到經過朝廷旌表的這種模式化累世同居共財的大家庭，唐代有十八家，五代有二家，宋代多達五十家，元代近二十家，明代亦有二十餘家[1]。其他地方志及有關文獻中，也有類似模式化家庭的零星記載。

許多研究者把聚族而居的家族組織和累世同居共財、同爨合食的大家庭組織，稱之爲中國封建社會後期家族制度的兩種不同表現形式，其實，這是不確切的。中國歷代統治者和理學家們大力提倡累世同居共財的大家庭制度，同樣是違反人性，與社會發展的趨勢相違背的。這種大家庭組織幾乎都是由某個權威家長（主要是官宦）的慘淡經營、硬撐門面才得到勉強的維持。隨著家庭人口的增長和時間的推移，大家庭內部的矛盾日益難於相容，特別是以後輩夫妻形成的小圈子，相互嫉恨，計長論短，爭一己之利，與大家庭組織發生頻繁的衝突。因此，這種累世同居共財的大家庭，沒有不終究土崩瓦解、裂變為許多個小家庭的。可以說，這種理想化、模式化的大家庭制度，只能是個別的、臨時性的，而不可能是常規的、永久性的。人們一致認為中國這種累世同居共財的大家庭制度比較盛行於宋代，而清朝時期已大不如前，這種情況本身就說明這種理想化的大家庭制度必然走向衰落。再者，我們單憑封建統治者和理學家們的大力提倡呼籲這一點，也可悟出這類大家庭的稀有難得。否則，民間大量自然流行的聚族而居的家族制度，我們又何嘗能見到明清兩代政府的大力鼓吹呢？

累世同居共財的大家庭之所以是個別、臨時性的，是因為這種大家庭制度嚴重地束縛了家庭成員的生產積極性，抑制了私有慾望的伸長。一般來說，由一對夫妻及其未婚子女組成的家庭，家庭成員們都有著共同發家的願望，因此能夠發揮比較充分的生產積極性。但一旦兒女輩婚嫁成家，並且生出孫輩，那麼情況就不一樣了，家庭成員最為關心的，不是這個由數對夫妻組成的大家庭的利益，而是以每對新夫妻及其子女所界定的小家庭的利益。但是在共同生產、集體分配的家庭體制下，每個以夫妻為基本單位的小家庭之間，難免會由於勞動、分配、福利，以及性格、意氣各方面的差異，產生種種矛盾。隨著大家庭內輩分的增加，以及以夫妻為基本單位的小家庭的日益增多，其內部不可避免的矛盾和衝突亦日益激化。我們曾調查過浦城縣洞頭村的鄒氏大家庭。這個家庭至西元一九六九年仍然維持五代同堂，家庭成員近百人。但這個大家庭內，真正和諧相處的是第一代和第二代之間，第三代以後，各自的小圈圈愈來愈多，明爭暗鬥的現象不時出現。雖然長輩們勉力維持調解，但後輩子孫們要求分家的呼聲日益高漲，最後當第一代長輩鄒老太太一死，這個大家庭隨之土崩瓦解，裂變爲眾多的小家庭。[2]

但是以聚族而居爲形式的家庭制度，卻多少能夠避免這種內部矛盾的發生。就整個家族而言，由眾多族人家庭組成的強大家族勢力，可以在社會上爭得一席之地，從而有效地庇護著各個小家庭的安定發展。而就各個小家庭而言，雖然家族組織擁有一定數量的公有財產，但同時也允許以夫妻爲基本單位的小家庭經濟獨自發展。與同居共財大家庭制度相比，家族制度下的小家庭有著較多的經營獨立性，族人們的生產積極性可以得到比較充分的發揮，從而爲家族內部的每一個以夫妻爲基本單位的小家庭所樂意接受。這是中國聚族而居的家族制度之所以能夠永久性地存在，並且不斷發展的一個重要內在因素。

事實上，福建許多家族甚至士大夫階層，對於同居共財大家庭的弊端是相當清楚的。一些家族爲了防止和杜絕這種內部矛盾的發生，在族規中正式規定族人應及時分家，不得硬撐門面而導致兄弟反目、叔侄不和。如安溪謝氏家族就在《族訓》中指出：「示後世子孫有財產當分者，即便請族長立鬮書均分給與，不可姑息遲延歲月，一旦無常，不免後患，破家蕩產皆此然也。」[3]又如福州某一陳氏官僚在給子孫的分家文書中寫道：「蓋聞賢而多財則損其志，愚而多財則益其過，余豈以多財遺子孫哉！……與其合之任聽虛糜，曷若分之俾知撙節，爰將原承祖遺及余續置產業，除提充公業外，爲爾曹匀配鬮分。」[4]似以上這些言論和族規的出現，實際上就是宣告累世同居共財的大家庭制度是行不通的。因此，從家族和家庭的發展趨勢看，累世同居共財的大家庭制度必然爲聚族而居的家族制度所融化。我們不能否認在孝悌等傳統觀念以及某些特定因素的影響下，在每一個家族的發展歷史過程中，偶爾有一些同居共財大家庭出現，但不論是三世同居、四世同居，甚至五世以上同居，最終都不能不裂變爲以夫妻爲基本單位的小家庭，爲家族所消化。這種非理性同居的共財的大家庭，只是家族制度發展過程中的某些小插曲而已，我們不能把這種個別、臨時性的家庭制度與聚族而居的家族制度等同起來，同稱爲封建家族制度的兩種不同表現形式。

福建民間家族及家庭相互裂變與組合，比較正常的途徑應當是這樣的，當某一個遷居始祖帶領妻子兒女在某一個地點定居下來之後，墾荒耕耘，取娶婚嫁，繁殖後代。兒子們長大成人後，便開始分家，兒子輩另成單獨家庭，成爲長房、二房、三房及更多房。孫兒輩成長婚嫁後，家庭再次裂變。家庭裂變的最佳時間是在二世同堂和三世同堂之間，三世同堂以上尚未裂變即屬非正常情況。如此世世相衍，代代裂變，以夫妻爲基本單位的個體小家庭日益增多，原先由某一遷居始祖開創的家庭，便逐漸擴展爲家族。隨著人口的繁殖和家庭的不斷裂變、家族的規模不斷擴大，家族內部的分支、分房也不斷增多，如果不遭受天災人禍等外部因素的干擾，由某一個遷居始祖開創的家庭，就這樣不斷地演變成雄踞一方的巨姓大族。這裡，我們試舉惠安張坂的駱氏家族爲例。惠安駱氏大致在宋末元初之際，「自光州固始避亂入閩」，其肇基始祖爲駱必騰，夫妻二人，僅生一男，諱天祐，字孚仲。天祐生四子，「長一麒、次一麟、三一鳳、四一鴻」，於是駱氏從此裂變爲四房。茲將惠安駱氏肇基始祖以下五代的裂變情況表示如**表8-1**。[5]

駱氏家族自宋末遷居惠安以來，經過七百年不斷的繁殖和家庭裂變，已由始祖駱必騰夫妻二人，發展至今近萬人，成爲惠安縣最爲重要的姓氏之一。其族人分布在惠東、惠南一帶，形成幾個大聚居點，如雲頭、下洋、張坂、玉埕、前埔、文筆山等地，同安、廈門一帶也有其遷居而來的後裔子孫。以夫妻爲基本單位的個體小家庭猶如細胞似的不斷繁殖裂變，而駱氏家族亦在這不

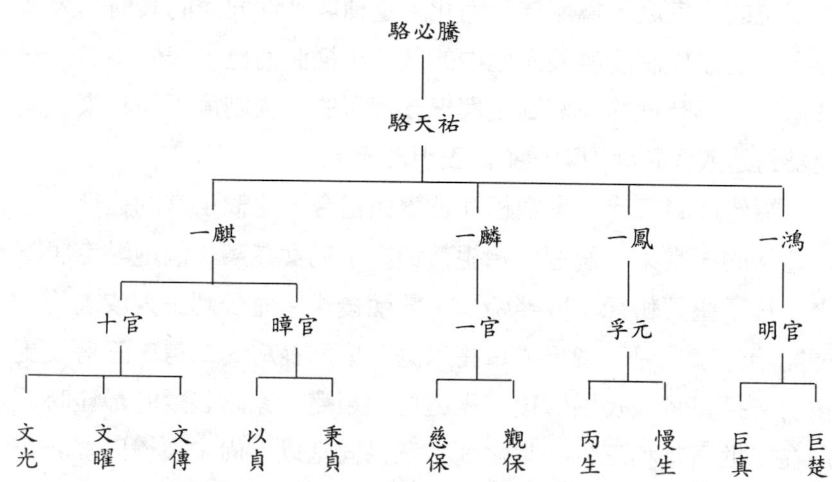

表8-1　惠安駱氏前五代裂變情況

斷的繁殖裂變過程中日益丁眾勢強，壯大成長。

大家庭裂變成小家庭，雖然比硬撐大家庭門面更有利於生產積極性的發揮，但是家族制度下家庭裂變中所存在的兩個問題，卻在一定程度上限制了個體小家庭私有經濟的充分發展。

其一，分家析家時基本奉行著平均分配的原則，使祖輩、父輩所辛勤積累起來的財產，化整爲零地細分化了。試舉幾個分家析產的契約文書爲例。泉州蘇氏家族的《均業序》云：「今日兄弟雁行，費共費共知也，余共余共知也，此時猶不分，倘異日子若孫未必如余兄弟之友，子而或效彼世俗以爭業生鬩牆者，孰如今日相推相讓而分之之爲善乎？爰是兄與余元正之夕，將先大人汗積產業若干、宅舍若干，先立祀田外，余分作元、亨、利、貞四鬮，品搭均匀，……而後分之。」[6]建陽李氏家族李童析產，「敬請親知評議，將前項田地、動用家常，均分與孫崇福、順意、鏞、鐺、泰等，高低各從出資添貼，……自行收管」[7]。嫡出兄弟的析產是如此均分品搭，即使是嫡庶之別以及抱養的螟蛉子，在享受分家遺產方面，一般亦無明顯的差別。如福州陳氏分家，「將原承祖遺及余續置產業，除提充公業外，爲爾曹匀配鬮分，列爲詩、書、禮三房，……各掌爾業，……勿因貨財而傷和睦，勿分嫡庶而易啓猜嫌」[8]。浦城祖氏家族的祖德耀，乾隆二十六年（西元一七六一年）先將一部分家產均分爲二，「俾二子析箸自立，另抽田租一百石，……側室劉氏又產一子，厥名曰祖，予遂將此項田租撥給祖爲資身之本，……即祖長大成人，兄弟共同供祭無異」[9]。

這種平均分配的分家析產原則，使個體家庭私有經濟的發展存在著一條「成長極限」，即當家庭裂變爲以夫妻爲基本單位的小家庭時，家庭內部的生產積極性得到了比較充分的發揮，如果經營得法並且順利的話，私有財產的積累可以達到一定的規模，但這時子女輩已經逐漸成長並陸續婚嫁生兒育女，家庭的內在矛盾也已隨之產生，生產積極性隨著矛盾的升級而受到抑制。爲避免這種不良現象的發生，兄弟輩必須分家析產，私有經濟的規模又回到了祖輩或父輩單獨成家時的規模。於是，隨著世系的沿襲繁衍，析產——積累——再析產，便成了家族制度下的永久性循環，較大規模的個體私有經濟的成長，受到了嚴重的阻礙。

其二，在家族觀念的影響下，家族內部對於血緣關係的延續，也就是通常所說的奉祀香火十分重視。家族希望每一位族人都有後裔奉祀香火，同時也有義務使每一個族人都能保持香火不斷，後繼有人。於是當有的族人因種種意外變故而出現繼嗣中斷時，家族組織便可通過過繼（房）、抱養、顧香火等種種形式，使孤寡的族人得到香火延續。這樣也勢必造成家族內部的個體私有經濟進一步細分化。從維護家族血緣關係的純潔性出發，家庭的過繼、抱養、顧香火等繼承方式，基本上是在本家族內部相互調劑比較合理。如連城張氏家族的族規云：「無子者許立本宗應繼之人，先繼同父、同祖所出，次及大功小功緦麻，如俱無可繼，擇立遠房爲嗣。若立嗣之後，徐生子息，其家產與原立子均分。」[10]而一般出繼外房及爲外人嗣子者，大多爲族內的貧寒子弟，這樣也就無形中使個體家庭的私有財產，在家族制度的制約下，部分地家族化了。這裡，我們再舉幾件分家析產文書爲例。清代中期崇安縣袁氏紹武嫡子派下四房子孫分家，其《分關序》云：「將祖遺物業作四股均分，號爲文、行、忠、信四房，惟長文房乏嗣，即以鐈之長子光濤承祧，次行房乏嗣，雖抱光波爲鑾螟子，……即以鐈之次子中涵爲鑾之嗣子，光波爲鑾之養子，家產對分，取經、綸爲號。」[11]道光年間侯官林姓《析產鬮書》云：「三男孔遂早亡，娶媳吳氏，未育孫男，氏夫遺命，以嫡男孔錡之次子，乳名長地，立爲遂嗣，接承宗祧，……氏夫手所有田園、屋宅產業及樹木等物，除抽祭典、抽貼、抽長外，派爲五房均分，其三房之鬮業，付嗣孫長地掌管，其祖上遺留及公輪，亦照序輪收。」[12]再如清末閩縣黃氏《鬮書》，主分人黃莒氏，有子四人，但爲顧及夫弟的後嗣，將自家的財產按五股均分。據黃莒氏自述：「夫君兄弟三人，……就儒就賈，量才而位置之，遂以夫弟述釗爲經紀，未幾夭歿，夫弟述炎有志就讀，善而從之。氏生四子，……因夫弟述釗未出而卒，……茲將所有產業生理，除提留祭典養贍外，以五股均分，而夫弟述炎應分一份，出續（述釗）男昆應分一份。」[13]由此可知，黃氏三兄弟經營得當者，實際只有長兄一家，但長兄死後，其財產不僅要均分給自己的兒子，而且還要分給兩位破落的弟弟以嗣續香火，長兄一人積累起來的財產，在某種程度上成了三兄弟共有的財產了。即使是撫育外姓爲「義男」、「養子」，往往也都享有瓜分遺產的權利。如邵武李氏家族的李價人，康熙三十七年（西元一六九八年）收養外姓鄒惠爲義男，改姓名李鴻成，「今鴻成年五十七，三子俱已長成，理應分炊，但價人產業無幾，經憑族依律例，分給自己續置有水田一百秤，撥與義男鴻成承受」[14]。

在個體家庭及其經濟不斷裂變細分的同時，與之成鮮明對照的，是家族的公有經濟卻在這種裂變中不斷壯大。我們在前面談到族產的增殖時，指出其中一個重要途徑，便是當家庭裂變析產時提留祭產。這種現象在福建民間的分家文書中處處可見。如康熙三十三年侯官某姓的《鬮書》，主分人翼成，「春秋已高，二子長成」，其產業除提留「輪收公田」外，「俱照二份均分」[15]。康熙五十三年閩清某姓鬮書，主分人愛亭，有子三人，娶媳添孫，俱各成人，田產「抽於母作針線之資，百年之後充爲蒸嘗」，其餘「創置屋宅地基三份品搭均分」[16]。再如清代後期道光十一年光澤縣的古氏爲政，共有兄弟六人，爲政居長，其家產除提留「父母醮租」之外，由六房「品搭鬮分，各無異說」[17]。咸豐五年浦城房氏星耀，有三子各已婚配，「亦當司理家計」，其家產除提留「父母養贍」田產之外，由三子「抽鬮品搭均平」[18]。這樣，當一個二世同堂或三世同堂的家庭裂變析產時，分到其子孫輩手中的財產物業，並不是這個家庭的全部財產，而只是其中的一部分。家族的公有財產，也正同家族的人口一樣，在這個體家庭的不斷裂變析產過程中日益擴大。

再者，在嚴密的家族制度下，家族公有財產和個體家庭私有財產的獨立性只是相對而言的。子女長大成家析產固然是必然趨勢，但由於共同的祭祀義務、家族義務、政府義務等，致使這種分家析產是很不徹底的。特別是那些貧寒的家庭，本來可供析產的產業就不多，並且這些產業有著多方的複雜關係，分家時就更難析得一清二楚，許多物業實際上還是共同的。舉龍溪縣二十五都林氏的一張分家契字爲例：

立嚼咐字父林搧，今父年已近稀，意在息肩，眾兄弟五人亦經婚娶，各皆分爨明白，所有淡薄物業佛會以及牛隻等件，宜須分撥各掌，謹將撥定條件開列分明，立字五紙一樣，付各執為照。

一大坂田租四石為父養贍。

一存一甲并山圳祖會兄弟五人公出合辦。

一存牛仔二隻，交三男收養，以還張公之數內欠銀。

一存尾坂祖會一鬮，付長男掌管。

一存聖公會一鬮，五公甲八甲令付次男、五男合掌管。

一存張公會一鬮，付三男掌管。

一存神農古帝一鬮，付四男掌管。

一存牛母一隻，付五男永為掌管，兄弟不得均分。[19]

從這張文書中可以看出，家主林搧所屬的各種物業，唯有「大坂田租四石」是私有財產，但被林搧提留爲「養贍田」，按照福建民間的一般慣例，父母養贍田於父母死後便成爲子孫共有的蒸嘗田，這塊唯一的私田也將成爲共有田。而其餘的物業，大部分是諸如聖公會、神農古帝會一類的鄉族所屬的祠、會、社共有田，而他的五個兒子成家析產時，這些原屬於鄉族共有性質的產業，又有相當一部分繼續採用兄弟共同掌管的形式，其共有的性質更加上一層。而眞正屬於兒輩各個小家庭的私有物業，是相當有限的。泉州蘇氏家族一份《均業序》云：「可分而收者則分之，不可分而收者則合收而後分之，祭祀依直輪而行，公事依四鬮而出，……是合之未嘗不分，分之未嘗不合，則合之固善，分之亦未嘗不善也。」[20]這種議論正道出了家族制度下家庭析產的不徹底及其與家族千絲萬縷聯繫的實質。

在這種家庭私有觀念淡薄，家族與家庭財產所有權界限模糊的家族社會裡，族人利用種種藉口侵占他人財產的現象時有發生。乾隆年間福建地方政府曾嚴禁的家族殉烈行爲，實際上就是族人圖謀寡婦的物產所致的一種社會惡俗。《福建省例》載道：

> 乃聞閩省有等殘忍之徒，或慕殉節虛名，或利寡婦所有，不但不安撫以全其生，反慫恿以速其死，甚或假大義以相責，又或藉無倚以迫脅。婦女知識短淺，昏迷之際，惶惑無措，而喪心病狂之徒，輒為之搭台設祭，並備鼓吹輿從，令本婦盛服登台，親戚族黨皆羅拜活祭，扶掖投繯。此時本婦迫於眾論，雖欲不死，不可得矣。似此忍心害理，外假殉節之說，陰圖財產之私，迫脅寡婦立致戕生，情固同以威迫，事實等於謀財。[21]

家族組織同樣也可以透過各種手段，把個體家庭的私有經濟轉化爲家族的共有財產。如族人身後無嗣，族長爲其公舉繼嗣者，遺產的一部分往往要撥歸公有。浦城詹氏家族有一族人死後無嗣，「族眾僉議：擇其支派稍近者承厥宗祧，將其遺產內撥出苗租一百八十三擔爲祠內公項」[22]。楊氏家族「錫環公嫡孫成茂身故立嗣，除經族立繼外，議捐入祠苗田一百擔，以爲修譜修祠之需」[23]。族人因財產發生糾紛，干犯了睦族的規條，其糾紛的財產，也往往被罰歸家族所有。如清代嘉慶十二年（西元一八〇七年）楊氏家族有楊銘勛等二人「互控爭山」，經族長訊斷，「令楊銘勛將所買楊邦玉土名金章牆內後門山山場，充入紳等祠內管業」[24]。清咸豐年間，劉氏家族「源海公裔孫枝弟爭繼呈控，祝縣主蒙批族房投處，充入祠銅錢四十千文；又濟源公裔孫金培無嗣，將伊本房溪源公祭田率充入祠光洋五十元。……又有月生之裔孫福季無嗣，無人承祧，昔置有苗田二十餘擔，被他姑丈王新貴所吞，……除查用，充入祠銅錢八十千文」。[25]其他因冒犯族規而被處罰財產充入家族的例子亦甚多，不備贅舉。

即使是官僚士紳家庭，他們固然因其社會政治地位而在家族內享有更多的發言權和決策權，但他們也因而對家族負有更多的經濟義務。上面論及家族爲擴充族田而向入仕中舉者收取喜錢，這還只是屬於正常的勸捐。有些家族對於官宦家庭的派徵是相當重的。如泉州薛氏家族規定族人，「居官者，隨其官之大小，歲入一月之俸，武職歲入半月之俸，致仕方免」[26]。這就是說，凡族人爲文官者，每年必須向家族交上一個月的俸祿以充公用。再如武平城北李氏家族於乾隆三十三年（西元一七六七年）公議，凡族人任大學士者，務捐獻田一百四十秤「歸本族春秋祭嘗」，各部尙書捐田一百二十秤、各省督撫一百秤，以下按官品類減。[27]類似的派徵攤捐，實際上也是家族對於官僚士紳家庭經濟的一種侵占。明代後期傑出的思想家李贄，是福建泉州人，他長年在外爲官傳道，絕少回家，據云就是經不住族人對他種種的經濟要求。近現代華僑從海外回福建老家，也經常受到家族同樣的困擾。安溪謝氏家族的《族訓》載云：「一示子孫有殷實房衣食饒足者，但遇豐稔之年，宗子率族人登門，隨處多寡公論勸借以賑鰥寡孤獨無倚者，若慳吝不從，以不孝論。」[28]在這裡，富豪人家必須爲族人均捐財富，被視爲是理所當然的事，這些現象都表明了家族與家庭的財產界限是混淆不清的，在某種意義上可以說，家族共有經濟的發展，是建立在削弱家庭私有經濟的基礎上的。

家族的不斷擴大化和個體家庭的不斷裂變細分化這一內在矛盾，對於福建社會與經濟的進步是很不利的。家族共有經濟的發展，雖然有相一部分用於賑濟族人、興辦公共公益事業，但更多是用於祭祀及家族組織自身的消費。這大量的非生產性開支，無疑是一種極爲嚴重的社會消費，妨礙了社會的生產積累。對於個體家庭經濟來說，不斷地裂變析產以及對家族承擔的種種義務，使一般家庭私有經濟的運作始終處於低水平的惡性循環之中，即使是官宦士紳和富商巨賈，也難逃脫這一內在矛盾的制約。因此，就整體而言，福建家族制度下的家庭私有經濟，其生產的規模是很狹小的，貧富之間的差距不是十分突出的。特別是福建沿海地區，人多地少自然條件限制了人們的生存空間，當家族公有田產占去土地總面積的20％甚至50％時，一般個體家庭所占有的土地數量就十分有限了。一九四九年之後，我們曾對福建沿海一些鄉村土地的占有情況作了調查，雖然說根據階級劃分的標準，在每一個自然村落和行政村落當中，都有地主、富農、中農、貧農、僱農的階級差別，但是在許多鄉村中，地主、富農、中農、貧農各自所占有的土地，其差異並不是很明顯的。解放初期華東軍政委員會土地改革委員會曾對土改前一些農村土地占有情況作了詳細的典型調查，**表8-2**就是關於福州鼓山區鱔樟村、後嶼村以及古田縣七保村各階級土地占有的調查情況[29]。

從表8-2可以看到，鱔樟、後嶼、七保三個鄉村的中農人均占有土地約在一畝左右，而地主均占有土地，亦不過是二至三畝左右，差別並不很大。即使是土地占有數量最多的古田七保，地主均占有土地亦僅三畝餘，每戶共有土地二十畝，這樣的生產規模，實在是很有限的。相反地，這三個鄉村的貧雇農人數雖然多達三千人，但其中絕大多數人仍然占有一些土地，完全喪失土地的家庭只是極少數。以上情況還是比較突出的，福建沿海許多農村中地主與中農、貧僱農在土地占有方面的差別，恐怕還達不到這樣的水平。因此，在土改劃分階級成分時，一些鄉村找不到合適的地主人選，就把管理家族公有田租收入的人家，列入地主與富農的削剝階層。一九四九年以前福建農村土地占有的這種狀況，除了自然條件、社會經濟結構（如從商爲工者眾）諸方面的

表8-2　福建鱔樟村、後嶼村、七保村各階級土地占有狀況

階級成分 / 鄉村 / 項目	地主			富農			中農			貧僱農		
	鱔樟	後嶼	七保	鱔樟	後嶼	七保	鱔樟	後嶼	七保	鱔樟	後嶼	七保
戶數	1	7	10	10	9	2	138	116	102	233	228	178
人口	2	33	52	70	54	17	614	547	515	969	1117	758
占有土地（畝）	4.2	77.5	201.11	214.19	76.82	39.61	711.64	357.29	695.97	399.65	199.27	318.49
每戶平均占有土地（畝）	4.2	11.07	20.11	21.41	8.54	19.81	5.15	3.08	6.82	1.71	0.87	1.79
每人平均占有土地（畝）	2.1	2.35	3.87	3.05	1.42	2.33	1.15	0.65	1.35	0.41	0.18	0.42

因素外，家族制度對於家庭私有經濟的制約，不能不是其中的重要原因之一。

然而，福建民間家族擴大化與家庭裂變細分化的相互依存關係，對於家族自身的形成和發展所引發的重大作用，卻是不能忽視的。家族公共財產與家庭私有財產錯綜複雜的關係，實際上構成了家族制度最原始的經濟基礎。在這種關係中，族人們既意識到自己對於家族義務，同時也感受到自己對於家族所擁有的權利，族人們對於家族的思想感情自然跟隨著經濟關係的密切而凝聚在一起。再者，家族制度對於家庭私有經濟的制約，體現了中國原始村社制下平均分配財產的殘餘，造成了家族內部家庭經濟生產規模的狹小和均平化。這不僅使中國封建社會晚期小農經濟長期而大量的存在，而且是中國社會各階層中的平均主義思想得以久盛不衰的最佳溫床。換句話說，對於傳統中國人腦子中根深蒂固的平均主義思想，我們可以從中國的家族制度，特別是家族與家庭的關係中，去尋找最基本的原因。

注釋：

[1]參見左雲鵬〈祠堂族長族權的形成及其作用試說〉，載《歷史研究》，1964年，第五、六期刊。
[2]陳支平、鄭振滿〈浦城洞頭村五代同堂調查〉，載《明清福建社會與鄉村經濟》，廈門大學出版社，1987年版。
[3]安溪《清溪謝氏宗譜》，〈伴讀公示訓〉。
[4]陳氏《知足齋詩房鬮書》。
[5]惠安《張坂駱氏族譜》，世系。
[6]泉州《燕支蘇氏族譜》，卷十三。
[7]建陽《李氏家譜》，〈童公祖訓〉。
[8]陳氏《知足齋詩房鬮書》。
[9]浦城《蓮湖祖氏族譜》，卷一。
[10]連城《新泉張氏族譜》，卷首，〈族規條款〉。
[11]崇安《袁氏宗譜》，卷一，〈分關序〉。
[12]侯官《林暘谷先生析產鬮書》。
[13]閩縣《文山黃氏家譜》，〈鬮書〉。
[14]邵武《慶親里本仁堂李氏宗譜》，卷十，〈李價人遺囑字〉。
[15][16]這兩份鬮書現藏福建師範大學歷史系。
[17]光澤《古氏分關書》，影印件藏廈門大學歷史研究所。
[18]浦城《房氏分關文書》。
[19]本契書影印件藏廈門大學歷史研究所。
[20]《燕支蘇氏族譜》，卷十三，〈均業序〉。
[21]《福建省例》，〈雜例〉，「禁止殉烈」。
[22]浦城《詹氏族譜》，卷二一，〈祀產序〉。
[23]《閩浦金章楊氏宗譜》，卷十一。
[24]同上，卷十一，〈奉憲嚴禁祠山告示〉。
[25]浦城《劉氏五修族譜》，卷五，〈重建宗祠序〉。
[26]泉州《薛氏族譜》，卷一，〈族譜義例〉。
[27]武平《城北李氏族譜》，卷末（戊），〈產業類〉。
[28]安溪《謝氏宗譜》，〈伴讀公示訓〉。

[29]本表根據華東軍政委員會土地改革委員會所編《福建省農村調查》中的有關資料編成。

第九章

家族與人口變遷

福建民間各家族重視血緣嗣系，嚴格地講，是重視男子的血緣嗣系，男子作爲家族傳宗接代的中心，必然對家族的人口結構和變遷產生一系列的影響。

首先，男女不平等的現象普遍存在，女子雖是其兄弟的同胞骨肉，但她們不能享受同兄弟們一樣的經濟、教育、社交等權利。在婚姻關係上，家族爲了保證血緣嗣系的延繼，嚴格規定男子後裔不得爲他姓子，男子長大後，娶取他姓女子組成家庭，爲家族傳宗接代。而女子在原則上是要出嫁給外姓人，故在福建民間常戲稱女兒爲「外姓人」、「別家人」。父母對於女兒的責任主要在於養育，養育成人後，便將成爲名符其實的「外姓媳婦」。

女兒長大後既對家庭和家族的發展不起作用，於是在一般人的心目中，養育女兒是一種不必要的負擔，特別是福建各家族普遍講聲望、擺排場、掙面子，女子的出嫁娶取，往往形成經濟上的交易和攀比。如福州府，「娶婦欲以傳嗣，豈爲財乎？觀今之俗，娶妻不顧門戶，直求貲財，未有婚姻之家不爲怨怒。原其由，蓋婚禮之多廣糜費，已而校裹囊，朝索其一，暮索其二，姑辱其婦，夫虐其妻，求之不已」[1]。邵武府，「處於萬山中，素號貧瘠，乃風俗奢侈，每一婚嫁動費金數百，一宴會費錢數緡，筐篚累累炫耀耳目，山珍海錯羅列几筵，富室僅足幾給，中產一揮已罄」[2]。這就使得民間更加感到養育女兒是一個難以承受的累贅。於是，溺女嬰現象成了明清以來福建地區的另一個嚴重社會問題。陳盛韶在《問俗錄》中談古田縣的溺女之風云：

> 古田嫁女，上戶費千餘金，中戶費數百金，下戶百餘金，往往典賣田宅，負債難償。男家花燭滿堂，女家呼索盈門。其奩維何？陳於堂者：三仙爵、雙弦桌類是也；陳於室者：蝙蝠座、台灣箱類是也；飾於首者：珍珠環、瑪瑙笄、白玉釵

類是也。然則曷儉乎爾？曰：「懼為鄉黨訕笑，且姑姊妹女子子勃溪之聲，亦可畏也。」緣是不得已，甫生女即溺之。他邑溺女多屬貧民，古田轉屬富民。[3]

鄭光策談福清縣的溺女惡俗尤爲駭人聽聞：

溺女一事，最為此邑惡習。土風豐於嫁女，凡大户均以養女為憚，下户則又苦無以為養，比户而計，實無一户之不溺。……凡胎胞初下，率舉以兩手審視，女也，則以一手復而置於盆，問存否？曰不存，即坐索水曳兒首倒入之。兒有健者而躍且啼者，即力捺其首，兒輾轉其間。母氏或汪然淚下，有頃無聲，撩之不動始置起。[4]

溺女嬰現象的大量存在，勢必造成福建民間人口結構中的男女比例失調。男子過剩，鰥夫增多，這不僅抑制了人口的正常發展，同時也增加了社會的不安定因素。蔡世遠在《嚴禁溺女論》中指出：「溺女之風較他邑尤甚，而且一邑之中曠鰥十居六七。男女之情乖，則奸淫之事起；室家之念絕，則盜賊之心生。奸淫則風俗不正，盜賊則地方不寧。是溺女之害不特滅絕一家之天理，而且種成奸淫盜賊之禍根。」[5]陳盛韶亦指出：「詔安中戶娶妻聘近百金，下戶五、六十金，其餘禮物不貲，嫁者奩貲如之，故嫁娶均難。嫁者難，斯養女少；娶者難，斯鰥夫多。義男承祧、嫠婦招夫、產子繼嗣，其敝俗皆根於此。即無室家之匪民，擄搶械鬥，喜於從亂，亦根於此。」[6]

福建家族重男輕女的另一後果，是收養童養媳的現象普遍存在。有些家庭固然以生女爲累贅，但女兒畢竟也是自己的骨肉，殘忍置於死地難於下手，變通之法，便是讓人抱養。抱養之家，「可以濟婚禮之窮，窶人撫女七八年能執箕帚，又七八年能爲人婦、爲人母，無嫁娶之艱，有婦子之樂」[7]。於是，抱養童養媳成了福建民間流行的風俗。如沿海泉州府同安一帶，「自幼抱養苗媳，及長始行合巹者，亦有送歸女家擇配親迎者。貧家大半如是，鄉村尤甚」[8]。閩西上杭等地，「俗有女初生抱養過門者，謂之童養媳，及其成年，歲除日合巹同房，不拘陰陽忌諱，此蓋感於嫁娶困難而然」[9]。閩北崇安縣，「鄉間頗有撫養童養媳者，成親謂之完房」[10]。據云，在清末民初時期，福建有些地方如長汀、上杭以安溪一帶，童養媳在民間婚姻比例中占有10％以上，甚至高達30％左右。有些地方官府，也因民間溺棄女嬰的普遍和殘酷而產生惻隱之心，辦起育嬰堂一類的收養機構。乾隆三十三年（西元一七六八年），福建布政使司特地頒布「育嬰堂條規」，以「動用公費，收育遺孩」[11]。陳盛韶在道光年間任詔安令，曾試辦寄乳苗媳堂，收養遺棄女嬰，「登籍者、抱送者、領乳者、乞爲苗媳者，趾交踵接」，舉辦僅二十七個月，收養乳女一千二百餘名。[12]一縣如此，可見當時福建民間溺棄女嬰和收養童養媳惡習的嚴重。

男女比例失調，使民間的婚姻關係趨向混亂，「爲奸、爲拐、爲買休、爲典僱、爲衆人而娶一妻、爲一婦而輾轉數夫，皆鰥曠無賴之行。蓋自女嬰殘而人多無婦，居室之理乖，生生之道絕也」[13]。據調查，福安縣西北鄉一帶，「甲某無力娶妻，乙某無力養妻，雙方約定，由甲某贌乙某妻，價不過數十元，期限自三五年至十年不等，期滿贖回，名曰『贌妻』」。古田縣則有「婦再贅一夫，使聘金歸原夫收用，期限長者曰『掛帳』，短者曰『幫腿』」[14]。我們曾在龍溪縣二十五都見到一紙「二姓合婚」文書，丈夫去世，房親將其妻轉嫁他人，生男育女各半均分，該婚書略云：

立出聯珠進贅字人大坪社陳氏林門，次男娶親劉氏，不幸次男身故，今因池中無水魚難養，日夜掛懷，將劉氏名初娘媳婦，托媒進贅於鳳林社陳隆柿之堂侄豪甲為妻。三面言議：甲一半付與陳氏為子，劉氏初娘一半付與隆柿為侄媳，約生男育女各半均分。其約陳氏承夫生前所置田產物業並茶園以及松杉竹木，一暨付甲掌管，……至於陳、林二宗祖先香火，一暨理承遠祀，不得推諉他人。[15]

福建民間婚姻關係的混亂，除了因人口結構中男女數量比例失調的因素外，也反映了下層民衆的經濟貧困化。窮困的家庭或因養不起妻子兒女，或因無力明媒正娶，於是便產生了這些苟且的賣妻、典妻，以及衆人娶一妻的現象。然而，家族制度中重視繼嗣的觀念，無疑對這種現象起了重要的推波助瀾作用。族人娶不到妻子，便有絕嗣的危險，爲了使繼嗣有人，就產生了這許多變通妻子的辦法，《壽寧待志》云：

閩俗重男而輕女，壽寧亦然，生女則溺之。……或有急需，典賣其妻，不以為諱，或賃與他人生子，歲僅一金，三周而滿，滿則迎歸，典夫乞寬限，更券酬直如初。[16]

福州府古田縣則稱借婦生子爲「送月糧」：

孀婦有遺腹不嫁時，恒有已娶無子者，為養子起見，托媒與訂交好之約，不論年月遠近，一俟有生男子，載還其家，即行解約，謂之「送月糧」[17]。

閩南漳州詔安一帶，更有買女贅婿、孀婦贅男等現象，甚至導致家族內部的血緣關係發生混雜。《問俗錄》云：「買女贅婿，孀婦贅男，以承禋祀，守丘墓，分守家業，仰事俯畜，無異所生。族中人亦不以亂宗爲嫌。於是有約定初生之男從妻族，再生之男從夫族者；有生從妻姓，沒從夫姓者。」[18]閩西的明溪縣亦然，「邑人乏子嗣，恆買他人子女繼續。子未大，買女入門，長成婚室，生兒爲嗣。女大則贅男爲婿，立約夫從女姓，恃爲半子，生子兒則女婦兩有」[19]。在這樣的場合，婦女純粹成了家族傳宗接代的工具，只要家族的嗣系得以延續，婚姻關係以及血緣的正統與否倒是次要的問題。

家族重視男子系統，固有血緣繼嗣的原因，同時對於壯大家族勢力，也有重大的現實意義。在相互割據、對抗的鄉族社會裡，家族男丁的興旺與否，直接關係到家族勢力的強弱，家族擁有眾多的男丁，就意味著在社會上占有不可忽視的優勢。因此，福建各家族爲了壯大自己的男丁隊伍，不僅不以借妻生子爲嫌，甚至還盛行各種「養子」、「義男」、「螟蛉子」習俗。《廈門志・風俗志》云：「閩人多養子，即有子者亦必抱養數子，……或藉多子以爲強房。積習相沿，恬不爲怪。」[20]《同安縣志》風俗志亦云：「同俗向喜乞養他人子，及子復生子，遂混含不可究詰。始但出於巨鄉大族強房者爲之，嘉道前械鬥盛行，鄉人恃丁多爲強之流弊，後則競相仿效。」[21]再加上明清兩代福建許多家族從事如販海通夷等冒險的行當，爲了使親生兒子安享清福，冒險的勾當便需要養子們去承擔。何喬遠《閩書》記載明代沿海各地的情景：「有番舶之饒，行者入海附貲，或得窶子棄兒，撫如己出，長使通番，其存亡無所患苦。」[22]這種風尚至民國時期猶然，當時的調查報告說：「螟蛉子是台灣及福建獨有的養子制度，而這種制度在其他各省是少有絕無的。……螟蛉子在台灣、福建的家族中卻占了極重要的地位，一個家族的盛衰命運往往掌握在螟蛉子的手中。因而父母對於螟蛉子的看待，至少在表面上與對待親生兒子同樣沒有差異。而且，螟蛉子多比親生子識相，善於巴結父母。……事實上，台灣和福建的家族，尤其是豪商富戶之家，親生子通常驕養得不成材，而螟蛉子獨有出色。」[23]

從原則上講，福建民間家族的婚姻混亂和養子制度，是與家族強調的純潔血緣關係和道德標準相牴觸的；但在實際上，家族所提倡的道德標準和行爲規範，都是具有兩重性的，它既是傳統道德的，又是現實功利的，而歸根究底，傳統道德的倡導是爲現實功利服務的。在中國封建社會晚期，動蕩紛亂的社會變遷和家族割據、對抗的社會環境中，人們強調傳統的家族道德和血緣關係，並不能使所有的家族都得到順利的發展。相反地，在這機械相爭的社會裡，強凌弱、眾暴寡，再加上外部戰亂的破壞，有的家族壯大發展，有的家族卻衰敗沒落；強盛的家族更加強盛，而弱小的家族更加弱小，甚至完全消亡。連城縣豐圖村（西元一九八四年前爲大隊編制）共有張、丘、鄧、吳、朱、黃、楊七姓，其大部分始遷時間已有數百年之久，始遷時都僅有一、二戶人家，而發展至今，各姓的人口數量差異甚大。茲將各姓遷入豐圖大概年代及西元一九八六年戶數人數列表如**表9-1**[24]。

表中，各家族人口增殖的差異是令人吃驚的，家族的發展是很不平衡的。許多地方的家族人口變遷甚至有滄海桑田之感，如《崇安縣新志》的作者感嘆道：「崇安氏族以彭、詹、袁、丘、胡、劉、蔡、林、周、李、丁、翁、張、應爲最，然滄海桑田，變遷頗烈。盛於昔者衰於今，盛於此者衰於彼，不可一概論也。柳（氏）盛於宋，錢（氏）盛於清，今無其人。曹墩以曹姓得名，蕭屯以蕭姓得名，袁墩、袁嶺後以袁姓得名，而今無其族。清初城村林、道二姓幾二千戶，今僅二百餘戶。……則各族消長之機、盛衰之況可以知其概矣。」[25]在這種情況下，各個家族利用各種變通權宜辦法來壯大家族的男丁隊伍，完全是必要的。另一方面，就客觀條件而言，也具有現實之可能。那些衰敗的家

表9-1　各姓遷入豐圖的年代及戶數人數列表

姓氏	遷入的時間	遷入迄今	現在戶數	現在人數	各姓人數占總人數的百分比
張	元初	約710年	23	160	5.68%
丘（登高派）	元至治年間	約660年	9	41	1.46%
丘（祖富派）	明洪武四年 (1371)	617年	7	44	1.56%
鄧（吳安派）	明正統年間	約530年	32	190	6.75%
鄧（曾貴派）	明成化年間	約510年	419	2250	79.9%
吳	明嘉靖年間	約450年	16	89	3.16%
朱	明天啟年間	約360年	2	11	0.39%
黃	清光緒年間	約100年	5	25	0.89%
楊	民國24年前後	約50年	1	6	0.21%
合計			514	2816	100%

族、貧困的家庭，無力娶妻成家，爲社會提供了一定數量的「窶兒棄子」，而強宗大姓，爲了鞏固家族的地位，則競相收養義子、義男，「夫隨嫁兒得以承宗，鬻義子得以入祠，呂嬴牛馬，詔安氏族之實已不可考矣」[26]。於是，爲了使這種變通的繼嗣關係與家族的道德原則相適應，福建許多家族不得不重新制定血緣繼嗣標準和族譜的記載條例，以承認養子、義男、螟蛉子、贅婿等在家族續嗣上的合法性。如康熙四十八年（西元一七〇九年）侯官縣林氏家族的林允昌在一份《遺書》中告誡後人。

昌思不孝有三，無後為大，因承父命，抱各口董家有一新添幼童，……尚在血下，方才三日，名為午使。痛母無乳，日夜食哺，百般撫養，猶勝親生。今幸年已二十有五，娶媳黃氏，復蒙天庇佑，得產男孫一丁、女孫二口。縱謂螟蛉之子，亦不得復言螟蛉之孫。今昌病體臨危，理合諸親面前，將昌分下所有一切產業盡付與男午使掌管，家下弟侄不得妄相爭執，藉稱立嗣等情。[27]

林氏家族強調「縱謂螟蛉之子，亦不得復言螟蛉之孫」，這體現了福建家族的一般觀念。晉江縣《虹山彭氏族譜》的《新訂譜例》也對血緣嗣系的記載作出適應性規定：

> 螟蛉異姓，舊譜所戒，然近鄉巨室，所在多有，即以吾族而論，亦相習成風，而生長子孫者實繁有徒。若概削即不書，勢必有窒礙難行之處，且不慎於始，而慎之於後，亦非折衷辦法也。玆特變文起例，凡螟蛉異姓為嗣者，書曰「養子」。[28]

近代著名華僑領袖陳嘉庚是泉州府同安縣集美鄉人，他家的族譜，「依照舊例，男子如親血脈，則畫紅線，曰某人之子；如螟蛉，則畫烏線，亦曰某人之子」[29]。可知義男、螟蛉子實際成爲家族血緣嗣系中的一員，已爲民間所廣泛接受。事實上，在嚴密的家族組織裡，外姓子弟入繼爲嗣，只能老實服從於家族的領導，忘其所由來，倘若有少數義子、義男圖謀不軌，企圖恢復原姓，則非受到家族法規的懲治不可，甚至遭到殺身之禍。同時，也爲社會一般輿論所不容。我們曾調查過泉州府惠安縣北部的一些家族，襁褓中「血抱螟蛉」改從父姓自不待言，即使是成人入贅，也必須馬上改從妻姓，方可成婚。陳氏家族有一個林姓入贅者，一九四九年以後當了村幹部，政治提倡破除宗法關係，他試圖改復林姓，結果族人多採取不合作態度，迫使這位林姓入贅者不久又改復陳姓，方才相安無事。華安仙都林蘇諸大家族有蓄奴的習慣，奴僕改從主姓。大陸解放後，奴僕翻身成公民，與林姓主人同享社會權益，但他們至今仍然稱從主姓，未曾回復自己的祖姓。這些情況都反映了福建家族血緣關係及其觀念的根深蒂固。家族對於婚姻和繼嗣的變通權宜辦法，並不能改變福建家族血緣的整體關係，相反地，養子、螟蛉子不斷消融於家族的血緣關係之中，在一定程度上增強了家族的男子嗣系，鞏固和發展了家族的社會地位。

福建家族制度與人口遷移的關係，也是十分耐人尋味的。以往人們普遍認爲：家族是一個維護自給自足、自然經濟和安土重遷的基層社會組織。這種論點至少在福建地區是不確切的。固然，家族制度的一個重要外部特徵是聚族而居，然而正是這種聚族而居的特徵，限制了家族規模的無限擴大。家族的聚族而居，包含著雙重的意義：一是血緣的紐結，一是地域的占有。地域是靜止的，血緣關係是活動的，隨著時間的推移和族眾的繁殖，血緣關係日益擴大，地域的範圍也就日益顯得狹小，最後，族眾的繁殖必定超出地域的固有容量。這樣，家族的繼續發展，就不能不另外尋求新的生存空間。福建是一個山多地少的丘陵地區，自宋代以來，人多地少的問題一直十分突出，可供各個家族大力擴展的地域空間本來就相當有限，因此，僅從自然條件上看，家族的外植和人口的遷移也是不可避免的。

再者，明清兩代處於中國封建社會的晚期階段，商品經濟比較活躍。由於人口過剩、耕地不足，客觀上也很難繼續維持自給自足的自然經濟局面。爲了與當時的社會經濟變遷相適應，家族內部的生業結構，出現了多樣化的趨向，族人們同時從事農、工、商、賈等多種職業，單一的農業經濟已經十分罕見，舉清代福州侯官縣柑蔗區一些鄉村族姓的生業狀況爲例：

柑蔗區在縣治之西偏北，……土著三千餘户，程、洪為大姓，間有張、鄒、林、鄭各姓，有業儒者，有力田者，有牽車服賈者。……西曰曇石，黃姓四百餘户，習四民之業；白石頭多葉姓，約三百餘户，習農賈操舟；嶺頭林姓七、八十户，習農商蠶織；店頭林葉兩姓百餘户，習四民業，兼習蠶織，又多出洋經商；聯頭程姓二百餘户，習四民業，近蠶業頗盛，土人又多出洋赴暹羅各處為商。過江為白龍洲，入竹崎區界西北曰青岐，雜姓八九十户，田少多種橄欖。與竹崎隔江對崎曰港邊，雜姓百餘户，力田兼習操舟；橫岐楊姓二百餘户，力田操舟并制船户竹笠。……[30]

清末侯官、閩侯二地《風土志》所記載福州郊區各鄉村的生業情況，大體與柑蔗區的情景相同，可見當時城鄉各族姓的經濟生業結構發生了很大的變化。即使在各個家庭內部，其成員也往往形成了士農工商的合理分工和有機結合。試舉長汀縣四堡鄉鄒氏、馬氏二姓《族譜》中的記載爲例：

（馬）元祿，號月池……兄弟子姪七人，公行二。分職業於諸子姪，曰某某也耕，某某也商，某某也工賈，各視乎其才其識而督之。於是人堪其任，任奏其效，大有治家之法，而家業遂以興起，積纍至於巨萬。

（馬）性庵……端方正直，孝弟力田。……丈夫子六，士農工賈，各務其業，而粹堂友弱冠後早擷芹香，蜚聲庠序。

（鄒）啓壯，……丈夫子五人，或讀或耕，或牽車服賈，率屬馨兒，孫枝秀美，類非凡器。

（鄒）翊國，……長兄業儒，諸弟尚幼，與次兄常經營於粵省，十有餘年，而家豐裕。及諸弟稍長，因謂曰：「吾兄弟七人，或讀、或耕、或商，各宜盡心竭力，以光前烈，無墜家聲可也。」後長兄與六弟，皆入黌序，四弟列成均，建大廈，廣腴田，一堂昆季，會桃李於芳園，序天倫之樂事。[31]

明清時期福建各家族及其家庭力求在其內部保持士農工商的完善結合，反映了中國家族制度的社會適應性和包容性，而這種職業分工多樣化的趨向，更爲家族的外植和人口的遷移創造了良好條件。那些長年在外經商從賈的族人，固然有相當一部分春出冬歸，賺錢之後榮歸家族，不忘鄉里；但也有一部分人與家族的經濟聯繫多半是道義上的，一旦時機成熟或形勢逼迫，他們便可輕易地在外地定居、繁殖，形成新的家族。

正因爲如此，宋明以來福建家族的發展體現在兩個方面：一方面是聚族而居的家族制度日益嚴密，家族組織日益完善；而另一方面，家族成員不斷突破原有的生存地域空間，向外遷移，形成家族的外植。特別是明代中葉以後，家族人口外遷的現象日益頻繁。福建沿海人口向南洋東南亞地區以及台灣的遷移，便始於明代中後期而盛於清代。舉泉州府若干家族人口遷移台灣的情景，列表如**表9-2**[32]。

遷居南洋東南亞各國的情景也是如此。明代隆慶元年（西元一五七六年）明朝政府批准福建巡撫涂澤民開放海禁的奏請，提供了閩南人到東南亞貿易、謀生和定居的機會。僅菲律賓一地，「商販者至數萬人，往往久居不返，至長子孫」[33]。廈門《海滄石塘謝氏家乘》記載該族族人遷移南洋的人數分別是：順治年間三人，康熙年間三十三人，雍正年間十七人，乾隆年間六十二人，嘉慶年間四十人，道光年間五十二人，咸豐年間六人，共計二百一十三人。[34]永春《劉氏族譜》記載清代該族客死南洋的男丁有二百零七人，《康氏族譜》記載清代該族客死南洋的男丁有一百六十二人。[35]可見族人外遷的數量是很大的，不是個別現象，具有相當的普遍性。

福建各家族人口向本省其他地區和鄰省移居的情況也很經常，連城民國《李氏族譜》中有各房子孫的現居移居情況記載，茲摘引其中若干房爲例，列表如表9-3[36]。

從表9-3可知，連城李氏家族在原地守祖聚族的人數反不如遷移外地的人數多。這種情況應當是正常的，因爲在原聚居地，地域生存空間是有限的，它所能容納族人的繁殖人數也是有極限的，超出這個生存極限的族人，必須遷居外地，而向外發展則可能是無限的。因此，外移的族人人數超過原來聚居地族人的人數

表9-2　泉州府若干家族遷移台灣的情景

時　間 / 數　量 / 族　譜	第一時期 (1368～1620年)	第二時期 (1621～1874年)	第三時期 (1875～1911年)	合計
晉江《錦江林氏五房宗譜》	0	44	6	50
晉江《鰲西林氏長房二家譜》	0	46	34	80
晉江《東石玉塘吳氏三房家譜》	0	29	1	30
晉江《安平顏氏族譜》	1	68	1	70
泉州《薛氏族譜》	0	11	2	13
泉州《虹山彭氏族譜》	0	20	6	26
安溪《儒林林氏族譜》	0	57	3	60
德化《龍井蘇氏族譜》	0	13	5	18
德化《蒲坂李氏族譜》	0	26	0	26
各階段人數	1	314	58	373

表9-3　民國連城李氏各房子孫移居情況

房　別	現居人數	移居人數	移居地點
庠士瑚公房	約40	?	沙縣、福州、馮地、貴州、贛州，又有浦城、太平等地，人數不可考
庠士琦公房	20	24(贛州)	
瑗公房	28	85	廣東、江西、浙江、蕪湖、永安、長汀、清流、台灣、浦城等
按公房	絕	24	縣東之李坑屋
如錦公房	38	26	貴州麻江、湖南永綏州、江西
合計	約126	約159	備註：《族譜》對移居外地的人口統計是不完全的

是理所當然的。根據近代華僑人數的統計，許多家族在海外往往擁有比國內更多的人口。如一九七三年出版的《魯國顏氏譜史宗親錄》記載，僅永春東平鄉東山村顏姓在國外人口有八百多戶，六千多人，而在國內僅有二千多人口。城郊鄉桃溪周姓一九五〇年修族譜時登記海外人口四千多人，比國內人口多一倍以上。又如永春東門後村鄭姓在國外人口達三萬多人，而國內人口只有一萬多人。城郊鄉張埔村李姓一九三七年調查本族人口不足三百人，國外人口則達六百多人[37]。一九二六年台灣人口調查，台灣漢民以閩南人口爲主，漳、泉二府籍占漢民總數的79％[38]，其數量幾與福建漳、泉二府的人口數量相當。台灣北部許多地方的移民來自泉州府安溪縣，其人數超過安溪原來家族人數的也不乏其例。

濃厚的家族觀念，使這些遷移外地的族人繼續保持原來家族的風俗和傳統，結成同鄉同族的小圈圈。如廣東《韶州府志》記載福建等地的移民，「土俗醇樸，頗知詩書，科目代不乏人。明初地少居人，至成化間，多有閩及江右來入籍者，習尚一本故鄉」[39]。明代後期遷移到江西南贛一帶墾種佃租的福建移民，「先代相仍，久者耕一主之田，至子孫十餘世，近者五六世、三四世」。鄉人、族人團結一氣，以至形成「強佃欺主」的現象。[40]清代福建人口遷居四川，至今成都仍有「福建營」的地名。甚至連繁華的蘇州閶門一帶，也是福建商人聚集的地方；湖北漢口，則活躍著大批龍岩商人和連城商人。這樣，天長日久，移居外地的族人，便逐漸在新居地形成了新的家族組織。如泉州清源何氏家族，自宋代理宗淳祐年間由始祖何逖基開基溫陵潯江以來，子姓不斷遷移，幾乎遍布八閩各府，僅其子與孫兩代，遷移到外地成家族的便有十餘人，他們也就成了外植家族的始遷祖。茲將何氏家族這兩代子孫遷移外植成家族的情況列表如**表9-4**[41]，外移的族

表9-4 泉州清源何氏家族遷移外植的情況

世次	姓名	移居情況	備註
始祖逖基公生五子（二世）	元鎮公	泉州清源山（守祖）	生7子
	元剑公	移居惠安埔琦	？
	元鉦公	移居漳州府	生4子
	元鏞公	移居漳州府	生4子
	元鉉公	移居邵武府光澤縣	？
三世	添清公	移居同安縣嘉禾，為東澳之祖	以上為元鎮公之子
	添治公	守祖，稍移泉州潯尾，為潯尾之祖	
	添潤公	守祖，稍移泉州郡城南，為城南之祖	
	添沮公	移居同安嘉禾，再移浦城南溪何潯，為何潯上房之祖	
	添漏公	同上，為何潯下房之祖	
	添河公	同上，再移居雲霄、平和，為何地之祖	
	添漪公	同上，移居浦城，再轉徙龍溪，為何潭之祖	
	添洙公	隨父移漳州，後轉徙蓮花埔，為蓮花埔之祖	以上為元鉦公之子
	添泗公	隨父移漳州，後轉徙岳口，為岳口之祖	
	添淮公	隨父移漳州，後轉徙海澄縣浮宮，為浮宮之祖	以上為元鏞公之子
	添海公	隨父移漳州，後轉徙龍岩縣口，為縣口之祖	
	添江公	隨父移漳州，後轉徙黃山腳下，為黃山腳下之祖	
	添潢公	隨父移漳州，後轉徙南安前路，為前路之祖	

人在新居地形成家族後，大多與原來的家族保持某種形式的聯繫，如修建大宗祠、祭祀、聯譜以及相互支援等等。近代福建沿海各地家族舉行比較大型的家族活動，如祭祀盛典、迎神賽會、修祠造廟，甚至械鬥打官司等，其經費有相當部分來自海外華僑族人的贊助。在一定意義上可以說，人口的遷移和家族的外植，不但沒有削弱家族的實力，而且還壯大了家族的聲威。

家族人口突破原居地的侷限而不斷向外遷移形成新的家族，

這種演變情況不止福建如此，南方各省恐怕亦大多類此。福建《謝氏總譜》詳載其祖先從晉末由中原遷移江南，又從江南分徙南方各地（福建除外）的情況，其中僅「夷吾一脈」，計在湖南有四十七族、湖北十四族、雲南三族、廣東二族、廣西二族、江西十九族、四川一族、浙江十七族、安徽二族，回徙河南有二族。[42] 其他如林、陳、張、鄭等大族，也無不經歷了這種分支徙居不一的狀況，最後形成衆多的子姓家族，遍布大江南北以及福建各地。

總而言之，家族的聚族而居與人口的遷移，是宋明以來家族發展的兩個方面，二者相輔相成，互爲促進。聚族而居爲社會人口的流動儲備了後續力量，而人口的遷移與家族的外植，則是解決家族內部膨脹、衝突和適應社會經濟變遷的有效途徑，使具有明顯封閉、割據性的家族制度，與中國封建社會晚期以至近代的經濟發展和社會進步，大體上保持同步合拍。這正是近代福建家族制度依然具有很強生命力的一個內在因素。

注釋：

[1]《重纂福建通志》，卷五十五，〈風俗志〉。
[2]《重纂福建通志》，卷五十七，〈風俗志〉。
[3]陳盛韶《問俗錄》，卷二，〈古田縣〉。
[4]鄭光策《西霞文鈔》，〈與福清令夏彝重書〉。
[5]《重纂福建通志》，卷五十六，〈風俗志〉。
[6]陳盛韶《問俗錄》，卷四，〈詔安縣〉。
[7]同上。
[8]民國《同安縣志》，卷二十二，〈禮俗志〉。

[9]民國《上杭縣志》，卷二十，〈禮俗志〉。

[10]民國《崇安縣新志》，第六卷，〈禮俗〉。

[11]《福建省例》〈卹賞例〉。

[12]民國《詔安縣問俗錄》，〈附編〉；陳盛韶《問俗錄》，卷四。

[13]民國《詔安縣問俗錄》，附編，〈寄乳〉。

[14]《各地婚姻奇俗》，轉引自廈門大學圖書館藏《剪報資料》，〈婚姻風俗類〉。

[15]本文書影印件藏廈門大學歷史研究所。

[16]崇禎《壽寧待志》，卷上，〈風俗志〉。

[17]《各地婚姻奇俗》，轉引自廈門大學圖書館藏《剪報資料》。

[18]陳盛韶《問俗錄》，卷四，〈詔安縣〉。

[19]《明溪婚俗》，轉引自廈門大學圖書館藏《剪報資料》，〈婚姻風俗類〉。

[20]道光《廈門志》，卷十五，〈俗尚〉。

[21]民國《同安縣志》，卷二十二，〈禮俗志〉。

[22]何喬遠《閩書》，卷三十八，〈風俗〉。

[23]林衡道《螟蛉子》，轉引自廈門大學圖書館藏《剪報資料》。

[24]參見《連城文史資料》，第六輯。

[25]民國《崇安縣新志》第四卷，〈氏族〉。

[26]陳盛韶《問俗錄》，卷四，〈詔安縣〉。

[27]本資料由鄭振滿先生提供，特此致謝。

[28]同上。

[29]陳嘉庚〈一九四四年在印尼峇株〉，載《泉州文史》，第五期，1981年。

[30]光緒《侯官縣風土志》，卷六，〈地形略，區域一〉。

[31]長汀四堡《馬氏族譜》、《鄒氏族譜》傳記。

[32]本表根據蘇鑫鴻，〈明清時期閩南人口的海路外流〉一文編制。蘇文載，《中國社會經濟史研究》，1987年，第四期。

[33]《明史》，卷三一三，〈呂宋傳〉。

[34]參見傅衣凌〈廈門海滄石塘《謝氏家乘》有關華僑史料〉，載《華僑問題資料》，1981年，第一期。

[35]參見《近代華僑投資國內企業史資料選輯》〈福建卷〉，頁14。

[36]連城《文川李氏七修族譜》，卷之三，〈總考〉。

[37]顏文推〈永春縣華僑出國簡史〉，載《僑史》，1982年，第一輯。

[38]吳壯達〈台灣的開發〉。以上轉引自蘇鑫鴻上揭文。

[39]光緒《韶州府志》，卷十一，〈風俗〉。

[40]魏禮《魏季子文集》，卷八，〈與李邑侯書〉。

[41]泉州《清源何氏譜》，卷首，〈源流〉。

[42]《謝氏總譜》，〈源流便覽，源流遷徙考〉。

第十章

家族的祭祖活動

祭祀祖先是中國人的傳統習俗，是尊祖敬宗的行動體現。它的歷史遠比祠堂、族田要悠久得多。而宋元以後家族組織中祠堂、族田的興起和完善，爲家族的祭祖活動提供了制度化的場所和堅實的經濟條件，使得傳統的祭祖活動更趨規範化和實用化，祭祖活動的社會功能得到了更有效的發揮。

福建民間家族的祭祖方式，大致上可以分爲四類：一是家祭，二是墓祭，三是祠祭，四是雜祭。這四種不同層次、不同規模的祭祖方式，組成了家族內部嚴密而又交錯的祭祖網絡。[1]

第一，家祭，即以家庭爲單位在居室之內舉行祭祖活動，這是福建家族內部最爲普及、也是最爲基本的一種祭祖方式。就每個個體家庭而言，由於居住空間和經濟條件的限制，人們對於祖先的懷念和崇拜，其規模不可能很大，因此，家祭的對象，一般僅限於禰、祖、曾、高等三至四代的近親祖先。如福州《世美吳氏條約》云：「列祖神牌，合族鼎刻迎奉進祠，……其餘支派，各立小木主於寢自祭外，仍照房分，各立小屏一架，刻本派列祖，附祠以享祫祭。高祖以上則祧之，仍列祀於祠之東西室，每歲中元一大祭。」又如永春官氏家族，上世神主合祀於祠堂，而支派近祖，則「子孫各隨小宗世數，祀私親於室」[2]。莆田縣白水塘李氏宗族規定祠堂只用於奉祀五代以上的祖先，「若四親之祀，則各仍私室，茲堂不以入也」[3]。這樣，近親祖先的祭拜就必須在各家的「私室」中進行。我們在華安、安溪一帶農村調查時，發現每戶人家的廳堂中，普遍設有神祇和祖先的「神主」位，左神右祖，依時祭祀。有一些入贅或顧祀雙姓的家庭，甚至在家中廳堂中設有雙姓近親祖先的「神主」。

家祭的次數很多，一般在春秋大祭日以及年節朔望日都要舉行，而其中尤爲隆重的當推忌日祭。每逢禰、祖、曾、高列位祖先忌日，每個家庭不僅要在居室內設祭祝禱，而且往往還要邀集高、曾、祖、禰派下的直屬子孫，共同到分祠中設祭供奉。家祭的頻頻舉行，除了體現血緣關係之外，還包含比較濃厚的感情因素。設祭的子孫們，大多與父、祖一起生活過，養育之恩和同甘共苦的往事，歷歷在目。子孫們透過家祭活動，寄託著對父輩、祖輩的哀思和悼念，感情比較眞誠。而對高祖以上的家族祭祀，族人們所包含的感情因素則相對淡薄，更多的只是血緣觀念上的形式表現。

第二，墓祭，亦即在祖先墓塋上致祭。墓祭在時間上比較固定化，一般是春祭和秋祭兩種，平常的日子，族人們是較少在祖墓上活動的。墓塋的祭祀對象大致可分爲近祖和遠祖兩個方面，近祖塋墓的祭祀，即對高、曾、祖、禰四代祖先塋墓的祭祀，與家祭有類似之處。由於這四代祖先與設祭人的血緣關係最爲親近，因此族人們進行墓祭時，難免先親後疏，首先顧及自己直系近祖塋墓的祭祀。如《閩甌屯山祖氏宗譜》的〈家規〉云：「吾族列祖俱起墓祭，奈人各享其親，乃於清明之日，自祭本支支祖，而始祖墓遲之又久而祭之。」特別是那些經濟狀況比較貧寒的家族，財力有限，無法對歷代祖先的塋墓一一遍祭，因此頻繁的墓祭，主要集中在高、曾、祖、禰直系近祖上。

對於高祖以上的塋墓祭祀，就相對空疏一些。一方面是因爲高祖以上的祖先塋墓往往多達數十座以至上百座，族人們勢難一一顧及，比較隆重的遠祖墓祭，一般都集中在始遷祖的墳塋和若干對家族發展有突出貢獻的祖先塋墓上；另一方面，是由於對高祖以上的塋墓的祭祀，規模一般都比較大、費用也較多，不似祖、禰輩的墓祭，兒輩兄弟數人一呼即行，祭畢即歸。而高祖以上的墓祭，蔭及子孫甚多，特別是始祖墓，涉及全族各房各支，必須有一個統籌的安排和合理的組織。如建甌屯山祖氏家族，凡始祖祭墓，「必於年內撥出銀錢，預備來春辦祭、貧胙之需，祭期定於清明前十日，庶墓祭有序，而取名充丁者不致雷同」[4]。葉氏家族醮祭登山拜墓，原系八房同往，「司祭者先期五日各房通知，不拘尊卑長幼，俾後人得以稔識先墓」[5]。福州三山葉氏家族也是如此，「春秋祭墳定期清明前霜降前，由值輪筮日先期傳知合族，屆期均應齊集，年間墓佃各項花彩，春秋拜墳日值輪照章帶給」[6]。

族人們對於近親祖先的墓祭，也和家祭一樣，懷有比較眞誠的悼念心情，而對遠祖的墓祭，除了強調血緣關係以敬宗收族的作用外，還有著向外顯示家族力量和樹立家族聲望的意義在內。有經濟實力的大家族，對於始祖墓和其他遠祖墓的祭祀，往往都大張聲勢，鼓樂齊鳴，宴飲觀戲。如浦城房氏家族的春秋墓祭規儀記載：「祀日每房先派一人乘轎登山，先以鼓樂迎，豬羊到起元公妣墓，而後直到朝卿公妣墓。祭日豬一羊一，乾饌十碗，時果十二品，龍鳳湯全色，一斤燭一對，禮生一位，演戲一台，鼓樂四人，讀祝文必家附生，以本房之長者主祭，蓋尚齒之義也。[7]」武平城北李氏家族是當地有名的望族，其墓祭的儀式更加隆重：

> 清明前一日，省牲值年頭家備辦，葷素纏盌一十六色、棹盆、全豬一口、大燭、中燭、寶錠、錢帛、檀香、爆竹、手巾、拜鋪、鼎杯、湯碗、牙筷、祝扁、吹手等項。
>
> 一、清明日登墳祭祖，涼傘二把、全豬二只、生豬一口、羊一口、香案、祝扁、雞、鵝、鴨、煙味、果品、寶錠、錢帛、銅鼓、桌盒、大燭、中燭、拜鋪、吹手、米飯、熟□十斤，族長轎夫四名，雜夫扛豬等項共二十名。
>
> 一、祭帽村劉太始祖妣墳墓，舊規全豬一口……銅鼓，吹手四名，主祭一位，禮生二位，轎夫六名、雜夫六名。[8]

這浩浩蕩蕩的墓祭隊伍，無疑大大提高了家族和族長們的社會地位。相較之下，有些弱小的家族，由於經濟和人力諸方面的條件有限，墓祭活動只能草草了事。如陳盛韶在《問俗錄》中記述詔安縣的情景：「見道旁男女荷酒肉絡索而馳，問之，曰：『無蒸嘗田，各備數豆，合伯叔以供祭，祭畢即撤饌以退也。』」[9] 閩北有些家族也因祭田無多，每年墓祭只能由捐資者參與，一般族眾，「叔伯兄弟侄輩，雖屬某公派下，其向未捐款者，不得與焉」[10]。因此，各家族各年舉行墓祭活動，不僅僅是爲了悼念祖先，加強血緣關係，同時，也從另一面反映出家族在社會上的實力和聲譽，以及大族與小族之間的潛在競爭。

家族舉行春秋墓祭的另一個目的，是定時打掃維修祖先的塋墓。福建民間家族雖然聚族而居，但歷代祖塋的坐落，卻大多散在各地，即使坐落在家族聚居點附近，一般也都在山上，除了每年的春秋兩次祭祀之外，族人們很少來到塋墓上清掃整理，致使許多塋墓雜草叢生，甚至損壞破落。因此，族人們藉每年春秋兩祭的時機，察看墳墓的四至，以防外人侵占破壞。如武平李氏家族在乾隆年間議定：「太始祖妣墳山屢被方姓無恥之徒侵開，……年祭祀者本日往返路途遠涉，倉皇急遽，未及查踏，致生此弊。今添撥嘗田二十拜，爲致祭太始祖妣墳墓之用，其往祭者於帽村店下必須住歇一夜，從容致祭。庶得查閱墳山，並免戴星往返之苦也。」[11]當明確先塋墳山未受侵害時，祭祀的族人又可以對荒蕪的先塋作一次比較認眞的清掃和維修。因此，在福建的俗語中，人們把春秋祭墓又稱爲「掃墓」。

有些大姓巨族爲了顯示家族的地位和聲望，還在祖墓旁建造庵祠。如崇安縣各家族，「葬其祖禰或遠在百里，或數十里，或三四里，則各豎小宇於墓之左近，名曰塚庵」[12]。沿海林氏家族，也在其入閩始祖林祿的墓旁，建立墓祠，「因割墓前地給沙門爲啓精廬」[13]。爲了加強對祖先墳墓和墓庵祠的管理，有些大家族還專門僱佣一些貧民，長年看守祖塋墓庵，稱爲墓佃。家族作爲主人的身分，往往把小塊土地租給墓佃，而墓佃從此必須爲田主即家族看管、守衛墳墓，並在田主家族掃墓祭祀時爲其執役服務。如泉州蘇氏家族，在晉江縣三十六都洪園鄉有祖塋一所，「付與墓丁葉積、當哥等兄弟看守掃淨，其塋前及左右產園五丘，付墓丁耕種，每年定稅銀八錢，仍還爲看守之資。……其遺蔭樹木不許私受與附近少壯之人戕砍，及放縱牛羊踐踏、打曬禾麥於墓庭之內，如有不遵等情，聽（蘇）衙聞官究治，別召他人看守」[14]。再如邵武樵西何氏家族，在光澤縣二都上小源有祖墓一處，每年將墓田數畝召墓佃梁文球耕種，而梁文球在給何氏家族長年看守墳墓的同時，還得在春秋祭日爲何氏家族做以下這些事件：

一、備辦祭儀，……何姓祭儀定豬肉五斤，外裝飯肉一斤，雞一隻二斤，重俱十六兩官秤，塘魚一尾，秋魚二斤，蛋八個，飯糍隨吃，酒隨飲，牙豆、豆腐等菜隨辦。

一、辦路費銅錢二百六十文與何姓。

一、掃除三都虎跳及垣子坑、佛賽三處墳塋草木，並擔祭儀籃登各處山場，梁姓不得推諉。

一、垣子坑何姓祖墳山場，倘有附近人戕害，代為通知，毋得隱瞞，並照。[15]

這種墓丁、墓佃，有的家族可擁有多達數十家以至上百家。如我們曾見《風池林氏族譜》，內載該族第一世祖自明代嘉靖年間至第十四代民國間，列祖墳墓達百餘座，均有墓佃看守管理，族譜內詳載各墓佃姓名住址者近百人。這些墓丁、墓佃往往是世代相傳的，如陳氏家族的墓佃張姓，至乾隆年間已「歷有百年有餘」[16]。福州《何氏族譜》中有一光緒年間的看守墳墓契約，內稱自乾隆嘉慶以來，墓佃原永彩歷代子孫爲何氏家族看守墳墓，幾達二百年[17]。有的墓佃甚至在立契之時，便已認定「自願子子孫孫相接看守」[18]。福建省各巨姓大族僱佣和役使這種隸屬依附關係很強的墓佃，一方面對於保護家族的先墓、方便墓祭活動的進行，起了一定的作用；另一方面，不同階層的家族成員在墓佃的服務下，過著短暫的主人般的生活，高貴的慾望在這充滿血緣色彩的墓祭活動中得到了某種程度的滿足。

第三，祠祭，亦即在祖祠之內致祭。祠堂是供設祖先神主牌位的地方，象徵著祖先的存在。同時，祠堂又是家族組織進行各種事務活動的中心場所，因此，在家族的四類祭祀中，祠祭是最具正規化的一種。它既不像家祭那樣隨便，也不像墓祭那樣受到經濟條件的影響，一般言之，每逢春秋二祭，不論是巨族還是寒族，對於祠祭都是十分鄭重的。家祭以個體家庭爲中心，墓祭因路途遠近不同，參加人數有限，許多墓祭往往由各房、各支房房長或選派代表參加。浦城葉氏家族每年往松溪縣祭遇華公墓，「每房許派一人，每人給胙肉三斤；上下洋懷員公、明馨公及各祖墓，每房亦派一人登山，每人亦給胙肉三斤；至募太里各祖墓，每房亦派一人登山」[19]。劉氏家族每年於「先祖墳塋清明之日，首事須備豬羊，同熙三公子孫二人，熙六公子孫二人，登山拜掃」[20]而祠祭則幾乎涉及闔族、闔房的每一位族丁，參加人數是最多的。浦城劉氏家族規定：「祭祀先祖，所以報本始慰後嗣也。今闔祠其祀固在人人展其慮思，……今與眾議，祭祀之日，凡我族人尙其少長咸集，必誠必敬」[21]。福州郭氏家族規定每年正月春天祠祭，「凡非吉凶大事及奉公供事外出未回者，臨期不到，每丁罰錢二百文。……合族致祭宴會，……爲族眾聚首，使子孫面善而不致失序」[22]。

祠堂祭祀一般比較講究繁文縟節，在一些士紳學士比較集中的大家族，其祠堂的祭祀儀式引經據典，大多套用官府和孔廟的祭祀儀式。如福州葉氏家族祠規中記載的祠祭儀式是這樣的：

> 屆日主人率領族姓盛服入竢於庭，執事者列豆邊尊爵於案，陳祭文於祝案，實水於盥盤加中。贊就位，主人盥詣位，族姓按尊卑各就位。贊迎神，主人跪，族姓皆跪。執事二人，一奉香，一挹尊酌酒詣主人，左右進香，主人上香進爵，主人酹酒於地，返爵於執事，及族姓行三叩禮。贊初獻，主人跪，族姓皆跪，執事者奉爵，主人獻爵，分獻者詣兩旁龕室，焚香獻酒行三叩禮，訖，復位。贊續祭文，祝續文訖，主人以下跪行三叩禮興．贊業獻，主人及族姓皆跪，執事者奉爵，主人獻爵，行三叩禮興，分獻者詣兩旁龕室，獻訖復位，行三叩禮興。贊三獻，主人及族姓皆跪，執事者奉爵，主人受爵，行三叩禮興，分獻者詣兩旁龕室，獻訖復位，行三叩禮興。贊受嘏，主人及族姓皆跪祝，取神案酒饌代祖考致嘏於主人，主人碎酒嘗食反器於祝，行三叩禮興。贊送神，主人及族姓跪，行三叩禮興。贊望燎，執事者取祭文雜帛燎於庭，主人及族姓均退避，由東階降，主人詣燎位眂燎畢各退。[23]

透過這莊嚴的祠祭儀節，死去的祖先們固然得以盡情地享受子孫們供奉的香火，而在世族長們的顯赫地位和族人們的上下尊卑倫序血緣關係，也在這儀式中又一次得到體驗。

當祠祭結束後，一般都要舉行宴會，凡是參加祠祭的族姓，都可以參加這種由公費開支的宴席。如葉氏宗祠規定春秋二祭定章：「席連飯每桌一千文，四菜碟二只碗六大碗一菜湯，按實到人數酌辦」[24]。泉州蘇氏家族的祭席，「以十二味為準，……牛肉、牛蹄、牛肋、牛腰、牛脯、牛頭獅、雞肉、鴨肉、豬肉、羊肉、海魚、海蟳、糕、粑、菜二、果子二盞、粿湯」，「只要新鮮，不可以失時之物抵數」[25]。族人們「依次序宴會」，享用豐盛的酒菜和供品，加深了相互間的感情。

祠祭的春秋日期因族而異，有的家族爲了把祠祭舉行得更隆重，多把春祭的日期安排在新春正月，把祠祭活動與春節、元宵等新正節日結合起來，人們在祭祀祖先的同時，舉行各種團拜活動。如福州郭氏家族，「正月朔日支無親疏，丁無老幼，沿門拜賀，使子姓面善。遞年期於正月十五日擇族中廳事寬大者，共主一神主，……合族畢集祭祖團拜，即以祭品設席宴樂，六人共桌」[26]。葉氏家族的祠堂春祭日定期正月十五日，而與祠祭相配合的是元宵團拜，「十一日本祠團拜，各宜整肅衣冠，準酉刻齊集，各房隨帶大燭一合」。[27]家族祭祖與團拜、宴飲的相互配合，其敬宗收族的效果更加顯著。

祠祭所涉及的範圍不僅是同一地域內聚族而居的同宗族人，還有超地域的宗祠大聯祭，其規模尤爲龐大。如仙游縣「黃大宗祠」，建於雍正十二年（西元一七三四年），由全縣黃姓「接牌立主置產，歲時致祭」，至民國年間，共設六百八十六牌，派下子孫散居三十餘村，分爲六大房輪流致祭[28]。林氏宗姓曾在省城福州建立林大宗祠，「廟宇輝煌」[29]，每年祠祭日，省城及外方林姓族人均來參加，熱鬧非凡。永定縣古竹鄉高東村江姓的東峰公祠祭，至今已有四百二十多年的歷史，江氏東峰公繁衍的後代迄今已超過五千人，散居在永定縣境內的高東、月流、陳東，廈門的港尾，台灣的台北、新竹、台南，香港、澳門地區，以及緬甸、暹羅、印度尼西亞、澳大利亞諸國。「一到祭期，在家裡的親屬不說，外出的子孫，甚至遠居香港、澳門和國外的，也都想方設法趕回家園參加祭儀，以示對上祖孝敬之誠，代代相承，久之成俗」[30]。顯然，這些來自四面八方的族人，平時的血緣關係已經相當淡薄，但透過共同建祠祭祀，宗親關係還是得到了永久的維持。

第四，雜祭。家族的祭祀祖先除了以上這三種比較規範化的活動外，還有許多不規則、非定時的祭奉荐享等，特別是每逢家人或族人有喜慶大事，如添丁、中舉、婚娶、架屋等，一般都要舉行祭祖活動，向祖先報喜，在一些比較虔誠的人家，一年中甚至連春秋收成、殺豬宰牛、子孫逢十誕壽等等，也都要舉行祭祖活動，以示不忘祖先的祐護。如永定邵氏家族，「時祭而外，又有正至朔望之參，俗節時食之獻。其他有事則祭，如生子、娶婦、上官、焚黃之類，不一焉」[31]。泉州梅洲陳氏家族，「四時之祭，吾泉中大率皆用俗節之祭，……節祭有元旦之祭，有元旦後三日三大房之歲飯，三月有清明之節祭，七月有中元之祭，十二月有除夕之祭。其餘端午獻粽，六月獻荔枝，七月獻瓜，穀熟獻新米飯，冬至獻圓，皆荐也」[32]。

在這眾多的雜祭中，最隆重的要算是七月中元的鬼祭和不定期的拜懺。七月十五日中元節，福建俗稱「鬼節」，又稱「盂蘭盆會」。傳說陰間對尚未超生的鬼實行例假，這些尚未超生的鬼紛紛出來求食，接受家族和子孫們的奉荐。福建民間又稱鬼在陰間一年中只要飽食一餐，便可終年不飢。於是，子孫們爲了在這難得的時間內讓死去的祖先們盡情享用，便大肆鋪張，山珍海錯，紙錢楮幣，應有盡有。如興化府，「最重中元節，家設楮帛冥衣，具列先人，號祭而燎之，至莆田則又清晨陳設甚嚴，子孫具冠服出門，望空揖讓，磬折導神以入祭，畢復送之出，雖云孝思之誠然，亦近於戲」[33]。建寧府，「中元節家懸祖先遺像致祭，焚楮幣，僧人以是日作盂蘭盆會」[34]。延平府，「中元祀先，焚楮錢、楮衣冠女子，是日送以祀其先父母」[35]。中元節的鬼祭，尤以閩南泉州一帶爲隆盛。清末泉州進士吳增作《泉俗激刺篇》內有《盂蘭會》云：「流俗多喜怪，不怕天誅怕鬼害，七月競作盂蘭會。盂蘭會，年年忙，紙滿筐，酒滿觴，刳魚鱉，宰豬羊，僧拜懺，戲登場，煙花徹夜光。小鄉錢用數百萬，大鄉錢用千萬強」[36]。這大量的山珍海味雖說是供奉給祖先的，但實際上是在世的子孫們大吃大喝。這種隆重而又鋪張的中元鬼祭，又成了家族的一次大宴飲，爲了聯絡族人們的感情，各個家族往往把中元鬼祭的具體時間按各房順序錯開，如長房於七月十二日舉行鬼祭，二房便於十三日舉行，三房於十四日舉行，四房於十五日舉行，多房的家族依此類推。當長房於十二日舉行鬼祭時，二、三、四諸房的子孫便可到一房聚會吃喝，而次日二房舉行，一房與其他各房同樣到二房聚會吃喝。如此遍輪一次，熙熙攘攘，熱鬧非凡。有的大家族丁眾房多，往往要從七月初一直輪到月終。因此在沿海一帶，人們又把中元鬼祭俗稱爲「普渡」。泉州普渡不但每年七月有「正普」，五月六月就要「豎旗招鬼引魂」，八月又要「重普」，此外有「小普」、「大普」等名目。這種普渡固然有追奉祖先、加強族人血緣感情的意義，但經濟上的浪費是相當嚴重的。直到一九四九年以後，每逢七月，中國大陸各級政府都要下達公文以及在報紙上宣傳，勸戒人們不要大肆鋪張「普渡」，可見這種習俗的根深蒂固及其浪費的嚴重性。

「拜懺」，俗稱「做功德」，即子孫爲了死去的祖先們能夠在陰間有一個比較優裕的生活條件而舉行的一種祭祀。這種祭祀一般規模都很大，費用也很多，因此只能在若干年舉行一次，並且大多採取族內集資合作的形式，首先，由參加拜懺活動的族人們推舉一個臨時經理小組，負擔經費的籌集和事件的安排。接著，邀請若干名民間雕塑摺紙藝人，營造偶像和紙建築。用紙和竹折成的房屋，完全按世間最流行豪華的式樣營造。一九四九年之前，此類紙房，一般都是中國傳統的大夫第式樣，在大夫第四周，配上紙石獅、門樓、旗杆、放生池，以及大橋、高馬華車，還有各類男女僕人在房內外忙碌伺候。前年，我們曾到泉州惠安縣一帶作實地調查，這種紙竹建築有很大的改變，除了傳統的中國式房屋外，還有多層的洋樓建築，大轎和馬車等換成了小汽車、電視機、電冰箱之類、還有籃球場、乒乓房等體育設施。這些豪華的紙竹建築造成後，請來一大班僧人或道士，舉行七日的法、道場，族人們根據僧人和道士的需要，手捧著香、燭，頻頻向祖先跪拜行禮。最後，法、道場結束，功德圓滿，紙竹建築和偶像以及紙錢楮幣等，一舉付之一炬，送往陰間讓祖先們享用，祖先們在陰間的生活從此得到了滿意的解決。

福建民間家族的祭祖活動，確實對強化家族內部的凝集力起了重要的作用，特別是這些祭祖活動，往往與家族的群宴團樂結合在一起，更使得族人們在血緣關係的精神紐帶聯結下，和氣一團，情義歡洽。如建陽的《周氏宗譜》記祭祀的作用云：「立祭田以爲先廟、先塋、蒸嘗、忌日之需，三房以次遞以供祀事，歲時節序，骨肉團欒，滿堂宴笑，則分明而情不狎，恩濃而怨不生，先業庶乎可保，而諸子亦庶克樹立矣」[37]。《李氏宗譜》亦云：「子孫相繼十七代，現有一千餘丁，以供祭祀，則群安於寢，少奉長，老撫幼，歡然相愛也」[38]。

祭祖是透過崇拜祖先來達到聚族的目的，因此從表面上看，祭祖是一種精神活動，但在實際上，祭祖活動需要雄厚的經濟物質條件爲後盾，物質條件的好壞，直接影響到祭祖的規模和隆盛程度，因此，經濟因素與祭祖活動的潛在關係也是不容忽視的。

筆者曾對福建族譜中的祭祖對象作過分析，發現在各個家族的眾多祖先中，除了肇基始祖和曾、高等近親祖先受到重視外，自始遷祖以下，曾、高近祖以上的歷代祖先，並不是每一位都受到隆重祭祀的。這些祖先受到後人隆重祭祀的一個最重要標準，是取決於他們對家族發展所作出的貢獻，特別是對祭田的貢獻程度，也就是說，如果某一位祖先在世時爲擴展家族的祭田作出了突出的貢獻，那麼他受到後人崇祀的可能性也就愈大。鄭振滿先生把閩北的家族祭田分爲「特祭」和「合祭」兩類，這是很有見地的。所謂「特祭」，就是某一祖先自己提留祭產，後代子孫便用這些祭產爲這位祖先「特祭」；反之，無力提留祭產的祖先，便不能享受到後代子孫「特祭」的待遇。在閩北有些較爲古老的家族，歷代分房子孫不下數千，而能夠爲後人留下祭產的人不過數十人[39]。理所當然，這數十名提留祭產之人便成爲被後輩子孫隆重祭祀的對象，而一般無力提留祭產的人，便只能享受掛名的「合祭」。我們曾調查過連城的張氏家族，這個家族每年受隆重祭奉的祖先，除了肇基祖外，主要是明代中葉時爲家族大量購置族田和興建祠堂的希周公和希孟公，而其他沒有突出貢獻的祖先，大體只是「附祀」而已。

這種以對家族貢獻來衡量祭祀對象的作法，在祠堂的設主入祠方面表現得尤爲明顯。連城張氏家族在〈族規〉中寫道：「議於寢堂之東西設立二龕，東龕祀有功祖宗者，西龕祀鄉賢，但必經眾公議僉同方許入主。東龕必創修祠宇、樂輸祀田擴大蒸嘗之類關係家廟者，微功薄勞不得冒濫。西龕必紳衿中有言行交修、道明德立如著述行世，澤被合族，及出仕著有功勛已入名宦之類，確實有據者。人力營謀不許混入。」[40]這裡，在祠堂中受祠者，除了開基始祖及眾房共有的祖先外，主要是士紳與創修祠宇捐輸族田者。這樣的神主入祀標準，其功利的因素是相當明顯的。再如福州三山葉氏家族，該祠堂爲宮詹公而建，「申公一世，則七房所自衍；昌公一世，則二十本房所自衍；皆立主無待議。昌公以下，子姓繁多，若一概置主，龕位既慮難容，盛典亦鄰於褻，其不能不加區別者，理也」[41]。因此，該族經過公議，制定了〈入祠條規〉，限定以下這些人死後方可神主入祭受祀：

一、科甲出身登仕版者及未登仕版舉孝廉、副、優、拔，凡列榜者，本身及其父入祀，除加銜加級不計外，實官至二三品者，其祖并入祀，至一品者，其曾祖并入祀，遵朝典封贈一代二代三代之例。

一、不由科甲出身或軍功議敘，或援例納粟外官，道府同通州縣已補缺或署任者，京官六部主事員外郎中已補缺者，本身并其父入祀，除加銜加級不計外，實官至二三品者，其祖并入祀，至一品者其曾祖并入祀，如科甲出身之例。其京外各雜官雖得缺不與。

一、歲恩貢廩增附生員或軍功議敘，或援例納粟，官儒學訓導已補缺或署任者，本身及其父入祠。

一、由武進士出身者如文科甲例，武職行伍並重，除加銜加級及候補人員不計外，實官至游擊以上者，本身并其父入祀，至總兵者其祖并入祀，至提督者其曾祖并入祀。

一、歲恩貢廩增附生員，年七十以上者，無論已邀未邀欽賞，均入祀，木主內直書明年歲。

一、年享期頤，例應咨請建坊者，不論官爵科第入祀，木主直書明年歲。

一、捐置祭產祭田銀至一千兩以上者，不論官爵科第，議功入祠，二千兩以上者其本身并其父入祀，三千兩以上者本身并其祖父入祀，但捐數雖多，不得逾祖、父二代，以昭限制。其願將本身祀典追祀先世者，聽其自主。

一、孝婦、節婦奉旨旌獎者，分祀右龕，其應合主附祀者，不另立主。

一、七房外昌公以上一概立主分祀左龕，昌公以下嗣後入主附祀，應遵照條例如前。[42]

從家族整體利益來說，家族士紳學士輩出，向義捐獻者不斷，無疑對家族制度的發展起了決定性的推動作用，他們理當受到後輩子孫的隆重祭祀。但是能夠爲家族作出如此貢獻的人，不外是官僚士紳、地主富商們，一般的族人自顧生計不暇，焉能建功立業於家族？因此，葉氏家族雖然也規定「年享期頤（百歲）」及孝婦節婦有入祀祠堂的資格，但祖先受後人祭祀的最主要標準，仍然是以政治、經濟的地位來衡量。至於一般的族人，雖然有「立主附祀」的資格，但必須「交喜金一十千文以充公款」[43]，附祀的資格不啻是用金錢買來的。我們曾調查過華安縣華豐鎮草坂村的李氏家族，他們的祖祠中除了祭祀通族共同的開基遠祖外，分房以下的子孫去世，也是以交納銀錢或捐納田租爲條件，而取得入祀的資格，一般的貧窮人家，雖去世者輩分甚高，但因交納不起銀錢穀物，其神主始終只能由其直系子孫在各自家中「私祀」。

當然，福建的家族祭祖受到功利因素的影響，多少有些偏離了「敬宗收族」的宗旨，但是這種作法對於推動家族祭祀的長期延續卻不無意義。一方面，有政治、經濟地位的祖先們因自己爲家族事業作出貢獻而獲得身後的聲譽，受到族人的崇祀，起了勸善揚德的效果。另一方面，先人們的建功立業，直接爲後人的祭祖活動創造了條件，祖先開創祠堂留下祭產，既方便了祭祀活動不間斷舉行，同時也使後輩族人在某種程度上體驗到家族的存在，並享受到一定的經濟利益，人們透過祭祀、宴飲、頒胙，不能不更加懷念這些爲後人留下業績、祭產的祖先。這樣，在祖先和子孫雙方面因素的交織作用下，家族的祭祖活動得以長期地延續下去，特別是家族對於那些爲後人留下遺產和業績的祖先的祭祀優待，增進了家族成員爲家族作出貢獻的責任感和榮譽感。從這點上看，福建家族祭祖中的功利因素，對於家族制度的發展以及祭祖活動的久盛不衰，都不無益處。

注釋：

[1]關於福建家族的祭祖活動，可參考鄭振滿〈宋以後福建的祭祖習俗與宗族組織〉，載《廈門大學學報》，1987年增刊。

[2]永春《官氏族譜》，卷一。

[3]莆田《隴西李氏族譜》，卷一。

[4]《閩甌屯山祖氏宗譜》，卷一，〈家規〉。

[5]《南陽濟美葉氏家族族譜》，〈濟美堂族規〉。

[6]福州《三山葉氏祠錄》〈支祠條規〉。

[7]《閩浦房氏族譜》，卷一，〈朝卿公祭規〉。

[8]武平《城北李氏族譜》，卷末，〈祭規〉。

[9]陳盛韶《問俗錄》，卷四，〈詔安縣〉。

[10]《璜溪葛氏宗譜》，第六冊，〈説明助置祭田享祀原由〉

[11]武平《李氏族譜》，卷末，〈祭規〉。

[12]崇安《吳氏家乘》〈祠堂考〉。

[13]《林氏宗譜》，〈鳳林寺記〉。

[14]泉州《蘇氏族譜》，卷四。

[15]《樵西古潭何氏宗譜》，卷尾三，〈契券〉。

[16]《陳江陳氏五房五家譜》，〈契抄〉。

[17]福州《龍田何氏台石派五房家譜》。

[18]福州《龍田何氏支譜》〈墳塋〉。

[19]《南陽濟美葉氏家族族譜》，〈濟美堂族規〉。

[20][21]浦城《劉氏四修族譜》，卷五，〈祠規〉。

[22]福州《郭氏支譜》，卷七，〈家規〉。

[23][24]福州《三山葉氏祠錄》，〈春秋丁祭儀節〉。

[25]《燕支蘇氏族譜》，卷十二。
[26]福州《郭氏支譜》，卷首，〈明天房志拜公議行團拜禮〉。
[27]福州《三山葉氏祠祿》，〈春秋丁祭儀節〉。
[28]《仙溪黃大宗祠公簿》。
[29]《林氏宗譜》，〈重建晉安郡王祠堂序〉。
[30]參見江南桔〈高東江姓海內外裔眾祭祀東峰公記盛〉，載《永定文史資料》第七期。
[31]永定《邵氏世譜》，〈祭事考〉。
[32]泉州《梅洲陳氏族譜》，〈陳氏祭法〉。
[33][34][35]重纂《福建通志》，卷五十五，〈風俗志〉。
[36]轉引自《泉州文史》，第五期。
[37]《周氏宗譜》，卷首。
[38]《李氏宗譜》，卷首，〈世系圖序〉。
[39]鄭振滿〈明清閩北鄉族地主經濟的發展〉，載《明清福建社會與鄉村經濟》，廈門大學出版社，1937年版。
[40]連城新泉《張氏族譜》，卷首，〈族規條款〉。
[41]《三山葉氏祠錄》，〈支祠條例〉。
[42][43]福州《三山葉氏祠錄》，卷四，〈入祠條規〉。

第十一章

家族的宗教信仰

福建民間的宗教信仰與家族制度的關係至爲密切，而這種與家族制度關係密切的民間宗教信仰活動，同樣帶有濃厚的實用功利性色彩。

整體來說，福建民間的宗教信仰，也和中國的大部分地區一樣，大致可以分爲五大類型：一、從西方傳進的基督教（包括天主教等其他教派）；二、伊斯蘭教（回教）；三、佛教；四、道教；五、各類神魔鬼怪。但由於西方的基督教和伊斯蘭教的教義與中國傳統的文化思想和家族制度的價值觀差異甚大，因此這兩種宗教歷來受到福建大部分人民的強烈抵制，社會影響比較微弱。許多家族甚至在族規、告示中明文禁止族人奉仰基督教。如福安縣甘棠堡的林、陳、鄭諸家族，即因西洋教的傳入而會議修建「名宦鄉賢遺愛祠」，企圖以中國傳統的教化來抗衡西洋教的侵入。他們在〈遺愛祠記〉中寫道：「福安地處海濱，一害於明代倭寇，生靈塗炭，幾靡孑遺；一害於邪教流入中原。……方今中外一家，福安數百年桴鼓不驚，獨邪教之害更甚於倭患。自非良有司與夫邑之賢士大夫廓清救正之，恐人心之陷溺，必將有不可問者」[1]。再加上清代福建地方政府也屢次下文限制或禁止基督教的傳播，所以基督教與福建民間社會和家族組織的關係十分淡薄。伊斯蘭教的傳播雖然與某些阿拉伯人的後裔家族有著密切的聯繫，如泉州地區的丁姓、郭姓家族，歷代相襲信奉伊斯蘭教，但這種情況僅侷限在少數的幾個家族內。

佛教和道教的傳播在福建比較普遍，爲時亦早，差不多是在漢、唐以來，北方士民遷居福建過程中同時進行的，隨著福建地區的開發和日趨繁榮，佛、道寺觀也在福建各地陸續湧現。福建現存的一些著名寺院，如廈門的南普陀寺、泉州的開元寺、福州鼓山的湧泉寺、福寧的支提寺、莆田的廣化寺、安海的龍山寺等，其悠久的歷史和雄偉壯麗的建築規模，都堪與全國第一流的寺院媲美。

然而，這些大型而正統的佛、道寺觀，素來與士大夫和封建官府的關係比較密切，對於一般的民間家族來說，關係則比較疏遠。這一方面是因爲這類大型的寺院是超家族、超地域的；另一方面，這些較正統的佛、道偶像，不可能偏袒於某一個家族，而家族宗教信仰的目的，是希望某些神靈偶像能夠對於本家族提供比較特殊的護佑。因此，在福建民間的宗教信仰中，那些比較正統的佛、道、儒三教及其比較大型的寺院，人們對它的態度大多是敬而遠之，或是拜奉有節。相反地，那些屬於家族、鄉族所有的寺廟，包括佛、道教正規寺廟，以及許多莫名其妙的旁門左道、神魔鬼怪的偶像，卻受到族人、鄉人的倍加崇拜，香火繚繞，盛典不絕。

福建民間宗教信仰之所以出現這樣的狀況，也是與福建家族制度的演變發展過程相適應的。長時期的鄉族割據，使人們不僅要依靠本家族自身的力量，而且還要利用政治的、思想的以及宗教信仰的力量，來鞏固家族的社會地位，在激烈競爭的動蕩社會中取得生存和發展。正因爲如此，人們宗教信仰的目的，也是以維護本家族及其族人、鄉人的安全和利益爲核心的，他們希望透過對各自所信仰的神祇的崇拜，加強家族內部的團結和控制，保護本家族的勢力範圍和利益，甚至有利於家庭的對外擴張。在這樣的社會心理狀態下，福建民間家族的宗教信仰和迷信崇拜，就不能不日益趨向實用性和功能性，從而淡薄了對於正統宗教的神聖信仰。

在這濃厚的實用功利性色彩的籠罩下，家族寺廟的修建成了福建家族組織的一個重要任務。如建陽徐氏家族建有龍鳳庵，「創自宋代，我族內檀越也」[2]。政和縣游氏家族建有雲峰寺，「立此寺者，乃我祖諱文公也，……我族家廟也」[3]。浦城陳氏家族，創家廟「始自二十五世珠位壽六公，於大元之時所建，更置山田，……名普濟寺」[4]。錦塘王氏家族，也在宋代祥符元祐年間，「修王陵建墓庵，曰蓮花永興寺，擇四僧人居焉」[5]。至大陸解放前夕，福建民間尚未建立家廟、鄉廟的鄉族，是十分罕見的。

爲了體現寺廟的家有、族有性質，福建各家族往往在家廟、族廟中供奉祖先的牌位，使寺廟與家祠結合起來。如林氏家族的鳳林寺，供奉其入閩始祖林祿神像，「緬懷列祖，樂哉斯邱，厥有佳城」[6]。建甌葛氏家族的上衢寺，「玉溪之南距鄉里許，有山名上衢者，爲葛姓祖墳禁地，明嘉靖間其六世祖佛重公嘗相地於此，建立家廟，內前奉三世如來法身，右偏上廳祀公遺相，其下則族中子弟讀書之齋」[7]，可謂一舉三得。建陽陳氏家族的普濟寺，「塑有靈感觀音聖母，考妣神像，葬母張氏、繼母康王安人之塋而并祀也」[8]。類似的家廟、族廟，有的家族多達數座甚至數十座。如我們曾經調查過惠安北部十三都的陳氏家族。這個家族現有人口三千餘，族內共有福德正神廟、東嶽宮、相公祠、姑媽庵、關帝廟、天妃宮、祖師廟、九峰宮、三教祠等，另外還有各房所屬的齋堂七座。又如莆田的戴氏家族，族內的寺廟有戴公廟、狀元廟、天妃宮、三教祠、廣濟庵、半月堂、城隍廟等十餘座。惠安山腰鄉的莊氏家族，族人達萬人，各類寺廟、齋堂，據云不下五十座。

爲了促進族廟的修建，加強族廟的控制，福建各家族往往都籌集有專門的經費和設立寺田、廟田等固定財產，以供族廟的長年使用，並僱請廟祝和僧人來負責族廟的日常管理。如錦塘王氏家族的蓮花永興寺，「給田產供寺僧以伺香燈，招鄉民王永福等十二家以充墓賓，闢田五百畝於坂鄉，與之佃，以供蒸嘗」[9]。建甌祖氏家廟的凌雲廟，「立佃田三塅於苦竹坑坋，計完苗外，歲得谷六十餘石，可足僧徒一歲日食之需，香燈賴是其有永矣」[10]。那些管理族廟、家廟的僧侶道士們，由於屬家族所僱請，實際上成了家族私屬的執役人。家族與寺廟管理者之間，往往訂有嚴格的契約加以約束。舉建甌葛氏家族上衝寺的條規為例：

本寺司事二人奉祀香火，年給俸薪以酬其勞，

一、佛童公香一盒，三寶佛香一盒，華光天王香一盒，按日焚燒，不得間斷。

一、本寺……殿內塵埃飛墜，時加掃除，門前荒草迷離，尤當芟劃，勿得疏忽，致失雅觀。

一、上衝暗窠山金星虎山諸墓，每際清明前及八月間，務要將墓廬掃除淨盡，便族人致祭，不得有誤。

一、上衝虎山兩處林木地土封禁已久，尤宜照顧，若有盜砍盜葬者，無論本族異族人等，均須報知，以憑核辦，不得徇情。

一、每日作炊只許取枯木焚燒，不得砍伐生枝，藉名多砍變賣得利，違者罰辦。

一、本寺離鄉里許，偶黑夜有歹人借宿，即須報知，便族人拘追，不得窩藏，致累禍及，違者罰辦。[11]

邵武何氏家族在光澤境內有一座南山庵，買置有一部分庵田，交與管庵的僧眾耕種收成。這個家族對該庵僧眾執役的規定也很苛刻：「每年正月初二日，（僧人）到各戶賀春，住祠者待午飯」，「請吾族六股子孫，每股一人，到庵飲酒，以便清查交盤」，「清明三日祭南家台始遷祖癸三伯繼公神像及張氏祖婆墳墓，每股一人至廬主祭，其祭儀係住廬之人備辦」。其他還有秋祭、冬齋等，僧人也得如規做好各種準備和侍奉。最後條規還著重強調：「春、冬二季飲福規條，不得減少，錢糧糧米不得拖

欠，如有刁頑者，驅逐另召」[12]。這種管庵的僧人，實際上就是家族的佃僕而已。家族透過這種手段，不僅方便了族廟的使用，而且把寺廟的控制權牢牢地掌握在家族組織手中。

福建家族寺廟裡供奉的偶像是十分蕪雜的，正統的佛、道偶像如三世如來、羅漢觀音以及三清教主等，固然在許多族廟、家廟中擺設上座，但更多的偶像，卻是那些神話人物、鬼怪妖魔。家族供奉這些莫名其妙的偶像，既不像歐洲的天主教、基督教等有比較固定的教派和各自的教義，也不像伊斯蘭教和純粹的佛教那般虔誠專一，而是以是否對家族、族人有利這一點作爲奉祀的主要標準。根據我們的調查，在福建家族寺廟中最受崇拜的偶像，大多屬於兩大類型：一是如關帝、華光大帝、天妃、觀音菩薩、清水祖師、三坪祖師、保生大帝以及齊天大聖孫悟空等，這些神祇或是孔武有力、法力廣大，或是善於驅邪除妖、佑護平安；二是被認爲與本家族有某些淵源關係的神祇，或是本族的同姓同宗，或是與本姓氏在歷史上有過某些親緣關係以及恩德相濟等等，各個家族相信，供奉這類與本家族有「關連」的神祇，無疑對於保護本家族的安全和利益最爲可靠。我們曾調查過惠安縣北部的許多家族，吳姓聚居地所供奉的神祇稱爲「吳大帝」，陳姓家族所供奉的則稱爲「陳公爺」。某個羅氏家族，其家族寺廟內竟供奉者「丐王爺」。丐王爺姓羅名敷，五代時人，原是杭州吳越王和福州閩王的朋友，能詩善文，無奈稟性懶惰，不願爲官，甘心爲丐，成爲閩浙各地乞丐的首領。據說羅敷乞丐身有天子口，出口成章，言無不應，至今福建民間流傳許多有關丐王羅敷的神話[13]。羅氏家族以同姓相攀，建造丐王廟，企圖借助丐王爺的神通，保護家族的興旺發達。再如永定湖坑宮背村李氏家族，有一座「馬額宮」，供奉「康太保劉漢公王」神像。「鄉間相傳一段神話，說（李）積玉當年在湖坑八景之一的『馬額青草』上休息時，忽見朵朵祥雲在藍天上組成『康太保劉漢』五個大字，他便在祥雲降臨處建一廟，取名『馬額廟』，塑起康太保劉漢公王神像。此後，李氏世代虔誠敬奉，香煙不絕，每隔三年作一次『大福』，熱鬧極了。自此，李氏家族繁衍迅速，代代興旺云云」[14]。長樂縣梅花所蔡氏家族奉祀蔡夫人，據云蔡夫人乃「琉球入貢之女也，生時有文在掌，雲東湧起風沙」，曾因入貢暫住梅花所，得道升天，蔡氏族人並鄰近鄉人便「立廟祀之」[15]。再如義山黃氏家族，有一座將軍廟，香火極盛，但有關這些神祇的由來，也只是傳說而已。該族譜載〈將軍廟志〉云：「吾鄉之有將軍廟，實始於乾隆之初年，其神相傳爲宋室藎臣張、楊、李三公，當胡元猖獗之時，迫宋君臣入於我閩，而相繼爲殉也。……神極靈，吾鄉或禱祀祈求，罔不效驗如響斯應，由是香火日盛，奉祀日虔，年例二月初旬出巡，鄉之人無不觀悅慕迎」[16]。有些家族寺廟中所供奉的神祇，其姓氏來歷甚至連一般族人也不甚了了，但卻人拜亦拜，熱鬧非凡。在這樣的場合，人們並不關心自己所崇拜的神祇到底宣揚什麼教義精神，只要神祇們有求必應、賜福消災就足夠了。

在若干個關係比較融洽的家族聚居的地域內，民間宗教信仰活動往往又是透過鄉族組織進行的。如福安縣甘棠堡，聚居著鄭、林、薛、陳、劉、蔡等二十餘個姓氏，這裡的各種寺廟共有數十座，其中比較重要的有朝陽宮華光大帝、寶蓮堂、喜雨堂、花果龍王廟、五谷仙公廟、平麓祖師、薛厝宮、關聖廟、平水宮、天后宮、齊天大聖、臨水宮、兩蓮庵、洙溪庵、坐蓮庵、種德堂、蓮花庵、忠平侯、得道禪師、白蓮堂五位尊夫人、石榴二位將軍、李施三位夫人以及虎、馬將軍等等。這眾多的寺廟神祇中，有的是通堡共有的，如華光大帝、天后宮、關聖廟等，有的是各個家族所私有的，如薛厝宮、得道禪師、忠平侯等。在這些神祇中，據說最神靈的是華光大帝、天后以及虎、馬二將軍，他們在保護甘棠堡的安全方面有很大的貢獻。《甘棠堡瑣記》中有〈神仙顯靈記〉專記其事云：「朝陽宮五顯大帝（華光大帝）威顯特異，堡內人民凡卜休咎，遂靡不應，如向明季倭賊作亂，棠堡被毀，人無托跡之區，地無栖神之所。惟本宮神靈顯赫，色相現身化草爲卒，倭賊自驚惶而退矣」[17]。其次是如臨水宮、花果龍王廟、五谷仙公廟等，這些神祇據信有驅災降雨之效。如五谷仙公，「聲靈赫濯，果有益於棠江，天年亢旱，固降雨以滋培，民疾顛危，亦盡心而救護。寶相光臨，歷二十年之春秋，年豐歲稔，物阜民康」[18]。毫無疑問，這些顯靈特異的神祇，必然倍受堡內各族的崇拜，因爲人們對於宗教偶像崇拜的選擇標準，是以實用功利衡量的。宗教信仰作爲人們的一種精神寄託，已經被大大淡化了。

鄉族間的宗教信仰活動，從另一角度體現了家族組織和鄉族組織對於地方事務的控制。福安甘棠堡內的眾家族是比較和諧相處的，因此他們對於堡內宗教活動的組織和管理，總是井井有條，協調和氣。如清代該堡眾姓共議重建華光大帝朝陽宮，各族族長共襄大事，立約如下：

> 東門朝陽宮建自明代，祀華光大帝神也，顯赫特異，實有益於地方，古有傳聞，今也可鑒。誰億近年來宮運不祥，被蟻蝗之腐蛀，受風雨之飄搖，難堪寓目。吾鄉既沾其澤，豈忍袖手旁觀，坐視其廢弛乎！茲公議重建，但工程浩大，用費不小，先由檀越裡街鄭、前街鄭、新舊陳四祠捐題值膳外，再向樂善之君子資助贊襄。幸諸君悅愉歡從，贊成此舉，庶可營堂構而壯觀瞻也。茲公議四祠遵約條件逐一列左，俾後人秩序有準，一團和氣。[19]

在這裡，鄉廟的修建，也和堡內的其他事務一樣，鄭、陳諸大姓倡首在前，其他小姓則尾隨其後，贊襄響應，族權、鄉權和神權結合在一起，宗教信仰活動成了聯絡鄉族間關係的一種紐帶，穩定了鄉族勢力對於地方事務的領導和控制。再如長樂梅花所內，人口數千人，大小族姓數十個，他們創立鄉約以協調各個族姓的關係。其中各種寺廟亦有二十餘座，如寶光堂、登龍境廟、侍中境廟、天后宮、金吾尊王廟、水仙宮、畢元帥宮、蔡夫人宮、王舍人宮、高牛石三舍人宮、水湖寺，以及觀音堂、朱子祠、忠賢祠等，寺廟的創造與管理，亦在鄉董、約正、族長的控制下，有條不紊。如忠賢祠，「在鄉約所後，十甲公建，……列姓各追所自出之祖立一總牌，左列高賢鴻儒，自曾子輿以下二十一位，位視德行；右列精忠名宦自傅公說以下二十有一位，照朝代。每逢朔望，衿耆甲董輪流司香，春秋享祭，凡族長及年六十以上者與祭，七十至期頤者頒胙，視年有差；文武生童至科甲顯宦頒胙，各有等級，煙戶七百餘家，每灶給胙肉半觔」[20]。這種鄉族共有的寺廟，把境內各姓氏的「自出之祖」的牌位也供奉進去，寺廟又起到了「異姓總祠」的作用，更加強了各個不同姓氏之間的團結。

但在另外的場合裡，我們也應當看到，民間宗教信仰活動，也可能成爲家族與家族、鄉族與鄉族之間矛盾衝突的導火線。在一些關係不好的家族間，爲了爭奪對地方上宗教信仰活動的控制權，往往釀成激烈的對抗甚至械鬥。如在閩北崇溪水口游、林二姓聚居交界的山峰上，有一座華光宮，原屬地方公產，但游、林二姓均想霸爲族有。於是，每逢華光神誕日，二姓族人興師動眾，爭奪進奉第一炷香的權利。結果兩個家族經常發生衝突，雖經公親、官府調解，輪流掌管，各值一年，但雙方爲寺廟的糾紛始終未能得到徹底的解決。再如惠安東北部沿海的朱、柯二姓漁村，原有一座天妃宮，屬二姓共有，後來二姓因故積怨，天妃宮便成了二姓爭鬥的一個焦點，長年械鬥不已，一直到一九五八年破除迷信，天妃宮被毀，問題才算解決。但據說近年該地居民又倡議重修此廟，雙方爭議又起。在福建民間各個家族的觀念中，地方宗教信仰活動權的控制，同對地方行政、經濟權的控制，是一樣重要的。在沿海福州府的一些地方，鬼怪的權威甚至比官府的權威更甚。地方上的糾紛，「官斷不信不從，必質諸五帝（鬼大帝）而後帖服」，「其天仙府文書儀制，儼與官司并行」[21]。正是出於這種對宗教信仰的價值認識，在福建民間的鄉族械鬥中，神祇偶像成了各個家族有信心戰勝對方的精神支柱。每當械鬥發生時，各個家族便祈禱自己所供奉的神祇偶像，虔求靈符聖水，甚至把神祇偶像抬出，擺在戰陣前，名曰「請陰兵調神將」，保護族人少傷亡、打勝仗。雙方族人打得你死我活，據說雙方的神祇們也打得不可開交，最後哪個家族所供奉的神祇更具神通，把對方的神祇打敗，那麼那個家族必然在這場械鬥中獲勝。清代興化府延續百餘年之久的烏白旗大械鬥，也是以各自的神廟爲集結中心。所謂「洋寨村有張大帝廟，村人執廟中黑旗鬥獲勝；溪里村有天后廟，村人遂執廟中白旗領鬥亦勝」[22]，烏白旗之名由此而來。

福建民間家族宗教信仰、偶像崇拜的實用功利性，使得福建許多地方的寺廟和鬼神崇拜活動到了氾濫成災的地步。《重纂福建通志・風俗志》指出：「照得閩人好鬼，習俗相沿，而淫祀惑衆，……從未有淫污卑辱、誕妄凶邪，列諸象祀，公然祈報，如閩俗之甚者也」[23]。《廈門志・風俗志》亦云：「邪怪交作，石獅無言而稱爺，大樹無故而立祀，木偶漂拾，古柩嘶風，猜神疑仙，一唱百和，酒肉香紙，男婦狂趨。平日捫一錢汗出三日，食不下咽，獨齋僧建刹泥佛作醮，傾囊倒篋，罔敢吝嗇」[24]。清末泉州進士吳增撰有〈泉俗激刺篇〉，亦深痛泉州一帶的這一惡習：「淫祠多無算，有宮又有館，捏造名號千百款，禽獸與水族，朽骨與枯木，塑像便求福」[25]，僻巷荒郊到處有神，什麼陰公、班頭公、虎爺、狗舍爺，名目很多，烏煙瘴氣。

荒誕不經、愚昧可笑的偶像崇拜，在福建許多地方時時可見，我們在閩北崇安縣實地調查時，看到武夷山蓮花峰上的大雄寶殿之側，儼然設立了唐三藏、孫悟空、豬八戒、沙和尚和白龍馬的五身塑像，奉拜者甚眾。在沿海的興化、泉州一帶，見到一種瘟神廟，俗稱「大王爺」、「王爺公」，其香火之旺遠遠超過佛、道、儒等正統的寺廟，鄉人在這裡祈禱，尤爲虔誠，怠慢不得，不敢有絲毫雜念，生怕得罪瘟神，肆虐地方。在福州一帶，更有奉祀胡天保、牛頭願之類。胡天保爲男子同性戀之神，「胡田寶塑（一稱胡天保、蝴蝶保），爲兩人相抱，一面稍蒼，一面嫩白，俗稱小官廟，凡無恥淫蕩之徒，見少年子弟欲圖苟合，即向泥像禱求」[26]。牛頭願，「用板刻爲牛馬狗諸畜頭，刷印多張，其鬼名鐵頭和尚及牛頭神。有與人仇怨及爭訟不勝者，即買牛頭紙一二車，每車百張，禱神焚化，……其怨家必病致死」[27]。吳榮光在〈禁淫祀邪術示〉中又記載一種蝴蝶母者，「其像塑豔粧男婦措肩而立，凡無恥淫蕩之徒見良家婦女少艾，勾誘不遂，即向求禱」[28]。此類淫祠，已經絲毫不存在精神上的信仰崇拜，而只是一種庸俗齷齪的賄求罷了。

實際上，福建民間家族這種實用功利性的宗教信仰，在祖先的崇拜上也有所反映。從表面上看，由於中國數千年傳統家族觀念的影響，中國人素來講求愼終追遠，祭祀和崇拜祖先成了家族組織和家庭生活，特別是精神生活中的一個重要組成部分。然而中國家族制度下祖先父母與子孫們的關係，不論是在世或是去世，始終是相互依賴的，父母對子女有生育、教育、婚嫁、遺產的責任，而子女對父母則有孝順、養老、送終的責任，即使父母去世，也沒有終止子女對父母的責任，子孫們要定時祭祀祖先，爲祖先修築墳塋，讓祖先在陰間有一個比較舒適的生活條件。後輩子孫們這樣做，固然有其道德上和感情上因素，但在另一方面，子孫們也希望透過崇拜和祭祀祖先，使死者爲後代子孫造福，保護子孫們平安無事，興旺發達。

這種帶有功利色彩的祖先崇拜，在個體家庭的祖先崇拜中表現得尤爲明顯。家庭內部的祖先崇拜，實際上僅侷限在父、祖、曾、高這四代近祖範圍內，高祖以上的祭祀，一般是家族的事情。而從民間所流行的佛教輪迴觀點看，死去的祖先是要重新投胎出世的，高祖以上的遠祖可能早就重新出世爲異姓子了，子孫們再崇拜奉祀，他們也不一定享用得到。所以，家庭對於去世祖先們所負的任，大體就在父輩、祖輩等近親上。這些近親祖、父輩把財產遺留給兒子、孫子們，並使兒孫們成家立業，於是兒孫們也就有義務使近祖們晚年幸福，並照顧其在陰間的生活，兒孫們如果很好地照顧去世的近祖的陰間生活，近祖們感到滿意，那麼在世的兒孫就可以得到祖先在陰間的祝福和護佑。特別是人們相信如果爲其死去的近祖謀求一處吉地安宅，也就是通常所說的風水寶地，那麼子孫們將受到無窮的福佑。於是爭風水、厚棺葬成了福建民間的一種惡劣風習。所謂「妄聽堪輿之說，相習成風，情僞百出，有覬覦他人吉壤倚仗勢力用強侵占者，有無力制人私將祖骸盜葬他人界內者，有已地希圖湊錦成局，硬將鄰界賴爲己業者，有冒認別家舊墳爲祖先無恥合葬者」[29]。再如清代福建地方政府曾下令禁止的停棺陋習，也是由此而生，「富家巨室則惑於風水而觀望遷延，小戶編氓則詘於資財而因循耽誤，往往一室停數世之喪，一棺經數十年之久，遲回未葬，相習成風」[30]。有的家族、家庭爲了謀求吉地，竟然將祖先的屍骨葬了又起，起了又葬，屢易其地，致使祖先的屍骸顚波不安、飄散遺失。

這種「邀福忘親」的做法，大大削弱了祖先崇拜的道德意義。有些子孫當祖輩、父輩健在時不盡孝道，而當祖輩、父輩去世後，卻極其奢華，鋪張浪費。如著名學者蔡襄早在宋代就指出了福建民間崇拜祖先的這種惡習，他說：

> 人子之孝，本於養親以順其志，死生不違於禮，是孝教之重也。觀今之俗，貧富之家多是父母異財，兄弟分養。乃至纖悉無所不校。及其亡也，破產賣宅以為酒餚設勞親知，與浮圖以求冥福，原其為心，不在於親，將以誇勝於人也。[31]

到了明清時期乃至近代，這種惡習愈演愈烈，福建的地方志記云：「喪禮尤多非禮罔極之費，……喪次妝飾婢僕如生人，衣以文綉，綠哖之轎，白絹之亭，付諸一炬。初喪置酒召客演戲喧嘩，以爲送死之禮，大祥前三四月擇日致祭除服，云爲兒孫作彩。至於延僧道禮懺，有所謂開冥路、荐血盆、打地獄、弄鐃鈸、普度諸名目，云爲死者減罪資福」[32]。往往把悲痛肅穆的喪禮，辦成喜慶似的，完全與緬懷先德、崇拜祖先的宗旨背道而馳，正如黃衍在〈上邵守請正風俗書〉中所云：「今邵俗親死皆用鼓吹，若娛賓者然，是以親死爲慶也。」吳增在〈泉俗激刺篇〉中痛斥「喪戲」時亦云：「流俗是非太倒置，作大功德竟演戲，大小班，無不備，男女眷，無不至，嬉謔笑言，嫌疑不避。毫無哀痛心，大有歡樂意」[33]。這種對祖先死後的奢華搬弄，其藉祖先崇拜而求福於現世子孫、誇示鄉里的動機十分顯然的。

更有甚者，許多家族對鬼神的崇拜大大勝過對祖先的崇拜。因爲從實用功利的觀點出發，子孫們對祖先的崇拜，固然希望得到祖先的福佑，但是人們也知道去世的祖先在陰間的能力是有限的，除了極少數顯貴及品行可嘉者有可能在陰間受到禮遇外（這也是顯貴及品行可嘉者在祠堂中受禮遇的一個重要原因），一般的祖先到陰間依然是一般的百姓，而且這種一般的百姓在世時尚不免犯些錯誤，在陰間則很可能自身難保，沒有機會和權力爲在世的子孫們造福。即使是堪輿之說，其造福於子孫的關鍵是風水寶地，而不是祖先，不論是貴人或是賤人，屍骨埋進風水寶地都可以蔭福子孫，與祖先本身的能力沒有關係。這樣，那些注重現實效果的子孫們，爲了使精神的崇拜更有效地爲家族及家庭謀求利益和佑護，他們便不能不對鬼神的崇拜表現出更多的興趣和虔誠。因爲他們認爲神怪比祖先在陰間擁有更多的特權和勢力，同時也認爲這些鬼神怪魔可以透過物質的刺激和賄賂，來滿足崇拜者的需求，這樣，人們對於祖先的崇拜禮遇也就大大不如對鬼神的禮遇，《重纂福建通志》引興化府陳遷的〈鄉俗論〉云：

> 南人事鬼，……焚金作像置諸廳堂中間，朝夕拜揖，至誠以尊奉之，猶恐不及。其於祖先，正子孫當事者，卻不肯依禮作神主，而苟簡作一木牌，或畫一紙，不韜不晦，置諸堂邊壁側，視若有無，朝夕亦不至其前拜揖，間有朔望拜揖之者，又茫無誠意。何厚於彼而薄於此耶？蓋人所以事鬼佛者，以其有靈能做禍福也。[34]

福建民間家族宗教信仰和偶像崇拜的實用功利性價值觀，體現了民間基礎文化層次的低下，但從另一個方面看，中國封建社會晚期家族及家庭所面臨那種起落無常、政由賄成的社會環境，不能不使人們把現實中的處理人際關係、處理與官府關係的那一套「有錢能使鬼推磨」的哲理，應用於宗教信仰及偶像崇拜上。於是，寺廟的建造愈來愈宏偉，迎神賽會的規模愈來愈壯觀，人們對於鬼神的進貢許願愈來愈升級，這樣，福建民間的宗教信仰活動就不能不與家族組織緊緊地結合在一起。

注釋：

[1]民國《甘棠堡瑣記》，卷下。
[2]建陽《徐氏宗譜》，卷首，〈家廟〉。
[3]民國《政和縣志》，卷二，〈疆域志〉。
[4]浦城《陳氏家譜》，〈竹林東山墳祠敘〉。
[5]《錦塘王氏族譜》，卷三。
[6]《林氏宗譜》，〈鳳林寺記〉。
[7]《璜溪葛氏宗譜》，〈上衡寺元翁講堂記〉。
[8]建陽《陳氏宗譜》，卷二。
[9]《錦塘王氏族譜》，卷三。
[10]《閩甌屯山祖氏宗譜》，卷八，〈香田記〉。
[11]《璜溪葛氏宗譜》，卷首，〈家廟〉。
[12]《樵西古潭何氏宗譜》，卷尾三，〈南山庵規儀〉。
[13]關於羅敷事跡，請參看《閩都別記》。
[14]轉引自林添華〈李登輝祖籍地永定湖坑游訪錄〉，載《福建史志》，1988年，第五期。
[15]長樂《梅花志》，〈古跡〉。
[16]《虎邱義山黃氏族譜》，〈將軍廟志〉。
[17]民國《甘棠堡瑣記》，卷下。
[18][19]民國《甘棠堡瑣記》，卷上。
[20]長樂《梅花志》，〈忠賢祠〉。
[21]《重纂福建通志》，卷五十五，林枝春，〈論三山迺日風氣書〉。
[22]施鴻保《閩雜記》，卷七。
[23]《重纂福建通志》，卷五十五。
[24]道光《廈門志》，卷十五。
[25]吳增《泉俗激刺篇》，轉引自《泉州文史》第五期。

[26][27]《重纂福建通志》，卷五十五，〈風俗志〉。又見施鴻保《閩雜記》，卷七。此外，彭光斗《閩瑣記》載「(福建）會城有一種邪鬼，香火最盛，凡有奸盜勾當不能即遂者，則默禱此鬼，許下願心，名曰牛頭狗頭，蓋以此二物酬願也。」

[28]《重纂福建通志》，卷五十五，〈風俗志〉。

[29]同上。

[30]《福建省例》〈刑政例上〉，「速葬棺柩」。

[31]《重纂福建通志》，卷五十五，蔡襄〈教民五戒〉。

[32]《重纂福建通志》，卷五十六，〈風俗〉。

[33]《泉俗激刺篇》，〈喪戲條〉。

[34]《重纂福建通志》，卷五十五，〈風俗志〉。

第十二章

族學與教化

在前面的論述中，我們已經多次指出了士紳學子們在家族事務中所起的重大作用，一個家族在社會上的地位如何，相當程度上取決於這個家族裡士紳學子人數的多寡。因此，福建的家族都比較注重族人的文化教育，除了少數官宦、富豪人家能夠自設學塾以培養自家子弟外，一般的家族，都利用家族的力量，開辦學塾、學校甚至書院。如連城新泉的張氏家族，他們把開辦族塾、族學寫進《族規》，使家族的文化教育，成爲一種規範化的永久性事業。該族規寫道：

> 古者家有塾，黨有庠，春秋教以禮樂，冬夏教以詩書，作養多方，所以人才彬彬輩出。今議設義學二所，經師一所，在東山樓；蒙館一所，即在祠內。但束修諸費無所從出，酌量於各房祖蒸嘗內摘捐，並好善樂施者助出。或殷實家有捐至十兩以上者，合族以「培植後學」四字匾額送至其家以獎之。[1]

教育的關鍵是經費，爲了保證家族教育有比較穩定的經費來源，許多家族都專門設置了學田、書燈田等。如浦城後山蔡氏家族，「各房均各購書燈田，入學以後每年即將此租按照規條，屆期發給以昭激勵」[2]。建甌屯山祖氏家族，共設有四處「書燈田」，每年共收租谷四百二十餘籮[3]。順昌縣上洋謝氏家族，其十六世祖霞標公所置書田，每年收租達五百四十二籮[4]。

學田租的使用和分配，除了開辦學塾，供給塾師束修之外，主要是資助族人的學子。如後山蔡氏家族規定：「書燈田不論文武，一人入泮，一人獨收；二人入泮二人均分。冬至以前半年收租，冬至以後，次年收租」[5]。葉氏家族「遇華公遺下書燈苗田一十八擔八十五斤，凡入文學者，照股均分，或挨次輪收均可，武者不與」[6]。再如漳州府海澄縣的林氏家族，「買陳家田十七丘，……價值一千三百八十一兩，全年稅粟九十八石零，系瑤獨置，獻為玉繩公書田，派下子孫有進大庠及中科甲者，付其執掌，逐年收稅納糧，以助讀書膏火及鄉會試之資。後有人再進中，照份均分，而捐納出仕并進中武途者，不得與焉」[7]。家族設立共有學田，對於某些貧寒子弟的受教育，有著一定的幫助。陳盛韶在談到清代福建建陽地區的書燈田時說：「書燈田，祖父分產之始，留田若干畝，為子孫讀書之需，後有入學者收其租，捐納者不得與其租。或一人獨收，二人平收，三人均收。故建陽極貧之士頗鮮，而延師修金從厚，詩書之遺澤長矣」[8]。

明代以來福建地區社會經濟，特別是商品經濟的發達，對於福建民間的教育普及也多少有了一定的作用，在很多家族裡，從事工商業的人數占去相當的比重，從事傳統農業的人數日益減少，這就需要有更普遍的文化教育。因此，在沿海一帶經濟發達的地區，出現了某些家族強調通俗基礎教育的現象。家族內子弟受教育的比例相對比內地山區要高得多。明人王世懋在《閩部疏》中已經注意到明代後期福建民間文化教育的這種地區差異，他說：「閩西諸郡人皆食山自足，為舉子業不求甚工，漳泉海徼，其人以業文為不貲，以航海為恆業，故文則揚葩而吐藻，幾埒三吳；武則輕生而健鬥，雄於東南夷，無事不令人畏也。」即使是內地山區，也有可能出現普遍受教育的特殊例子，如連城四堡的鄒氏、馬氏兩個家族，明代後期至清代，其族人從事工商業者甚多，尤以刻書販書業聞名於世，因此這兩個家族都以「立學」奉為傳統的「家風」。一般的學齡兒童，都須進家塾或族塾接受文化啓蒙教育，粗識文字之後，再視各自家庭經濟情況，決定是否繼續讀書執舉子業，還是轉業從事農工商貿之道。在族譜所收錄的數百名商人傳記中，大多都記載著「棄儒經商」的個人閱歷[9]。這種經濟上的因素，大概也是宋代以前福建地區文化教育十分落後，而宋代以後福建的文化教育水平一躍而居國內先進水平的一個重要原因。

明清以來福建社會商品經濟的發達，固然促進了民間文化基礎教育的進步，但是這一時期的工商業對於文化教育的需求是低層次的。高利潤的商業主要是依靠流通領域賤買貴賣和投機取巧，手工業也是以生產土特產品為主，適應這樣的工商業，一般粗識文字、略通書算便可應付，這樣就使得家族內部的文化教育事業，在社會實用方面始終處於低下的啓蒙通俗水平上。文化教育對於社會經濟發展的促進是有限的。

家族教育的另一個重要走向，是培養家族的政治人材，也就是通常所說的士紳人材。士紳人材應有更高水平的文化教育，這需要家族與家庭雙方的共同努力。從原則上講，家族開辦教育事業，使每個族人子弟都有接受教育的機會，但是實際上，每個族人的受教育與否及其程度，還取決於各個家庭的具體經濟情況。一般的小農家庭，其子弟縱有受通俗教育的可能，但隨著年齡的增長，家庭既沒有充足的資金來提供他們繼續上學，同時也迫切需要他們回去參加勞動生產以彌補家計。因此，這種貧窮小農人家的子弟繼續深造的機會相對少些。就一般而言，能夠受到比較正規文化教育的人，大多還是屬於家族之內的士紳、地主、富農、工商業者，以及其他上層份子的子弟們。於是，當家族子弟接受族塾裡的基礎啓蒙教育之後，大部分轉向從事工農業生產，少數學子進入由鄉族組織所創辦的書院或學院裡繼續學習，進而考取生員，取得進入縣學、府學以及國學深造的資格，參加科舉，逐漸進入士紳階層。

地方書院有民辦、官辦和官民合辦三種，這裡所討論的是民辦書院，它是由同一地域內若干家族共同創辦的一種教育事業。如長樂梅花里，共有四十餘姓相處，清代中葉眾姓共議「士為四民之首，有以感之，而應之自速，由是甲董欣欣然供膏火備賞格。……以是肇其基，和羹書院之名所由昉也」[10]。關源地區：「清中葉間巨姓池、林、楊、謝、蘇各家俱恭寬信敏惠，五社鳩資公建玉泉書院於嶼山坡之巔，中奉梓童帝君，曰文昌閣，并祀至聖先師，前後兩座，規模宏壯，鄉之士子求仕進者咸集用功至學。至學塾則各村遍設，咿唔之聲盈耳」[11]。福安縣《甘棠堡瑣記》載有〈起建仰山書院事由記〉，詳述該鄉各姓合資修建書院以行教育事，其文略云：

> 清光緒戊寅四年（西元一八七八年）正月初七日，甘棠堡北門文光書室毀於火。……於是監生陳鴻鑣、生員范宗正、貢生劉觀翔、監生劉春山等議為禱祈，特邀舉人張如翰來甘主其事，即召集各界會議，僉以倡捐募建疏陳上禱。……時輸捐略無難色，認數集八百餘元，謹書之簿，隨議基址未決暫停。……至壬午八年（西元一八八二年），商界以厘金積款，擬建天后廟，集數僅得二千元。……舉人張如翰擬以廟後餘址創建仰山書院，追收前款合力經營，以期一舉兩得，並可藉以推廣。……即命構材續造，陸續徵收前項，至臘月亦已豎柱。核計用款，已透出三百元，均借堡之殷户。癸未（西元一八八三年）春往穆洋城內等處募捐二百元，並赴南塘、外塘、賽岐、白石各鄉勸募，復集四五百元，以資費用。……總之，天后廟之起建，連及仰山書院，藉眾志殷勤得成。[12]

這種鄉族合資共辦的書院，實際上就是家族教育事業的社會延伸，家族力量在其中發揮了重要作用。

各個家族在興辦鄉族書院的同時，對於家族中培養有前途的子弟們，特別是那些有資格參加正式考試者，還重點給予種種經濟資助和鼓勵。如南陽葉氏家族規定：「本派裔孫有登甲第者，公給花紅紋銀二十兩，登鄉榜者公給與花紅紋銀十兩。每次會試赴公車紋銀十兩，新入學者公給與藍衫紋銀三兩，每次會試給盤費約銀五兩，童生赴學院試給與筆資紋銀一兩。俱向經理者匣內支銀，以示鼓舞之意」[13]。浦城劉氏家族，「經眾議定凡系雍二公子孫中進士者，匣內送賞報銀一十兩，領鄉荐進京會試者，匣內送筆資銀三兩，文武童生入泮者，匣內給藍衫銀二兩，遞年醮祭務穿大衣執事，俾沾祖惠以寓鼓勵」[14]。《達氏宗譜》規定：「入泮者，給藍衫花銀二兩，凡赴鄉試者，給程銀四兩；凡赴會試進士者，給程銀八兩；及第衣錦祭祖者，給旗杆銀二十兩」[15]。

有些家族在學田、書燈田之外，另設有「賓興田」，這種田產則純粹爲鼓勵族人參取科舉功名，而不是贊助族人讀書入學的。如浦城詹氏家族的〈賓興條規〉云：

> 國家建立學校，三年則大比而賓興焉。凡屬士林類，皆爭自濯磨以應朝廷之選，洵盛事也。第我族賓興一款，……推廣祖惠，有志者不負苦心梯青雲，而置上允，足為闔族光也已，爰重整章程四條：
>
> 一、議祠內賓興苗租雖由公款撥出，而糧米並未推收，仍歸本款完納，不得於賓興文款內支銷。
>
> 一、議賓興款苗租，族中選舉公正家資饒裕者收理，遇子午卯酉正科文鄉試年，先期邀應秋闈者同核，共計若干，除給朝考銀（公車花紅銀）外，算結剩存多寡統為賓興，擇一厚重可倚者，帶晉省垣，公貼俸資台票，……庶族裔志切上進者咸實沾乎祖惠。
>
> 一、議恭遇恩科文鄉、會試，不拘名數限給市洋銀三十元為率。

一、議新科文舉人公車花紋銀不拘名數，以本科鄉試年出產盡數均給。副、優拔貢朝考花紅，照文舉人減半。老科文舉人應禮部會試者，每名議給公車市洋銀二十元，新中文進士者給花紅市洋銀四十元，兩貢給花紅市洋銀十二元，新補廩入泮者給花紅市洋銀十元，向總董賓興款支出，以示鼓勵。[16]

賓興田和賓興銀的設置，更有力地促進了家族對於士紳舉子等政治人材的培養。

有些巨姓大族，經常組織超地域的家族設施，其意義除了聯絡血緣關係外，還大多與士紳階層的政治活動及科舉事業有關。如閩西散居在永定、上杭、龍岩州及汀州府城、福州省城各地的廖氏族眾，於清代嘉慶年間在福州省城合議共建試館一所，其主要功能是為族人參加科舉考試提供方便。《廖氏族譜》載有〈閩省玉森堂合同字〉云：

玉森堂公議合同字人廖實蕃公、高峰公裔孫、岩州、上杭、永定、寧洋廖辟初、際嘉等，今緣嘉慶十七年（西元一八一二年）內，二房協力同心，契買省垣南營陳孝群等房屋一所，立為試館，先去價銀三千兩；又契買一所，去價銀六十兩；二房均辦。……其省垣試館間房，每逢鄉試居朝，除左邊橫屋，右邊書房及中門左側小書房一所，歸眾出租生息，其自中宮前後廳及後樓間房，二房照依配享左右，高峰公裔孫居住左畔，實蕃公裔孫居住右畔。但鄉試，二房人數有多少，尚有人多不敷居住者，二房務要通融。額大間定要四人，中間二人，小間一人，必本房間住滿，然後商讓，不得一人一間，藉口本族貪占侵越。至於親朋，不得徇情攜帶，如違查出，定行公罰。其平時出租，不分左右，賃錢歸眾，

守祠人不得私匿。恐口無憑，立合同永遠為照。（餘略）[17]

許多家族設在縣城、府城、省城的「總祠」，也往往成爲家庭內舉人士子的居停場所，爲族人應試提供諸多方便。如道光年間永定廖氏家族於汀州府城創建「祖祠紹彩堂」，其族人贊曰：「余先後至郡，見友人之赴試者，甫下車即須賃屋，否則供住他所暫爲托足，往返奔馳，勞苦萬狀。獨余廖氏子孫賓至如歸，未嘗不嘆祖澤留貽之遠也」[18]。清末汀州府廖氏集資重修「八邑家祠」，「非但足妥先靈，亦可多容試士」[19]。家族組織對於科舉入仕的重視和多方面的關照支持，使中國封建社會晚期的科舉制度、官僚士紳階層與家族關係更爲有機地抱合在一起。

家族和家庭對於政治人材的教育投資，可以收到一定的成效。惠安玉埕《駱氏族譜》中，記錄明代中後期該族的「宗賢」共有文進士一人、武進士一人、舉人四人、三考出身三人、榮政十餘人、諸生三十餘人[20]。再如連城新泉張氏家族，其清代士紳、職員人數有如表12-1[21]。

高級政治人材的培養，需要比較雄厚的經濟實力作爲後盾，因此，那些巨族大姓在培養政治人材方面，總是占有一定的優勢，尤其是一些有官宦世家的家族，顯宦輩出，科舉不斷。如晉江安海鎮的黃氏家族，明代後期連出數名侍郎以上的大官。泉州府的史氏家族，明末時亦顯赫一時，史繼階等叔侄子孫數人，或

表12-1　連城新泉張氏家族清代士紳、職員人數

名目	人數	名目	人數
誥封	40	貢生	54
仕宦	23	廩生	32
進士	4	生員	248
舉人	22	職員	75
監生	392		

爲侍郎，或爲尚書，或爲大學士，成爲當時泉州最有名的望族。安溪縣湖頭李氏家族，清初以李光地入閣爲大學士，名赫朝野，其後族人叔侄相繼中舉進士，代有功名者甚眾。建陽李氏家族，嘉靖年間族人李有年舉嘉靖庚子（西元一五四〇年）鄉試第十九名，其弟有則，舉己酉（西元一五四九年），亦第十九名。有年子聞韶，舉萬曆甲午（西元一五九四年），亦第十九名。父子兄弟，榜次相同[22]。莆田黃氏家族，明代「一姓解元十一人，……其餘五魁之內，合歷科又不下二十人」[23]。福州閩縣林氏家族，更有「三代五尚書」之稱，周亮工《閩小記》詳記其事云：

> 閩縣林太守元美，永樂辛丑（西元一四二一年）進士。子泉山公瀚，梎文安，以大司馬改南冢宰。文安公九子：庭謚，大司空；庭機，大宗伯；庭楷，指揮；庭枌，慶遠守；庭玚，湖州司理。庭梎子炫，通參；庭機子燫，大宗伯；烴，大司空。凡三代典成均，一門五尚書，而他蔭敘及舉孝廉友，又不下數十人，可謂盛矣。[24]

仕宦如此輩出，使林氏家族雄踞一方，成爲省城及閩縣一帶執牛耳的望族。

福建民間家族舉辦教育的著重點，是爲了培養士紳官僚等政治人材，而對於社會實用科學關係甚微。家族的整個教育指導思想，與傳統教化和封建政治緊密地結合在一起。如連城四堡鄒氏家族所提倡的「立學」，其核心是遵從聖賢之道，崇尚儒學禮義之本，把傳統的倫理道德教化寓於文化教育之中。《鄒氏族譜》中的〈家訓〉寫道：

> 立學，語曰：人不學，不知道。逸居而無教，則近於禽畜。學之一道，盡可忽乎哉？吾家人醇俗樸，半讀半耕，一脈書

香，繩繩相繼者，其來久矣。……繼自今為父先者，必於嬉嬉童稚中，擇其不甚頑鈍者，束之於黨塾，聘名師，招益友，俾之磨礱砥礪，相與以有成。將來出為名臣，處為名儒，大為深山邃谷間生色。即不然，知書識字之人，縱置身農工商賈之途，亦有儒家氣象，庶不辱我詩書禮義之鄉。況乎鄉多市肆，雕梨刻棗，古籍幾於汗牛，不脛而走四方，且可為海內文人作將相之助。頌于斯，讀于斯，又何煩借書券、買書錢哉！如有宏達城闕、借咿唔之消耗光陰，甚者賣弄筆墨，以詆誹聖賢，污人閨壼，必集族詣祠，告列祖在天之靈，大聲疾呼，以呵斥之，不悛則鳴官究治之。[25]

福州雲程林氏家族，近乎強行對族人實施這種傳統倫理的教化，其〈家範〉云：

一、凡子孫之冠，須於十五歲以下，先令講說經書，使略知為人子、為人臣、為人弟、成人之道，方許依禮舉行，毋徒飾虛文，而不求實義。……

一、子孫四歲以上，令觀祭祀學禮，七歲以上令入小學，講孝經四書，十五歲以上令入大學，習書史經傳，必之孝悌忠信為主，期聞大道。其二十以上不通一經大義，業無所就者，令習理家事，練達世故，治農理財，專務一業，以為仰事俯育之資。

一、子孫目不得觀非禮之書，耳不得聽非禮之音，凡涉戲謔淫褻之書，與妖幻咒符之屬，并宜屏除，違者罰之。……

一、女子十歲以上，不得隨母歸寧，始就姆教學書算，誦說孝經、烈女傳、小學，凡織紝、中饋、蠶桑、針線，并令習之，違者責其母。……

> 凡教子弟，最宜慎師傅，簡其志行端莊，學術純正者，常定以為表儀，此可親可宗，進德居業之大關鍵。許梅屋曰：庸匠誤器，器可他求；庸婦誤衣，衣可更制；庸師誤子弟，根基已謬，可復為之胚胎乎？毋以學術殺萬世，此言猶堪尋繹也。[26]

這樣的教育方針，只能使族人的思想因循守舊，恪守於傳統的規範而不敢越出雷池半步，這對於中國封建社會晚期新思想、文化的萌芽及其發展，無疑產生著嚴重的阻礙。然而，提倡孝悌忠信爲核心的倫理道德，提倡子女對父母，子孫對祖先的孝道，強調家族內部的上下尊卑倫序，對於鞏固家族制度，維繫家族內部的團結，樹立家長、族長的權威，無疑有著很現實的意義。因而這種教化是與家族制度的發展相適應的。但是這種「孝悌忠信」的內涵，並不侷限在家族的內部，它同時也是維持家長式專制政治體制的理論依據。人們在家庭裡、家族內固然對於父母、家長應該百依百順，所謂「順者爲孝」，而對於封建皇帝、上級官僚，也必須俯首聽命。這樣的順民教化，是有利於維護封建統治秩序的。

家族提倡「孝悌忠信」的教化，主要是對家族內的男子而言，在以血緣關係爲紐帶的家族制度裡，男子是家族世系的核心，是對外關係的代表。但是，家庭的組成，畢竟是以夫妻爲基本單位的。因此，對於女子的教化，同樣也是家族教化的另一個重要層次。

由於傳統觀念的束縛，女子在家庭、家族中的地位是十分低下的，她們在家族的公開場合是沒有發言權的。但是，在人們的觀念中，女子卻有對男子產生潛移默化影響的功能，特別是在家庭的裂變過程中，人們認爲有骨肉之情的兄弟，一般是可以和睦相處的，而當成家之後，女子便開始爲自己的家庭打算、撥弄是非、引起家庭不和，終於釀成分家析產。從私有經濟發展的眼光看，大家庭的分家析產是不可避免的趨勢，但是強調血緣之親的家族男子社會，卻不肯承認這種現實，把家庭裂變的責任推到女子身上，女子幾乎成了家族、家庭內部不和的禍根，許多族譜的訓規中紛紛指出了這一點。如浦城李氏家族的〈族約〉云：「兄弟之不和，每起於妻子之離間，……兄弟才其幼也，父母左提右挈，前襟後裾，食則同案，衣則傳服，學則連業，游則共方，雖有悖亂之人，不能不相愛也。及其壯也，各妻其妻，各子其子，雖有篤厚之人，不能不少衰也。……人家兄弟無不義者，蓋因娶婦入門，異姓相聚，爭長競短，漸漬日聞，偏愛私藏，以至背戾分門割戶，患若賊仇，皆婦人所作」[27]。福州林氏家族的〈家範〉亦告誡族人：「兄弟本一氣而分，初未嘗不愛護，迨既有室，鮮有不攜貳。蓋婦人達理道者十不一二，分門立戶，說長道短，加以婢僕鼓煽其間，則嫌隙遂生。丈夫有紀網者自不至搖奪，稍一迷暱，即爲長舌所使，兄弟從之失初矣」[28]。在這種錯誤觀念的指導下，各個家族紛紛強制對女子的教化，用「三從四德」規範女子的日常行爲。福州林氏家族規定「凡女子及笄，須於十六歲以下先令講讀孝經、烈女傳、小學，能知大義，方可舉行」[29]。浦城李氏家族要求「諸婦必須安詳恭敬，奉舅姑以孝，事丈夫以禮，待娣姒以和，無故不出中門，夜行必以燭，無媟言，無多言，無外事。服飾毋事華靡，但惟雅潔，尤不許飲酒」。他們尤其反對婦女主持家政，干於外庭之事，「女子之行不出閨中，惟以孝順貞潔爲上」，「蓋婦女以治內爲事，所謂無非無議，酒食是儀，無父母詒罹是也。若干預外政，陟駕夫子，豈非晨鳴之牝雞，長舌之鴟鴞乎？家道亦從而不振矣。戒之！戒之！」[30]

許多家庭還在「嚴男女之防」的口號下，限制和束縛婦女的對外活動。如連城張氏族規規定：

> 一、男女有別，當嚴內外之防，婦女不許到家廟前看戲，尤當禁者，夜間做戲縱賭，誨淫生盜莫此為甚，戒之戒之，違者公罰。……
>
> 一、吾族設立男女二渡，其法最善。聞近來竟有混雜者。今議女渡的取在社樹下出船，男渡在塘門口出船。男女混雜一人，罰去撐船人工食一錢，每計人數加罰，恃強不遵約束者，報眾公罰。十歲以下小兒不在此例。……至於湯窟（按：新泉有溫泉）洗俗，的取日入為度，違者公罰。婦人挑水日入時，亦不許出至湯邊，違者罰及其夫。[31]

福州林氏的〈家範〉云：

> 一、男女必嚴內外之別，不得共圊廁，不得共浴堂，女子不得用刀鑷工剃面，男僕無故不得入中門，女僕無故不得出中門，違者罰其家長。
>
> 一、凡諸婦諸女不得輕接鄉里莊媼野媼，聽其荒言穢語，變亂是非，蠱惑心志，違者責其父母及家長，若歲節展賀，只可於廳事待之，不得延入內室。[32]

這些規定，剝奪了婦女們的正當權益。在實際生活中，比此嚴厲的限制還很多，而處罰更是極其嚴酷。這樣的倫理教化，對於社會的進步和婦女的解放，無疑是一個沉重的枷鎖。

總之，整體而言，明清以來大量族塾、族學的興辦，對於擴展民間基礎教育起了一定的推動作用，但是從家族教育的內涵看，家族的教育注重於士紳政治人材的培養，注重於傳統倫理道德的教化，而輕視於科學實用的知識普及。這樣的文化教育，顯然是落後和保守的，特別是當十五、十六世紀以來，西方世界的社會和科學革命風湧之時，這種因循守舊的陳舊教育很不適應於時代前進的需求。因此，儘管十六世紀以來福建家族制度的發展，帶有某些社會經濟特別是工商業經濟發達的動因，但是這種落後保守的文化教育，卻凝固了家庭的內在素質，使基層社會的文化思想缺乏應有的活力，這不能不是近代福建社會乃至中國社會長期停滯落後的重要因素之一。

注釋：

[1]連城《新泉張氏族譜》，卷之首，〈族規條款〉。

[2][5]《後山蔡氏宗譜》，卷二，〈書燈田引〉。

[3]《閩甌屯山祖氏宗譜》，卷八，〈祭產〉。

[4]《上洋謝氏宗譜》，〈霞標公書田〉。

[6]《南陽濟美葉氏族譜》，〈濟美堂族規〉。

[7]〈漳州海澄林氏祀田碑》，現存漳州圖書館內。

[8]陳盛韶《問俗錄》，卷二，〈建陽縣〉。

[9]參見陳支平、鄭振滿〈四堡族商研究〉，載《中國經濟史研究》，1988年，第三期。

[10]長樂《梅花志》，〈梅花鄉約〉，〈忠賢祠碑記〉。

[11]《關源風俗》續編，六，〈政事〉。

[12]民國《甘棠堡瑣記》，卷上。

[13]《南陽葉氏族譜》濟美堂族規。

[14]浦城《劉氏五修族譜》，卷五，〈祠規〉。

[15]浦城《達氏宗譜》，〈族長伯榮公遺訓〉。

[16]浦城《詹氏族譜》，卷二十一。

[17][18]《閩粵贛武威廖氏族譜》，卷首，〈祠宇圖説〉。

[19]同上〈汀州城長汀縣衙前八邑廖氏家祠修整勸捐引〉。

[20]惠安《駱氏族譜》，〈宗賢記錄〉。

[21]連城《新泉張氏族譜》，卷之首。

[22][23]周亮工《閩小記》，卷三。

[24]《閩小記》，卷一。

[25]連城《鄒氏族譜》，卷首。

[26]侯官《雲程林氏家乘》，卷十一，〈家範〉。

[27]浦城《湖茫李氏宗譜》，卷九，〈族約〉。

[28][29]侯官《雲程林氏家乘》，卷十一，〈家範〉。

[30]浦城《湖茫李氏宗譜》，卷九，〈族約〉。

[31]連城《新泉張氏族譜》，卷之首，〈族規條款〉。

[32]侯官《雲程林氏家乘》，卷十一，〈家範〉。

第十三章

文化娛樂與迎神賽會

家族作爲民間基層社會的一個「群體」組織，不能不囊括著社會生活的各個層面，其中包括文化生活。但由於文化教育水平的低下和教化意識的落後，就一般而言，福建各家族的文化生活是貧乏和低層次的，這種低層次的文化生活是以家族祭祀、迎神賽會和地方戲劇的相互結合爲基本特徵的。

福建地方戲劇的形成是和地方方言緊密聯繫在一起的。自漢、唐來，北方士民的不斷南遷，不僅保持了各自聚族而居的特點，而且還帶來了各自的風俗習慣和語言特徵。由於各自祖籍的不同和遷居福建的時間不同，在長期的社會變遷中，福建民間社會形成了眾多的方言體系，其中最主要的有福州方言語系、閩南方言語系、興化方言語系、建州方面語系和客家方言語系。至於各地小範圍內的方言差別，更是處處可見，甚至在隔河相望、隔山相聞的鄰近鄉村之間，出現方言迥異的情景，也不乏其例。可以說，福建地方方言種類的複雜和語音的怪異，堪稱全國之最。複雜的福建方言，從另一個角度反映了福建先民五方雜處的軌跡和聚族而居的傳統習俗。

延至宋代以降，福建的開發進入了穩步前進的時期，隨著經濟的發展和文化的進步，人們對於文化娛樂的需求也有所增強。於是，在不同的方言區內，形成了多姿多彩的地方小戲劇。其中比較著名的，有福州語系的閩劇、興化語系的莆仙戲、閩南語系的高甲戲、梨園戲、歌仔戲、薌劇等，在閩西客家地區，則有山歌調和漢劇等等。同一方言的居民觀看用自己方言演唱的戲劇，如癡如醉，其樂無窮。而其他方言語系的居民則索然無味，不屑一顧。我們曾調查了閩南語系與興化語系交雜的惠安、仙游交界地區。在仙游縣的園莊鄉，中國大陸解放後劃定行政區域時把一小部分閩南語系的居民劃歸興化語系的仙游縣管轄，仙游縣是莆仙戲流行的地區，但這小部分閩南語系的居民，寧願跑到惠安縣去觀看高甲戲或請高甲戲班來鄉村演出，而無法接受莆仙戲。相反地，在惠安縣北部南埔鄉的南莊、柯寨一帶，則有一部分居民屬興化語系，他們對用閩南話演唱的高甲戲也是毫無興致，對莆仙戲則大爲嚮往。近年來，這些鄉村乾脆自己組織了好幾個莆仙戲班，以滿足這些居民的文化生活需求。在這一帶方言混雜的地區，興化語系的居民蔑稱高甲戲爲「南哥戲」，而閩南語系的居民則蔑稱莆仙戲爲「北猴戲」。可見，福建這些方言爲特徵的地方戲劇，實際上有著嚴格的地域界限，這同樣也是福建傳統的鄉族觀念的一種擴大化的表現形式。

這種地域界限十分分明的方言戲劇，自然與福建民間家族的活動結下了不解之緣，家族中遇到喜慶大事固然需要戲班來鼓吹助興，即使是祭祀拜懺等莊嚴的時刻，亦往往有戲班來唱和呼應。如在沿海一帶，每當拜懺做功德時，都要演一種稱爲「大坪」的戲，所謂「大坪」，就是「大班」的意思。演「大坪」的戲班子要比一般戲班多三倍的人馬，戲坪（台）亦由一般的戲坪三座拼成。根據拜懺做功德祭祀的情節需要，這種「大坪」戲大多演諸如「目蓮救母」、「二十四孝」、「包公審陰案」等，戲情凝重深沉，與拜懺祭祀的氣氛相烘襯。族人在悼祭亡靈、緬懷祖宗先德的同時，也得到某種程度的娛樂享受。

當然，從家族的角度講，在家族祭祀等莊嚴時刻來演戲，其目的是爲了增添聲勢，鋪張排場，從而維護家族的形象，並擴大家族的對外影響力。因此，福建的許多家族還把演戲作爲祭祖活動的一項重要內容寫進族規，勸戒後代子孫永奉執行。如武平城北李氏家族的「始祖春秋祭規條」載云：

一、始祖原遺有人丁錢一萬四千六百文，嗣經闔族公議，將此人丁錢歸出五千，以為始祖祠內演戲之用。……

一、祭墳之日，值年要雇上好鼓吹十名，及備齊涼傘等項，以壯觀瞻。

一、議始祖祠內演戲，於仕縉前三日或後三日內決，宜遵期開演，不得延遲，如違公罰錢一千。……

一、議不肯入仕縉嘗者，扣其總祠應分胙肉，歸仕縉幫貼戲錢。[1]

在家族內部管理中，對於違犯家族規條的族人進行處分，也有罰以出資演戲的，如華安縣仙都鄉的唐氏家族，制定了祠堂保護規則。其中載云：「祠堂乃祖先妥靈之所，務宜清靜，內外不得放養畜類，以及不准夏秋收穀至於晾曬衣物等事，如有不顧禮法侮慢族長咆哮祠堂者，族房齊集公罰戲一台，若再抗頑，呈官究治」[2]。再如漳州市郊某家族，為了保護水利設施，定下族約：「聞有私築蓮池、砍斫林木，為害不少，良至悼也。茲各房子孫分議開剝嚴禁，以無廢前人功，其已築成田者，議坐稅以為祭費。……如填築蓮池、斫伐林木，及鋤削後岸，公議罰戲一台」[3]。

為了方便家族的演戲歡樂，許多家族都設立了戲台、戲場等演戲設施。戲台、戲場一般多設立在祠堂、家廟的旁邊。在漳州、汀州交界的山區地帶，家族的居住習慣多採用土堡式結構，家族成員沿著龐大的土堡內壁起造房間，土堡中間是祠堂、祖廟等家族活動中心，戲台的建築也往往被結合進去。我們曾在永定縣見到著名的圓型土堡「振成樓」，其祖堂本身就是座大戲台，台前立著四根圓柱，戲台兩旁由上下兩層三十個房間圈成個圓圈，兩層廊道用精緻鑄鐵欄杆嵌制，可供數百族眾在廊道的台前天坪上觀戲[4]。福安甘棠堡內林、陳諸姓的戲台，設在天后宮內，族人觀戲，需交納戲費，「每人來觀者僅收一角，特別位者收三角，……計演十一台，其中任勞任怨不可勝言，開除戲費油火費用外，尙餘七兌銀四十元零二角三仙九點，清冊昭然可核。然演戲盈餘雖所獲無多，前議歸作地方公益，……庶不負諸君子好善樂施之意」。[5]這樣的戲台設施，儼然成了家族和鄉族的建設之一，演戲和觀戲已納入家族和鄉族的統籌安排之中。

在家族的文化生活中，最爲熱鬧的場合是迎神賽會。當家族舉行家祠、族廟的祭祀活動時，族人、鄉人的歡聚宴飲、觀戲游燈、迎神賽會摻合在一起，氣氛熱烈，隆盛異常。特別是每逢年節，更是家族、鄉族間文化娛樂活動的一個高潮。如福安縣甘棠堡內林、陳諸姓每年的迎神賽會活動不下數十次，但從正月元旦日至「頭福」期間的活動最爲頻繁，該堡的《風俗志》記云：

> 正月元旦夙興焚香，開門放炮，陳設清茶果品，請禱神祇，說過吉祥語，家家齋戒，户户張燈。初二新喪家設奠，所謂忌日，無往戚友家。初三各家焚香放炮，初四各族迎接神明入祠，觀戲，至十九日歸宮，戲晚無論日期。十五日上元夜，各族迎神後，用驅邪避瘟散焚之。……二十夜店號焚香，放炮收燈。二月初二日福德正神壽誕，各街號陳牲做福，初三日文昌帝君聖誕，新舊學界奉牲設醴焚香祗敬。……[6]

每逢迎神賽會，鄉人、族人都沉浸在歡慶之中。如廈門一帶，「迎神賽會一年之交且居其半，……震鍧炫燿，游山游海，舉國若狂，扮演百凡鬼怪，馳輦攢力，剽疾爭先」[7]。福州一帶，「神生日，演劇各廟無虛日」[8]。泉州地區也是如此，所謂「泉中上元後數日，大賽神像，妝扮故事，盛飾珠寶」，「妝爲神像，名曰『賽答』，假面裝飾，高擎其座，及於楣檐，……位置既高，道上轉折，凝然不動，足稱絕技」，爭奇鬥艷，招搖過市，觀者如蟻，所謂「迎神裝閣旦，游行使人看，倡優百十人，如花相鬥粲，琵琶度曲又銅琴，短調唱來《荔鏡傳》，曲聲柔，人意亂，如蟻附膻來不斷」。[9]

新春正月，各鄉族、家族在祭祖團拜、迎神賽會的同時，還普遍流行著舞龍、遊燈的習俗。這種舞龍、遊燈活動因各地家族的傳統不同，而出現各種不同的風格。我們曾經到閩西連城縣觀賞過舞龍活動，在縣城一帶，流行的是「滾龍」，湖壩一帶流行的是「草龍」，而在廟前鄉，則獨創「紅龍」，俗稱「紅龍纏柱」。紅龍由龍頭、龍尾、四節龍身和五個龍珠組成，全長約十米，竹編的骨架，以紅色爲主的彩紙糊成，故稱紅龍。紅龍舞動時，用武術「六九拳」爲龍頭的舞步，用武術棍棒「四勾撥」爲龍珠的舞步，兩者剛柔相濟，形成整套的珠逗龍、龍搶珠、戲珠、藏珠、覓珠、纏柱等優美舞姿。每年春節正月初一至初六日夜間活動，初九夜再出動一次。舞龍隊伍沿家逐戶行進，族人爲求「龍鳳呈祥」好兆頭，鳴鞭炮迎龍進廳，纏柱一番，再進別家[10]。

上元放燈、遊燈，實際上是慶「新添之丁」，是家族重視男子嗣系的一種活動。福建許多家族都規定，「凡新添新丁者不出燈，就不能進祖祠門」，因此這種慶燈的娛樂活動，與家族組織的關係尤爲密切。在福州一帶，上元遊燈時，還伴隨著「抱子觀音」，俗稱「夫子奶」。扛神的人把「夫子奶」停在路上，讓沒有兒女的婦人搜身，如果那婦人在「夫子奶」身上搜著一個小布孩，那麼，這一年就會懷妊添丁了[11]。由於慶燈有如此作用，故各家族、鄉族的慶燈、遊燈都十分隆重。如連城縣宣和鄉的慶燈，「從正月初十開始接燈，十一夜起出燈五夜，十五夜燈完。出燈時以銅鑼二架、豎牌二對，牌上書『金吾放禁，玉漏停催，羲經晝泰，龍筆書春』十六個大字作前導，（宗子）宗衡公之燈在後面，其餘花燈跟隨其後。……十五夜燈完，慶燈完娶者點花放之，取花開結子之義。同時即席請酒行令，大鬧通宵。村里流傳一曲歌謠：『燈市歸來正月中，燭龍火馬走西東，歌童不惜雞三唱，一曲猶翻野樹風。酒闌人散興全消，一夢迷離鹿記蕉，睡起莞然成獨笑，模糊昨夜醉元宵』[12]。在姑田鄉，各家族則流行遊龍燈。這是一種舞龍與遊燈相結合的娛樂活動，近看遠觀兩相宜。遠看可以看到五彩繽紛蔚爲壯觀的龍燈全貌，尤其是水中倒影栩栩如生令人嘆爲觀止，近看則見擎龍群眾興高彩烈、奔放激昂。龍燈龐大而體重，舞遊時又需要保持相當的平衡，以免燈火引燃龍身，故需要十分強壯的身體。「擎龍的人把兩米多長的燈竿接在龍板上，高高舉起插入掛在胸前的皮兜裡，一步步向前蠕動，有時一板擠一板急速後退，如果腳勁臂力配合不當就要摔跤。每一板龍燈長四米，至少有三個人扶持，因此一些體力較差的人，不敢輕易近前。有人說擎龍是一種全身運動，並不誇張」[13]。這種龍燈舞遊活動，顯然又帶有健身娛樂的意義在內。其他的各種民間文藝活動，如傀儡戲、跋獅、高腳、踩街、車鼓弄、套宋江等，也都在迎神賽會的氛圍中取得生存和發展，成爲家族、鄉族基層社會文化生活的組成部分。

在各種迎神賽會中，雖然有著闔族同慶共樂的氣氛，但也時刻體現了家族內部的上下倫序關係和尊卑的道德標準。舉福州葉氏家族的情景爲例，其《祠規》中對於上元悅神儀節的規定是這樣的：

> 屆時主人率族姓盛服入，分陳匙箸壺盞之屬於案，主人及族姓均就位，各上香，執事者舉壺取酌酒進於主人，主人獻酒訖，率族姓行三叩禮興，各退。分獻者於左右龕室焚香進酒，行三叩禮興，復位。隨主人行一跪三叩禮，興，退。班次：主祭者一人位首行，主祭准以七房內齒長者充。[14]

這樣的祈神活動，與家族的祭祖活動十分相似，是由族長們率領的，其他如舞龍、遊燈、迎神等活動，亦無不如此。如連城的遊燈，在前面領頭的燈籠，必須是宗子長房及其他族長和有仕進功名者的，其他各房及一般族人的燈籠，只能尾隨其後。舞龍一般由家族總祠出發，先舞進宗子長房祠堂，然後依倫序輪流舞於各房；先舞於族長、年長之家，再遍及各族人之家，最後收龍歸脈，回到總祠之中。這種體現上下倫序關係的迎神賽會活動，實際上也成爲家族內部聯絡感情和維護家族權威一種有效的輔助手段。特別是這一系列的活動，大多是由家族統一組織舉行的。如永定高東一帶的元宵節，一般以宗祠爲中心，「請戲班子演戲，動員各坊耍龍燈、舞獅、貼花燈、搭架裝煙火、豎杆放鞭炮，均在祠堂決定，大鬧三天三夜」[15]。福州的郭氏家族，每年元宵節是由族長主持操辦娛樂的，所謂「先世舊規，每年正月十五夜共慶元宵，……議定不拘長幼男丁，均出元宵丁分錢五十文，交與當年者備辦，至期每灶隨帶大燭，十三夜齊集當年之家，請出神位致祭，祭畢依序次宴會」[16]。在這裡，歡慶的年節氣氛，熱鬧的迎神賽會，豐盛的團拜宴飲，使族人們更進一步感受到家族的溫暖與和諧。

福建民間家族的迎神賽會活動，對其內部而言，固有加強族人團結、使族人得到文化娛樂的作用，而在另一方面，迎神賽會活動又直接關係到家族的社會地位和外部威望，這樣也就使得福建民間的迎神賽會，成爲家族與外部聯絡的一個重要手段。在同一地域內關係比較融洽的不同家族，可以透過舉辦共同的迎神賽會活動加深友誼和聯繫。如興化的天妃神、安溪的清水祖師、漳州的三坪祖師、廈門的保生大帝等，信仰的區域相當廣闊，大大超出了家族和鄉族的界限。每逢這些神祇的紀念節日，許多家族便能協調地配合起來。我們曾調查過龍溪縣二十五都的情景，這裡居住著黃、林、李、陳、湯、唐諸大姓及小姓數十個，共同信奉安溪清水岩的清水祖師，雖然在每個家族，一般都有自己族屬的祖師廟，但每逢清水祖師神誕日，黃、林諸姓便能共同組成引香隊，到安溪清水宮引來祖師聖香，供奉於本境的祖師廟內，衆姓集股合資，大舉歡宴慶樂、演戲遊神。在漳州市郊，有一座「小武當廟」，爲鄰近鄉村所共祀，每年亦有盛大的引香活動，各村各姓派出代表，籌足經費，跋涉千里到武當山引來香火，然後抱著小武當神像，次第供奉遊行於各村各姓，均等賜福[17]。在同一個地域內，往往還有主廟、分廟之分，主廟爲這一地域內衆姓共有的寺廟，而分廟則係各村、各姓私有的寺廟，每當迎神賽會時，衆姓相互協調，輪流執掌、依次引香進奉，鄉族之間配合密切，盛典非凡，和氣一團。

鄉族間在迎神賽會上的配合，鄉族勢力毫無疑問在其中發揮了重要作用，連城縣姑田鄉的遊龍燈，是由華、江二姓共同舉辦的，在二姓族長的主持下，「元宵節中堡村華、江兩姓輪番出龍，至少有一百板以上，稱爲主龍。這一天最爲熱鬧，外地專程來看龍的客人很多，龍頭龍尾都配有神銃、大鑼大鼓、十香樂隊，……可謂盛況空前」[18]。福安縣甘棠堡的鄭、陳二姓，每年華光大帝慶典，爲了使福蔭均等，不致厚此薄彼，兩姓族長們專爲遊神事協調規約如下：

一、歷年正月初四早神靈下降，先由裡街鄭祠賀神，次及前街鄭，連及舊陳、新陳兩祠。其出神，先由前街鄭，即日裡街鄭，隨後出神，各遵照舊約，不得紊亂秩序。

一、歷年正月十九日福至完滿福，裡街鄭、前街鄭、舊陳、新陳四祠各虔誠享祀，俾獲福無疆。

一、宮內中透上層排列鎮殿華光大帝五身，下層中正排列鎮殿大帝一身，其裡街鄭游身大帝歸左一，前街鄭游身大帝歸右一，左二歸舊陳祠游身大帝，右二歸新陳祠游身大帝。此係公權，亦不得翻異。

一、宮內左邊一透，前街鄭與舊陳依舊排列太后元君；右邊一透，裡街鄭與新陳祠排列太后元君。其裡街鄭有太后元君四身，茲議裡街鄭鎮殿太后元君兩身，與新陳祠太后元君并坐排列，歸於上層。其裡街鄭祠游身太后元君兩身坐於下層，各宜依約，勿任意見。[19]

協調的迎神賽會活動，顯示著鄭、陳二姓四族間關係的融洽，同時也促進了他們之間的和睦相處。

福建民間各宗族、各鄉村舉行迎神賽會，還有邀請親朋好友觀摩宴樂的習慣。如在惠安、仙游一帶，每年元宵前後，各姓輪流演戲慶賀，當甲姓舉行慶典演戲時，便盛邀鄰村、鄰族的遠親近友，前來看戲作客；而當乙姓慶典演戲時，同樣邀請甲姓的親戚及其他親戚前來共慶。在這相互往來的迎神賽會中，親朋好友們一道觀戲宴飲，暢敘友情，既豐富了鄉村的文化生活，也加強了相互間的聯繫。

然而，在許多場合裡，家族、鄉族的迎神賽會、文化娛樂活動，往往成爲家族向社會顯示勢力的一種手段，從而成爲家族、鄉族間衝突對抗的又一導火線。族大丁眾的家族，依仗著強盛的政治、經濟實力，他們所舉行的迎神賽會活動，其規模和奢華程度，一般都要勝過那些貧窮閉塞的小村小姓，並以此來表示對於弱小村姓的威懾作用，或顯示本家族在地方上的勢力範圍。我們曾在惠安北部的十三都作過調查，這裡有所謂陳姓上四村、下四村，族眾近萬人，每年元宵出燈遊神，族人從宗祠、家廟中抬神掌燈出遊，經過族內各房，再向村外遊去，遊神隊伍沿著所謂的「風水」路線環繞一周，鼓吹而回。而這條「風水」路線，則故意侵犯了鄰村吳姓、林姓的地盤。據陳姓的老人們說，每年如此出遊一番，鄰村的「風水」均被陳姓所吸，可以確保本族平安興旺。而鄰村的吳姓、林姓，因族小丁弱，不敢與之對抗，雖然每年元宵吳、林諸族也有出燈遊神的習俗，但每當陳姓大隊人馬遊經之時，他們不得不暫時退避，否則便是一場械鬥。吳、林諸姓積忿年久，最後也積蓄力量，聯合起來。於是，元宵遊神之時，雙方均明火執杖，嚴陣而來，到了互不相讓的緊要關頭，勢必釀成嚴重的流血械鬥。據說德化縣有陳、潘二大姓，關係素來緊張，經常發生武裝衝突，爲了洩憤，每逢迎神賽會時，陳姓家族演戲，一定要先演宋代潘仁美，而潘姓家族則以演陳世美作爲報復，蓋福建民間戲劇中的潘仁美因陷害楊令公、陳世美棄髮妻遭包公刀鍘，故歷代遭人唾罵。陳、潘二姓把戲台搭在村口，大吹大擂，示辱對方。泉州東西佛會每年迎神接香，經常發生械鬥，所謂「東佛去取火，西佛去接香，旗鼓各相當，最怕相逢狹路旁，狹路相逢不相讓，流差驀地相打仗，打仗打死人，石片彈子飛如塵。東家婦、西家嫂，茫茫喪家狗，孩子倒綳走，神魂驚去十無九」[20]。這種因迎神賽會而導致家族、鄉族間的衝突，在清代幾乎成了一個嚴重的社會問題，乾隆年間福建官府曾專門爲此事頒發禁令，如在《嚴禁闖神並裝扮鬼臉奇形異狀》中云：

> 照得迎神賽會，往有明禁；凶徒滋事，更當嚴處，……好事之徒，創為迎闖神名色，每逢春初，即互相迎會。……每境一起，黌夜鳴鑼擊鼓，並執火把者，自五十、六十至百餘人不等，復有惡棍於火把內私藏木棍，一遇別境闖神相值，爭先奪路，即以火把為器械，行凶鬥狠，每滋事端。……此等不經惡習，一體禁止，合行示禁。[21]

又《禁迎神賽會》中云：

> 八閩地方，每見誕妄之徒，或逢神誕，或遇令節，必呼朋引類，旗鼓喧鬧，或抬駕鬪神，或迎賽土鬼，……竟同兒戲，且若與他迎神相遇，則又彼此爭途，稍有不讓，群起互毆，反置神駕於道旁，每致滋生事端，身蹈刑法，……合行明白示禁。[22]

官府的禁令自然是無濟於事，家族、鄉族之間的關係更趨複雜化。

這裡，我們還應當對家族文化生活、迎神賽會的組織者作一粗淺的分析。福建民間文化娛樂、迎神賽會受到家族制度的影響十分明顯，特別是當家族祭祀與迎神賽會、文化娛樂活動結合在一起的場合，以及正規的年節慶賀，其組織者大多是家族中的族長、房長等領導階層。但由於文化教育的層次不同，家族內部各個階層對於文化生活的需求亦有很大的層次差別，這勢必造成家族內部的各種文化娛樂，包括迎神賽會活動，出現不同的組織者。

家族中的士紳、學子們，是家族文化教育的重點培養對象，隨著文化教育的加深並中舉出仕。雖然這些士紳、學子們爲家族的事業作出了積極的貢獻，但在文化思想素質上，顯然與一般的族人有很大的不同，或者說有了高人一等的自豪感。爲了維護自身的尊嚴和士紳的應有風範，這些人勢必不能與一般的族人一樣，狂歡濫飲，趨於俗流。因此，這些士紳、學子們往往有他們圈子內獨特的文化生活活動，如組織詩會、文會等等。連城縣新泉張氏家族甚至把這種士紳學子的文會活動寫進族規：

> 文會，《易》言同人雅歌伐木，故相視而善，謂之摩□。合一方之士相與講習功課，嗣後彼此互有進益。今已設立文會，族內父老樂捐數十金，僉選的當人生放。……定於三、

八兩月文會一次，□春秋二闈。俟銀兩擴大，則每月俱有會，課資與飲食皆取給於此。永著為例，別項用度不許將會銀挪用。[23]

這個文會是家族內部的活動，實際上，士紳學子間的文會大多是超家族的，因爲文會的組織前提是身分，而不是血緣和地域。這種士紳文人間的集會結社，一方面自然是文化教育層次較高的體現，另一方面也是社會身分地位的表現。士紳學子透過文會、詩會，飲酒賦詩作文，其樂陶陶。然這種聚會曲高和寡，與一般族人沒有多大的聯繫。

家族的士紳學子們受過比較正統的儒家思想的灌輸，家族制度所提倡的尊祖敬宗、孝悌恭友等原則，與儒家的思想是相通的。因此士紳學子們對於修建祠堂、編纂族譜、置買祭田、設立義莊等，是積極參與並發揮重大作用的，對於家族的公同利益也是大力維護的。但是，他們對於鬼神崇拜，卻多少受到儒家不言鬼神信條的影響，大多採取敬而遠之的態度，較少積極倡導。許多有識的士紳學子，甚至大力呼籲禁絕那些荒誕不經的鬼神迷信活動。如宋代，朱熹在漳州爲地方官，發布《諭俗文》，勸戒民間不得淫祠濫拜，其中有「一、勸諭遭喪之家及時安葬，……一、切不須齋僧供佛廣設威儀。一、勸諭男婦不得以修道爲名，私創庵宇。一、約束寺院民間不得以禮佛傳經爲名，聚集男女晝夜混雜。一、約束城市鄉村不得以禳災祈福爲名，斂掠財物，裝弄傀儡」[24]。

正派的士紳學子們既不屑於主持迎神祝鬼活動，那麼福建民間的迎神賽會活動，特別是那些荒誕不經的鬼神崇拜，有相當一部分是由地方和家族中的流氓地痞份子操縱控制的。宋代龍溪縣名儒陳淳在《與趙寺丞論淫祀書》中說：

> 淳竊以南人好尚淫祀，而此邦（漳州）尤甚，自城邑至村莊，淫鬼之有名號者不一，而所以為廟宗者，亦何啻數百所。逐廟各有迎神之禮，隨月迭為迎神之會，自入春首便措置排辦迎神財物事例，或裝土偶名曰舍人，群呵隊從撞入人家，逼脅題疏，多有索至十千，少者亦不下一千。或裝土偶名曰急腳，立於通衢，攔街覓錢，擔夫販婦拖拽攘奪，真如晝劫。或印百錢小榜隨門抑取，嚴於官租。……凡此皆游手無賴生事之徒，假此以搜括財物，憑藉使用。內利其烹羊擊豬之樂，而外倡以禳災祈福之名。始必浼鄉秩之尊者為簽都勸緣之銜以率之，既又挾群宗室為之羽翼，謂之勸首，而豪胥猾吏又相與為爪牙，謂之會幹。愚民無知，畏禍懼災，皆為勉傾囊捨施，或解質舉貸以從之。今月甲廟未償，明月乙廟又至，後月丙廟丁廟又復張頤接踵。……錢既裒集富衍，遂恣為無忌憚，既塑其鬼之夫婦，被以衣裳冠帔，又塑鬼之父母曰聖考聖妣，又塑鬼之子孫曰皇子皇孫，一廟之中，動以十數像。群輿於街中，且黃其傘、龍其輦、黼其座，又裝御直班以導於前，僭擬逾越，恬不為怪。四境聞風鼓動，復為俳優戲隊相勝以應之。……一歲之中若是者凡幾？廟民之被擾者凡幾？幾番前後有司不能禁。[25]

這種情況到明清時期以至民國時期依然如故，如林枝春談福州府的鬼神巫怪崇拜時說：「俗喜淫祀，非有其名也，臆名之，則臆祀之，而驅人共祀之，而人與人又從而張大之，故每歲迎神設醮舉國若狂。……在官吏役陰左右之，破家財犯憲典彼以爲神出力也，凶徒丑類處處團結鬼社以此爲雄。……偶逢疾病，必設壇鳴鼓連朝及夕，恫疑虛喝，假神威造妖語，而無籍之徒利其飲食爲之奔走游蕩」[26]。泉州一帶則有一班「流差」者，又叫「阿散」、「鋪赤」，亦經常以操縱地方上的迎神賽會爲能事，所謂「浪子變流差。飲博不顧家，人野蠻、性凶暴，強爲劫、弱爲盜。刺人慣用刺仔刀，硬砍頭顱如脫帽，狼群與狗友，翻雲覆雨須臾久」。他們挨家挨戶斂財物，派香款，不遂不休，「聚賭窩娼，取火接香，……此輩不除禍未殃」[27]。

值得注意的是，流氓地痞不僅在迎神賽會活動中發揮作用，而且在許多家族、鄉族事務中，也都顯示了他們的力量，特別是當家族與外界發生衝突時，這些流氓地痞所發揮的作用尤爲明顯，謝金鑾在《治南獄事論》中談及泉州的家族械鬥，多爲桀惡所把持：

> 凡泉民械鬥，先期必有鄉之桀惡能把持其眾者，按户派銀派丁，銀以資食用，丁以助攻鬥，其家無壯丁，及有壯丁而不任鬥者，必加派之銀。……甚者男婦過其境，則污之戕之，或縶之使贖，然往往不以聞之官。[28]

陳盛韶在《問俗錄》中談漳州詔安一帶的械鬥：

> 械鬥之動，動於利也。齊其心，齊其力，必各齊其財，丁畝錢是也。丁畝奈何？計丁出錢若干，計畝出錢若干。核數者、總催者、散摧者、簿入者、簿出者，各司其職，有條不紊。……索錢豪惡疾目切齒，須臾難緩，漳、泉百姓敢於抗糧，不敢於抗此錢者．不畏官，畏強梁也。火藥火器出於斯，兵糈差費出於斯，和屍親遞息呈，亦出於斯。城鄉無恥之徒，逐臭蟻附，而不肖家房長，藉斂錢漁利，族中惡少無產妻子，喜於滋事。……皆丁畝錢之流弊大也。[29]

我們曾到惠安、仙游一帶調查基層社會的行政管理問題，發現在清末民國時期，政府要在地方上貫徹某些治安行政措施，在很大程度上要取得當地流氓地痞們的默許和配合，甚至事先徵求他們的意見；政府要在地方上逮捕罪犯懲治違法者，也要與這些流氓地痞達成某種妥協和諒解。清代中後期以至民國時，政府在地方上組織民團、團練，以及官府衙門中的胥吏差役，參加者亦大多屬於流氓地痞，而他們本身就與所謂的「盜賊」難以分清，關係密切。如《嘉慶雲霄廳志》云；「地保差役兵丁陽爲吶喊起殺，其實皆賊之耳目，土俗所謂驅賊者半知賊，而拿賊者無一賊，其趕賊殺賊者皆其窩賊通賊分贓者」[30]。民國時期的調查報告亦云：

> 民團與民團之間，因為利害關係的不平穩，也常常發生衝突與糾紛。最感覺興味的要算這些民團與土匪的關係。……閩侯大湖五十四都有一個民團長，和土匪首領在一土神座前插血互誓，他們除交換肉票之外，幾乎有訂立互不侵犯的盟約那般的傾向。因此民團勾結土匪和引用土匪的事實，並不怎麼奇特。事實上這些民團在農村裡儼然以土皇帝的衛隊自居，以掠奪來實現他們保衛的目的。[31]

這些流氓地痞勢力，實際上構成農村家族、鄉族社會權力中的又一種不可忽視的勢力。在某些場合和某種意義上甚至可以說，地痞流氓勢力與族長、房長、士紳學子們，共同形成了地方家族、鄉族的領導階層。

流氓地痞在家族、鄉族事務中發揮作用，這也反映了福建基層社會流氓文化有著牢固的社會基礎和實用範圍。家族觀念就其內部而言，固然追求和諧平等，敬上撫下，而對外部而言，則始終有信奉武力、信奉弱肉強食的強烈一面。宋明以來家族制度的興盛和發展，其本身就是爲了適應動蕩紛亂的社會變遷，而形成的有著鮮明自衛、割據性質的一種社會組織。這種家族觀念與社會基層的流氓地痞文化意識，在一定程度上是相通的。於是，一般士紳勢力和家族組織所難以達到的社會效果，而下層流氓地痞卻可利用武力、欺詐、投機取巧及至不擇手段地達到這種效果。因此，家族中的士紳文化和流氓文化，既體現了家族文化的兩個不同層面，同時又是相輔相成、互爲配合的，它們從各自不同的角度，爲鞏固和發展家族制度，作出了應有的成效。

注釋：

[1]武平《城北李氏族譜》，卷末（戊），〈產業類〉。
[2]華安《湯山唐氏族譜》(不分卷)，〈祠堂〉。
[3]該族約碑文抄件藏廈門大學歷史研究所。
[4]參見《閩西地方志通訊》，第六期。
[5]民國《甘棠堡瑣記》，卷上，〈天后廟公蓋戲園記〉。
[6]民國《甘棠堡瑣記》，卷下。
[7]道光《廈門志》，卷十五，〈俗尚志〉。
[8]《重纂福建通志》，卷五十五，〈風俗志〉。
[9]吳增《泉俗激刺篇》等，轉引自《泉州文史》，第五期。
[10]參見《連城縣文史資料》，第七期。
[11]參見《福州民俗談》，轉引自廈門大學圖書館藏《剪報資料》，〈節俗〉。
[12][13]參見《連城縣文史資料》，第六輯。
[14]《三山葉氏祠錄》，〈上元悦神儀節〉。
[15]參見《永定文史資料》，第七輯。
[16]福州《郭氏支譜》，卷七。
[17]該寺引香碑文抄件現藏廈門大學歷史研究所。
[18]參見《連城縣文史資料》，第六輯。
[19]民國《甘棠堡瑣記》，卷上。
[20]吳增《泉俗激刺篇》。

[21][22]《福建省例》，三十四，〈雜例〉。
[23]連城《新泉張氏族譜》，卷首，〈族規條款〉。
[24]《重纂福建通志》，卷五十六，〈風俗志〉。
[25]同上。
[26]《重纂福建通志》，卷五十五，〈風俗志〉。
[27]吳增《泉俗激刺篇》，〈流差〉。
[28]謝金鑾《泉漳治法論》。
[29]陳盛韶《問俗錄》，卷四，〈詔安縣〉。
[30]嘉慶《雲霄廳志》，卷二，〈學校〉。
[31]馮和法編《中國農村經濟資料》，第十章，〈福建省〉。

第十四章

民居特色與家族土堡

福建家族制度的興盛，使民間的聚落形式和民居建築富有特色，獨具風格。

家族制度的一個重要表現形式，就是聚族而居，福建農村的自然村落，大部分是一村一姓。所謂「鄉村多聚族而居，建立宗祠，歲時醮集，風猶近古」[1]。這種一村一姓的聚落形式，雖然在佈局上往往因地制宜，呈現出許多不同的造型，但是由於家族制度的影響，村落中必須具備應有的宗族組織設施，特別是敬神祭祖活動，已成爲民間社會生活的一項重要內容，每逢節日，家家族族都要舉行祭祀荐享。即使平日，在家祠、廟宇也常常香煙繚繞。因此，村落內宗祠、宗廟的建造，成爲各個家族村落顯示勢力的一個重要標誌和象徵。這種宗祠、宗廟不僅遍及全省各地的村村寨寨，而且往往也是各個村落裡最雄偉的建築物。宗祠、宗廟大多建築在村落的核心地帶，而一般的民居，則環繞著宗祠、宗廟依次建築，從而形成了以家族祠堂爲中心的村落佈局特點。我們曾實地調查了泉州惠安縣北部玉湖村，這裡是陳姓的聚居地，現有陳姓族人近五千人。全村共有總祠一座，分祠八座。總祠座落在村莊的最中心，背面朝東，總祠的近周爲陳姓大房子孫聚居。二房、三房的分祠座落在總祠的右邊，坐南朝北，圍繞著二房、三房分祠而修建的民居，也都是背南朝北。總祠的左邊（北面）是六、七、八房的聚居點，這三房的分祠則坐北向南，民居亦坐北向南。四房、五房的子孫則聚居在總祠的前面，背著總祠、大房，面朝東邊。四、五房的分祠也是背西朝東。這樣，整個村落的佈局，實際上成爲一個以分祠拱衛總祠，以民居拱衛祠堂的結構形式。再如連城新泉的湯背村，這是張氏家族聚居的村落，全族共分六房，大小宗祠、房祠不下三十座。由於湯背村背山面水，地形呈緩坡形態，因此這個村落的所有房屋均爲背山（北）朝水（南）。家族的總祠建造在湯背村的最中心，占地數百平方米，高大壯觀，裝飾華麗，內設有寬敞議事廳，而六房的分祠則按左大右小的原則排列。大房、二房、三房的分祠和民居分別建造在總祠的左側，四房、五房、六房的分祠和民居則建造在總祠的右側，層次分明，十分壯觀。像惠安陳氏和連城張氏這樣較爲典型的家族聚落佈局，充分體現了宗祠的權威性和民居的向心觀念。

家族祠堂既成爲聚落佈局的核心，爲了保障家運族運久遠，各個家族都十分重視祠堂的風水氣脈，祠堂選址，講究山川地勢，藏風得水，前案後水，背陰向陽，以圖吉利興旺。如連城鄒氏家族的華堂祠，「觀其融結之妙，實擅形勝之區，覘脈絡之季蛇，則遠紹水星之嶂，審陰陽之凝聚，則直符河絡之占局，環龍水匯五派以瀠泗，棟宇接鰲峰，靠三台而挺秀，是誠天地之所鍾，鬼神之所秘，留爲福人開百代之冠裳者也。而且結構精嚴，規模宏整，瞻其棟宇，而棟宇則巍峨矣，覽其垣墉，而垣墉則孔固矣，門廳堂室，煥然一新」[2]。有的祠堂甚至幾經更改修葺，以符合風水之勝，如鄒氏家族的禮崇公祠堂，其派下子孫「講求微奧，所有先祖祠宇廬舍墳墓山形坐向，校之羅經，其中錯妄者而更改之，損塌者而修葺之。……卜千年春秋祭祀之地，至若世世簪纓，房房富貴」[3]。

除了家族祠堂之外，福建家族聚落佈局的另一個引人注目之處，是家廟的建築。家廟大多建造在村落的前面，俗稱「水口」，顯得十分醒目。家廟設置在村落的前面（水口），一方面當然是企圖借助神明的威力，抵禦外來邪魔晦氣對於本家族的侵擾，另一方面則大大增強了家族聚落的外部威嚴感。在村口、水口家廟的四周，往往都栽種有古老蒼勁的高大喬木樹叢，更顯得莊嚴肅穆。家族村落的佈局，力求從自然美感、風水吉地、宗祠核心、家廟威嚴等各個方面來體現家族的存在，使家族的觀念滲透到鄉人、族人的日常生活中。

福建民居的單獨宅院結構也很有特點。固然，由於地形地貌的複雜多變，以及各地歷史沿革、社會風俗、傳統營建方法的差異，福建民居宅院的類型是很多樣化的，有規模宏偉、裝飾華麗的「大夫第」、「尙書第」宅院，也有低矮侷促的貧民陋居。然而就大多數住宅而言，福建的農村民居一般都具有幾個共同的特點，即中軸對稱，主次分明，以廳堂爲中心組織院落，通廊、廳堂寬敞並貫穿全宅。

所謂中軸對稱，主次分明，即是指在一條縱向軸線上，佈置一系列重要建築，並左右對稱地佈置其他所屬用房和院落。這種佈局方式本是我國民居建築的一個傳統特徵，福建民居又以其獨特的形式使這一特徵表現得尤爲突出。一座比較典型的福建民居，在其縱向主軸線上，依次佈置著宅院大門，主庭院、主廳堂、後庭院、後廳堂等一系列起伏有致、虛實相錯的內外空間。其中主廳堂分外高大，裝飾考究，是全宅的中心。對稱佈置於主廳兩側的是供長輩居住的「大房」，「大房」與主廳堂共同組成全宅建築的主體。主庭院橫陳於主廳堂之前，對稱佈置於其兩側及後面的是一般的居住用房。這些房屋要比主廳堂矮小得多，裝飾也較爲簡單。

福建民居宅院的核心，是廳堂突出。這種結構與我國北方常見的四合院民居有很大的差別。北方四合院的主體是庭院，其庭院都是較寬敞的室外空間，圍繞庭院四周的房屋，尺度都比較小。作爲主體建築的堂屋，雖然位居中軸線上的主要部位，但其空間量體與其他三面的房屋相比，差別並不顯著。因此，寬敞而又方正的庭院，自然成爲院落的中心。在福建民居中則不然，由於庭院相對狹小，而廳堂都高大開敞，兩相對比，廳堂自然處於十分突出的地位。[4]

福建民居宅院之所以刻意突出廳堂的地位，顯然是爲了適應家族制度的需要。主廳堂是各個家族及家庭敬神祭祖、接待賓客、舉行婚喪儀禮等的場所，也可以說是家族及家庭進行內部管理的場所，爲了顯示它的權威和尊嚴，故其建築高大，裝飾考究。特別是有一些家祠與住宅合在一起，主廳堂大部分同時兼有祠堂的功能，這就使得以祭祀爲主要功能的廳堂，更在民居的整體結構中占有相當突出的地位。而其他房舍與主廳堂的社會作用相比，不能不退居其次。此外，其他房舍根據「長幼有序」、「男尊女卑」的習俗，分別依次安排在適當的位置上，從而使福建民居建築的主次層次顯得格外分明，進一步體現了家族內部嚴格的等級觀念。

福建的民居還相當重視於門樓的造型及裝飾，門樓式樣多姿多彩。一般的門樓建成兩坡頂、單檐式，規格高大的入口門樓則建成歇山頂、重檐式，檐口飛翹，檐脊作燕尾式翹角，檐下加斗拱數層。有的宅院甚至建成兩重門樓。有的門樓則輪廓突出，門口高出圍牆，著意修飾的門樓顯得十分醒目。還有的門樓則建成「門罩式」，在門口上方挑出木質或磚砌雨罩，既可以擋雨，又突出了大門的位置。一些較大型的建築物，如祠堂、宗廟，以及官宦門第，大門外還有石獅、石鼓等，更顯得氣派。門樓上方的門額橫匾，更是福建民居外部門面造型的題目核心。在一些官宦世家，爲了顯示家族的高貴，往往在門匾上雕刻著「尚書第」、「大夫第」、「進士第」，以及「亞魁天下」、「五代尚書」等等的字樣。而一般的家族門匾文字上所反映的則大多是顯示本家族郡望堂號的淵源宗派，如「穎水世澤」、「淮南世家」、「潁川流芳」、「江夏衍派」、「弘農傳芳」、「九牧傳芳」、「開漳世家」。在家族祠堂的門柱上，往往鐫刻著一對長聯，這種長聯更是把家族的淵源門派表示得十分清楚。如福安甘堂堡的薛氏宗祠，其長聯是：

「祿閣舊家聲溯當年避亂唐時創堡明季妙藉獅岫鍾祥昌萬代，棠江開望族喜此日燕翼圖新鴻基趨舊好從鰲峰挺秀慶千秋」。[5]陳氏宗祠的長聯是：「數十世避亂僑居鳳塆發祥羨者蕃肯構肯堂黎閣家聲光自昔，三百年創業垂統鶯遷衍慶喜此日美輪美奐棠江廟貌著維新」[6]。再如同安五顯鄉後塘村「桃源」顏氏祠堂，其楹聯寫道：「自唐歷宋歷元歷明歷清簪纓世代，入閩而德（化）而永（春）而金（門）而同（安）以瓞雲礽。」這些裝飾，一方面增添了家族民居的莊嚴，另一方面也起了追本溯源的作用，它時刻向族人強調家族血緣的觀念，有助於家族的內部團結與協作。

最能體現家族割據色彩的民居，是明中葉起大量興築起來的福建家族土堡。明代嘉靖、萬曆時期，商品經濟的發展和社會環境的惡化，使得福建各地家族自衛、家族武裝的風氣再度盛行起來。而土堡作爲家族自衛、家族武裝的強有力的依託，也應運興盛起來。並在當時防禦盜賊等外來侵掠、保家衛族中發揮了顯著的作用。如《仙游縣志》云：「（嘉靖間）民間之築寨守禦者，如西北之南湖、礪壁、劍山、寶幢，東南之羊角、東鄉之銅盤、光浦，皆嘗據險殺賊，民賴以寧」[7]。又如李世熊在《寨堡記》中記該鄉的寨堡：「壬辰（西元一五九二年）之春，圜土粗畢，城屋漸次可居，及七月十六日，流寇突入本鄉。吾宗早已據砦，尙有村婦數十，倉卒逃竄，賊方追逐，新堡乃出旗遮邀出，村婦望堡投奔，堡兵發銃傷一賊，賊遂斂止，婦悉得全」[8]。詔安梅洲吳氏家族，因明中葉海寇竊發，歲無寧日，乃「蒸土爲磚而築之，不期年而城就緒，嗣是以來，雄視屹立，山海群寇不逞出入爲災，皆斂足而不敢犯。聞有倭夷入寇，所在頻遭鋒刃，吾鄉恃以無虞，而遠近投生奔命雲湊蝟集者，又不知幾千萬眾矣」[9]。

福建民間土堡群在明中葉興盛之初的最直接目的，既是爲了禦敵保衛鄉族，這就賦予土堡的建築具有明顯的地緣和血緣相結合的特徵。正因爲如此，明清時期福建鄉村土堡的建築，除個人獨資經營供房族共用外，一般採用如下三種形式：一，一姓（一房）共築；二，一村共築；三，數村或數姓共築。而其中尤以一姓共築的形式最爲普遍，勢大丁眾的家族，一姓所築的土堡往往達數座甚至數十座之多。康熙《平和縣志》約略記載該縣較大的土堡有一百三十餘座，我們將其分門別類列表比較，便可以明顯地看出明清時期福建鄉村土堡中地緣和血緣相結合的這一個特徵。（參見**表14-1**）

由表14-1可以看出，明清之際平和縣的土堡建築，以家族血緣關係爲紐帶（一姓建築）的土堡有一百零八座（處），約占土堡總數的78％，而由二姓以上合築的土堡有三十一座（處），約占22％。而其中一姓所築的土堡中，陳、黃、何、李四姓在高坑、大坪、河地、象湖四處的土堡尚不止一座，如大坪的李氏土堡有二十餘座，河地何氏的土堡有十餘座。因此，平和縣一姓共築土堡實際數量所占的比重，還當超過78％以上。這種情況不僅平和縣如此，其他各地亦大體一樣。可以說，明清時期福建鄉村土堡建築的最大特點，是以家族血緣關係爲主，而以地緣關係爲輔。

福建鄉村的土堡建築是多種多樣的，造型有方、圓、八角、半圓、半方等式樣，高度有一層、二層以至五、六層者，各具風姿。綜合起來分析，大致可以分爲如下三種不同類型。

（一）圍城式：即在鄉族民居的四周，修築一堵可供戰鬥防禦之用的圍城。這種圍城式的土堡規模一般都比較大，實際上是模仿官城結構而築起的。如閩西連城新泉張氏家族所築的土堡，「嘉靖年上杭巨寇李之奴入境，脅迫楊廷蘭、楊廷胡等作亂，驚動官兵，雖已芟薙，而堡砦不設，亦徒棲苴其居。先年蒙署縣本府劉推官目擊斯故，曾倡大義，就於湯背築立土堡一所，……周圍共計五百零六丈，高一丈五尺，厚一丈一尺，設城門五座以便居

表14-1　明清時期福建鄉村土堡統計分析量表

主建形式	姓氏	土堡數量（座）	姓　氏	土堡數量（座）	合計
一姓共築	朱姓	5	藍姓	1	108
	曾姓	3	張姓	8	
	林姓	15	葉姓	6	
	陳姓	15（處）	江姓	2	
	吳姓	3	洪姓	1	
	蘇姓	1	盧姓	1	
	賴姓	6	溫姓	1	
	李姓	3（處）	周姓	1	
	蔡姓	4	范姓	1	
	黃姓	11（處）	高姓	2	
	楊姓	3	曹姓	1	
	郭姓	7	羅姓	1	
	方姓	1	游姓	1	
	翁姓	1	鄭姓	1	
	莊姓	1	何姓	1（處）	
主建形式	**堡名**	**築主**	**堡名**	**築主**	**合計**
衆姓共築	黃竹坑	其堡不一，姓亦不一	寶善	不一姓	31
	崎嶺	其堡不一，姓亦不一	圓窗	不一姓	
	彭溪	陳、何二姓	寶峰	不一姓	
	溝盾	不一姓	翠薇	不一姓	
	嚴坑	不一姓	豆行	不一姓	
	水寨	不一姓	半埔	不一姓	
	高山	不一姓	銅場	不一姓	
	大半	不一姓	卓墩	高、江二姓	
	小溪尾	不一姓	峰山	不一姓	
	楊海潭	不一姓	五斗	不一姓	
	下徑	不一姓	十二排	不一姓，亦不一堡	
	上下浦	不一姓	長富	不一姓	
	西嶺	不一姓	大豐	不一姓	
	龍嶺	不一姓	山崗	不一姓	
	鄭陂墩	不一姓，有公館	曹充	不一姓	
	龍圭	不一姓			

民出入」[10]。連江縣的幕浦堡，「嘉靖三十八年（西元一五五九年）春，倭寇大熾，居人弗寧，沿海數十里內，尤被其害。……余姓紳士暨鄉父老分畫利害，……是年十月始作，越明年正月城成，周三百六十丈，高一丈二尺，基廣十丈，爲門四，附城內外路各三尺」[11]。霞浦的赤岸堡，「嘉靖乙卯（西元一五五五年），倭自浙入蹂躪遍州境，……江邊民（集）金九百五十兩有奇，伐石營垣，周圍三百二十丈，高二丈，址厚視高加二尺，門四，敵樓二，落成於四月，蓋巍然一雄障矣」[12]。永安的貢川堡，亦爲嘉靖三十九年（西元一五六〇年）築，「廣計六百二十三丈，高計二丈四尺，費金六千有奇」[13]。漳浦湖西鄉碩高山的趙家堡（俗稱趙家樓），其規模尤大，城堡分內外城，條石砌基，三合土牆，高六米，寬二米，周長一千零八十二米。這種土堡因其規模宏大，工程浩巨，非巨鄉大族不能措辦。從軍事的觀點看，土堡之內爲本鄉族的居民點，人力物力較雄厚，可供長期支持，但因城牆過長，遇敵固守難免有疏漏之虞。

（二）碉堡式：即各鄉族中人根據各自居住的自然村落的位置和地勢，在險要的地點建築堅固易守的土堡，族人平日無事時各自在家，一遇事變，便闔族避入土堡，土堡內設有臨時的居住生活設施以及必要的武器裝備。較爲典型的漳平縣永福鄉李莊下樓的「長青樓」，係明萬曆年間李氏所營建，其祖輩「爲兒孫輩建三層樓一所，址在龍船載寶山腳，號曰長青樓，俗曰烏樓，昭牛倒地形，坐甲向庚兼寅申。當日建此樓，家資豐厚，全爲避亂地步，所以不辛勞苦，不惜工本，地基據深成潭，先用老松排疊作底，然後石角團團砌起，中間塡土，塡至平基，有九年之久，牆厚一丈，門架兩重」。[14]門樓上端有瞭望口和槍眼，樓四周有護樓溝丈餘，設吊橋出入。

這類土堡的優點是規模不大但極其堅固險要，適宜於族人臨時避難之用，因而此類土堡在戰亂時尤爲盛行。如《晉江梅溪陳氏族譜》記載嘉靖年間該族受倭寇進擾時云：「山人避難入郡城者無從計出，則姑攜家歸田理山以圖後，又慮流移之難，則議各築土堡以自固：家崖叔則有景田園之堡，肖瑞叔則有油園之堡，爾瀾則有園尾、杜青之堡」[15]。又如陳鴻等著《清初莆變小乘》記順治年間閩海騷動，莆田各地紛築土堡以自守事云：「附海居民，難受海上不時拿人拷餉，抄侵財物，因構築土寨，又名土樓。高七八丈，廣十餘丈，牆厚三四尺，中作三層，狀如城樓。四方如築城，上用瓦蓋。男女器物俱貯於內。日間依然在家種作，遙望賊至，即入寨登樓。夜間男婦俱入。倘有警即鳴鑼，令各鄉協救。……於是各鄉皆設土寨、山樓，大鄉設大寨，小鄉設小樓。各樓設大小銃及各項軍器。七樓尾層，四面有窗，如城垛一般，以便瞭望，及放炮射箭。」[16]可見此類碉堡式的土樓，更具有戰鬥的性質。但是堡小物質有限，難於作長期支持，遇有外患，僅保鄉人族人性命，而宗祠家廬等日常生活場所便無能顧及了。

（三）家堡合一式：這是一種把禦敵堡壘建築和鄉鄰族人的居住建築有機地結合起來的土堡。從外表上看，儼然是一座超大型的樓堡，而在其內部，則鄉鄰族人所居住的房間，依傍者土堡的內端結構，挨次建造，多者可達數百間，並有「高三層、四層，也有五層，均爲族人長年居住之用」[17]，一般可容數十人以至數百人。清初寧化李世熊所記李氏家族的堡寨頗具典型，其略云：

> 戊子年（西元一六六八年），變亂益劇，吾宗咸以寨為家。於是砌馬道，增木垛，建東南兩城樓，而寨勢益壯矣。……
>
> 四周可一百六十丈畸。城厚一丈，城外馬道一丈，道外浚濠廣二丈。即運濠土以築城，城壘石為址，石址出土者二尺，

城當高一丈七尺畸，末殺於本十之一。女牆高可隱人，厚殺牆基十之七。城上馬路廣七尺有咫。正西城門廣一丈六尺，卷石為瓮，高九尺。上有城樓建廳事，可合眾坐議也。城門連接為銃城，廣四丈二尺，深二丈八尺。下三面列銃眼，附城監楹架板為馬道，周欄面垛，可瞭可坐守也。轉南角開門出口，磚為柱者，厚三尺。……正南之午開一門，挹南峰之秀，廣丈有二尺，高九尺，上蓋巨木三層然後載土，亦覆以樓，齊如牆城。南之亥，北之巳，各虛地一丈。為井方六尺，汲路三尺，井深九尺。汲道中開弄達銃城，便街居者赴警也……。各覆以樓，監楹架板，與大城齊，三面皆垛，亦可瞭可坐守也。城內區分五進為正屋，以居本宗。每進縱四丈六尺，橫二十九丈三尺，寬隘惟居人自定。……[18]

像寧化李氏家族這種土堡，將居民居住房屋與禦敵的堡寨結合在一起，無論是從建築藝術上、軍事上，或是在經濟實用上，都具有比以上兩類土堡更大的優越性，它既有碉堡式堅固易守的長處，而又因其內部具備長期生活的條件，可作長期的支持。因此，這一類型的土堡，在福建鄉村的土堡群中最爲常見，也是目前遺留下來最多的一種土堡。

明中葉以後興旺起來的以家族自衛、防寇禦敵爲主要目的的家族土堡，到明末清初之際發展到了頂峰。連年不斷的戰亂，迫使人們更加依賴家族的力量，築堡防敵。如閩西一帶，「鄉人縛茅避兵寇，……自明季至順治壬辰（西元一六五二年），流寇十數經過，……鄉人砦居凡八年」[19]。李世熊的家鄉寧化縣，「賊風大熾，攻城掠邑，在在見告，城守不如堡砦之逸矣。……吾宗計戶區分構宅，爲鄉人之倡。至丙、丁間（西元一六四六至一六四七年）漸次辟除，偏茅築圜（土砦），櫛比鱗次，遂儼然如村落」

[20]。到了清代康熙年間以後，福建的社會趨向穩定，土堡作爲防寇禦敵的功能逐漸失去意義。於是，許多鄉族土堡，尤其是家堡合一式的土堡，逐漸向民居化轉變。乾隆《上杭縣志》記載當地土堡演變的這一過程時云：「寨之築起於前（明）代者，……爲自衛制人之所，按其規制，或築於山頂，藉居高臨下之勢，或結於曠野，成左右犄角之形。幸際昇平，寨亦虛而無用，半居民人等諸部屋」[21]。

目前沿襲土堡作爲民居最多的有南靖、平和、永定、龍岩、上杭等縣，其他如漳浦、華安、漳平、永安、三明、古田等縣，也有不少土堡式的民居建築，隨著土堡建築經驗的積累和提升，這種以聚族而居爲主要目的土堡民居建築，其規模和式樣愈來愈雄偉壯觀、多姿多樣。其中，閩西南山區的生土建築的土堡，規模之大和造型之特異，堪稱世界之最，已得到國際生土建築學家的公認。如永定縣所建的高大土方樓、土圓寨，數不勝數，遍布全縣各個鄉村角落，令人目不暇接，嘆爲觀止。

永定圓型土樓較具代表性的有古竹鄉高北村的承啓樓。承啓樓又名壬助樓，土木結構，建於康熙年間，距今約三百年。全樓外圈周長二二九・三四米，全樓四層，高達十二・四米，圍牆底層厚度一・五米，頂部厚〇・九米。內部民居依圍牆內壁而建，全樓共有四百個房間，總面積五三七六・二平方米。中央設大廳一個，外圈主樓設樓梯四座，大門三堂，各圈設巷門六堂，水井二口。全樓最盛時居住八十戶人家，達六百餘人。

比較典型的方型土樓有高陂村上洋村的遺經樓。遺經樓又名華興樓，主樓是三座五層樓並聯而成，外牆東西長一三六米，南北長七十六米，牆厚一・一〇米，占地面積一〇三三六平方米。主樓前面設大廳、中廳及大門樓，外形高大壯觀。樓外佈置有花園、魚塘、曬坪，樓內有水井、磨米房、學堂等附屬建築。據云全樓最盛時亦居住五百餘人。

其他還有各種圓、方、不規則的混合型、府第型的土樓。如高阪鄉富嶺村的五鳳樓，前後縱深一〇八米，東西寬五十八米，占地五一一二・五平方米，主樓五層，高度一一・四米，配樓三層，高度九・五米，主、配樓高低錯落，配以巨大出檐的九脊頂，顯得氣勢軒昂、莊重壯觀。再如撫市鄉的永隆昌樓，由新舊二主樓有機地銜接在一起。新樓長一一〇米，寬七十米，占地面積七七〇〇平方米，高五層，舊樓與圍樓二三層不等，全樓樓廳計九十二間，房間二四六間，樓梯一四四座，周圍大小門戶計十六。另外還有帳房樓一座，配有轎舍、馬廊、廁所、礱米房、學堂、水井、曬坪等附屬設施。據一九四九年統計，該樓共住六十餘戶，約二百餘人[22]。

福建這種土堡式的民居，爲我國的民居建築史增添了異彩。永定縣具有代表性的圓寨——承啓樓——的模型，矗立在台灣的「桃園小人國」，印入大陸中國民居系列郵票。但是，我們應當指出的是，福建土堡式的民居雖然在建築技術上饒有成就和頗具特色，但是這森嚴的高牆，更使得福建家族聚族而居的習俗牢不可破。就明中葉土堡建築之初的情景而言，爲了防禦外來的侵擾，維持共同的鄉土利益，家族與家族之間，鄉村與鄉村之間，往往可以聯合起來共同築堡自衛，特別是圍城式的土堡，衆姓共築的現象時有出現。但一旦土堡轉化爲民居，家堡合爲一體，那麼建築這一類型的土堡，幾乎清一色都是單一家族的。在這種家堡合一式的土堡內，居住著一個完整的家族組織。不論是圓型的土堡還是方型的土堡，其中央的廳堂，都是土堡內最顯赫最神聖的場所，堡內的祭祀、議事等家族事務，都要在堡內廳堂中進行。家堡合一式的土堡，在其建造之初，便把家族宗祠的建築結合進去。如寧化李氏家族土堡，「正東之寅附城，建宗祠，凡立宮室先宗廟也。廣三丈四尺，祠左擬爲社館，開弄達銃城如南北，其制悉如西，而縱廣各殺三之二，各覆以樓，監盈架板，與大城齊，三面皆垛，亦可瞭可坐守也」[23]。有些土堡內不僅有醒目的祠堂廳堂，而且還有小型的家族寺廟。這種高牆土堡與完善的家庭組織設施的結合，更使福建的家族制度顯示出封閉性的特徵。

再者，從家族土堡與社會的關係來講，雖然從清代康熙年間之後自衛禦敵的意義下降，民居生活的作用上升，但其高高的堡牆和堅固的戰鬥設施，始終存在著軍事的意義。特別是內部血緣關係和地緣關係的緊密結合，造成了鄉村中的許多封建割據性。如清代嘉慶年間姚瑩爲閩西南平和縣令時，曾記當時所見到的情景云：「平和地界閩廣，家自爲堡，人自爲兵，聚族分疆，世相仇殺，故強凌弱，眾暴寡，風氣頑獷」[24]。清代福建各地宗族械鬥十分激烈，家族土堡往往又成了鄉族分疆割據、宗族械鬥的堅固堡壘，陳盛韶在《閩俗錄》中指出了土堡的這一變化：

> （詔安）四都之民，築土為堡，雉堞四門如城制，聚族於斯，其中器械具備。二都無城，廣築圍樓，樓高數仞，直上數層，四面留空，可以望遠。合族比櫛而居，由一門出入。門堅如鐵石，器械畢具，一大疾呼，執械蜂擁。彼眾我寡，則急入閉門，乞求別村，集弱為強。始由倭寇為害，民間自制藤牌、短刀、尖挑竹串自固；後緣海寇不靖，所民禦侮、官不為禁，至今遂成械鬥張本矣。江林沈程許徐鬥案，死者數十人，張、胡兩村鬥幾百餘年，田地荒蕪，死者難更僕數。[25]

至今土堡保留較多的上杭縣，也有類似的情況。該縣志記載：「（氏族）整飭綱維，申明族約，猝遇事變有率子弟兵以衛國保境，其弊也，強宗蟠互，欺凌弱小，或兩強競勢，械鬥頻興」

[26]。家族利用土堡相互凌辱械鬥的惡習，已成爲清代福建一個嚴重的社會問題。乾隆三十七年（西元一七七二年）福建地方官府還特地爲此下達禁令，其中略云：

> 大姓恃其族眾，欺凌小姓，而小姓連合親黨，抵敵大家。故凡遇角爭細故，動輒號召多人，列械相毆。……且聞福、興、漳、泉之民各建土堡，聚族而居，議立家長，主持諸事，遍存器械，以備聚毆，尤為惡習。本司創懲強暴，法不稍寬，向愚昧罹刑，又深為憫惻。合行出示曉諭。為此示仰闔屬軍民人等知悉：嗣後各宜猛省，保守身家。……膽敢以強橫為能，互相角鬥，即屬冥頑不靈之徒，本司定將不嚴之家長同該犯一并從重治罪，決不稍寬。[27]

自然，官府的這種禁令是很難收到實效的。福建這種帶有軍事設施性質的土堡，對於鞏固家族制度無疑起了重要的作用；但是，從福建民居變化和土堡社會中所反映出的強烈家族意識，大概在全國也是相當罕見的。

注釋：

[1]民國《福建通志》，卷七十二，引《邵武府志》。

[2][3]連城四堡《鄒氏族譜》，〈祠堂〉。

[4]關於福建民居的特點，本文參考《福建民居》有關章節，該書由高鈐明、王乃香、陳瑜撰寫，中國建築工業出版社，1987年，第一版。

[5]民國《甘棠堡瑣記》，卷下。

[6]民國《甘棠堡瑣記》，卷下。

[7]乾隆《仙游縣志》，七十一下，〈關寨〉。

[8]李世熊〈寨堡記〉，載《清史資料叢刊》，第一輯，中華書局。
[9]詔安《吳氏族語》，〈梅池城池記〉。
[10]民國《連城新泉張氏族譜》，卷之首。
[11]民國《連江縣志》，卷六，〈城市〉。
[12]民國《霞浦縣志》，卷六，〈城市〉。
[13]雍正《永安縣志》，卷四，〈城池〉。
[14]光緒《永福李氏族譜》，十一世，〈桂林公〉。
[15]萬曆《晉江梅溪陳氏族譜》，附記，〈家難考〉。
[16]陳鴻、陳邦賢〈清初莆變小乘〉，載《清史資料叢刊》，第二輯，中華書局。
[17]〈長青樓〉，載《閩西文叢》1983年，第三期。
[18]李世熊《堡城記》。
[19]康熙《寧化縣志》，卷一，〈山川志〉。
[20]李世熊《堡城記》。
[21]乾隆《上杭縣志》，卷五，〈武備〉。
[22]以上參考〈永定土樓志〉，載《閩西方志通訊》1986年，第一期。
[23]李世熊《堡城記》。
[24]《清朝經世文編》，卷二三，〈上汪制軍書〉。
[25]陳盛韶《閩俗錄》，卷二，〈詔安縣〉。
[26]民國《上杭縣志》，卷八，〈氏族志〉。
[27]《福建省例》，刑政例上，〈禁械鬥〉。

第十五章

結語與思考

透過考察近五百年來福建的家族與文化特徵，我們似可得出如下基本結論。

其一，家族制度和家族觀念普遍存在於大一統的中國基層社會裡，但由於福建的區域開發是與中原士民的遷居緊密地聯繫在一起的，這種避難、征服式的遷居和開發，缺乏應有的政府控制力和社會秩序，來自不同地域、不同時期的北方移民，爲了取得生存空間和社會地位，聚族而居、聚鄉而居；弱肉強食、強欺弱、眾暴寡。這種局面，勢必要求加強血緣家族內部的團結，促使人們借助於家族的力量，爲自身謀求更多的政治、經濟和社會利益而奮鬥。這種聚族而居的傳統習俗，構成了宋元以來福建民間家族制度，較中原地區更加嚴密和完善的一個重要歷史因素。

其二，宋以後，中國封建社會已經發展到後期階段，隨著生產力的發展，商品經濟也因之有所發展，土地買賣的現象更加頻繁起來，階級矛盾進一步激化。社會的激烈動蕩，使社會各階層都意識到起落無常的危機感，家族制度再次受到人們的重視和提倡，並以新的面目出現在民間基層社會之中。特別是明代中葉以後，商品經濟有了空前的發展，封建政府對於民間基層社會的控制能力進一步下降，社會上機械相爭、弱肉強食的現象更加嚴重。與此同時，福建的社會經濟已經跨入我國先進地區行列，尤其是得天獨厚的自然環境，更爲福建地區商品經濟的發展提供了良好條件，山海經濟日益繁榮。但是，封建政府的壓迫以及商品經濟自身的弱點，使得明代中葉以後福建地區商品經濟的發展，依然嚴重缺乏一種良好的政治秩序和社會環境，因此，這種極富挑戰性質的工商業經濟的發展，對於傳統社會的衝擊，對於封建政治經濟結構的瓦解作用，受到了很大的阻礙。相反地，它在某種程度上加劇了社會的動亂和不安定。於是，在這種法制不健全的社會裡，福建先民移居福建時那種家族互助的傳統，又在明中葉以後得到了新的認識。人們緊迫地意識到，只有增強家族的團結，發展家族的勢力，才能與機械相爭、起落無常的外部世界作有效的抗爭。這樣，在明中葉社會變遷的大氣候和福建特殊的社會環境裡，福建民間的家族制度，在傳統的基礎上，又躍進到一個新的階段。而這一時期福建地區商品經濟的繁榮，也爲家族制度及其組織的發展，提供必不可少的經濟條件，促進了家族組織的日益完善和家族管理的日益嚴密。

中國封建社會晚期的動蕩與變遷，構成了福建家族制度發展的一個外部動因，這就使得家族制度幾乎成爲一種永恒性的社會組織。中國的王朝政權是轉換更替的，中國的政治、經濟、社會諸方面的身分地位是變幻不定的，中國的家庭經濟以及個人貧富榮辱是起落無常的，但是唯有中國家族制度是相對穩定的。它不爲政治上的風暴所觸動，不因頻繁的改朝換代而變化，維繫糾結而不愈疏，穩似經常搖動的不倒翁。清代理學名臣福建安溪人李光地在告誡子孫時指出：「夫世無百年全盛之家，人無百年平夷之運，興衰罔極。……吾生七十年間，所聞鄉邦舊家，朝者顯藉多矣，榮華枯殞，曾不須臾」。[1]因此他極力主張和宗睦族、強族興邦。毫無疑問，這種具有相當穩定性的家族制度，既成了社會動蕩和階級矛盾的平衡器與調節器，也是處在升降榮辱富貴貧窮、不斷激盪變化中的社會各階層的共同避風港和最終歸宿。

其三，福建家族又是一個多種矛盾同時存在，並且相互結合的「多元」結構。在組織觀念上，它既是精神道德的，又是實用功利的；在經濟形態上，它既有家族的公共所有制，又有個體家庭的私人所有制，二者界線不清；在階級關係上它既奉行和宗睦族的家族平等權利，但又強調「以宗以爵，以年以德」，造成族長的權威及其控制族人的合法化；在對官府的關係上，它既有割據、對抗的一面，又有相互利用、密切配合的一面，在家族的對外關係上，家族間、鄉族間的和諧相處與眾暴寡、強凌弱交織在一起等等。這些相互依存又不可克服的內在矛盾，在其不斷鬥爭和相互牽制中得以運轉，從而使家族制度始終處於一種可塑能動的「彈性」狀態[2]，處在一種能夠順應外部社會變化的平衡狀態。它對任何一種過激的社會革命都有著一種本能的抵制和消化功能，但它又能夠適應各種不同形式的漸進式的社會變遷。正因爲如此，我們可以說，宋元以來福建民間家族的最基本的文化內涵，依然是以儒家的「中庸」學說爲道義宗旨的。於是，在這種「中庸」平衡而又可塑能動的家族社會裡，不但可以保存許多落後的、陳舊的政治、經濟和文化因素，同時又可以吸取、扶植、利用各種新的社會因素，來擴充和加強家族組織的社會時代適應性，以保持一定的活力和進取精神，特別是在中國封建社會晚期商品化程度日益提高的情況下，家族制度依然能夠以它包涵的風度，吸收之、改造之，從而使傳統的家族社會得以與近代的商品化比較和睦地相處共存，在某種程度上順應了社會經濟的前進。

然而，這種奉行「過猶不及」的中庸之道的家族制度，卻始終不能與落後的舊勢力作徹底的決裂，而是糾結在一起，因而它又具有嚴重的保守和封閉的一面。它與時代新生事物的混合融化，強化了其自身的堅韌性，這固然爲在那動蕩不定、起落無常的社會中，隨波逐流的社會各階層創造了一個喘息的庇護所，但是這又不能不阻礙了社會的大踏步前進乃至飛躍到質變的過程。顯然，這不僅使家族制度本身得以長期存在，久盛難衰，同時也是中國封建社會晚期之所以能夠那樣堅韌有力，富有回旋餘地的一個重要因素。可以說，家族內部矛盾既對抗又牽制的運行特徵，是福建民間家族制度發展的內在動因。

其四，福建家族組織作爲一種基層社會組織，隨著其規模的日益擴大，以及對基層社會控制的日益加強，家族的觀念也呈現出無限擴大化的趨向，從而使家族制度對整個社會的政治、經濟、文化生活各個方面產生了深刻的影響。人們可以隨時隨地根據實用功利的需求，擴展家族和鄉族觀念的外延：家庭之外，以各房爲界，各房以外，家族爲界；家族之外，可以擴展爲鄉族；鄉族之外，可以擴展到行政區域、方言區域（但絕少擴展到經濟區域）；而對外縣而言，鄉族的觀念又可以擴展到全省。其對中國政治上的影響，封建專制政體和官僚機構的家長式作風，以及官僚士紳間的鄉土觀念、拉黨結派，始終貫穿整個中國封建社會。其在思想上的反映，則是信奉平均主義，個人依附群體，隨波逐流，缺乏個性。它既使人的頭腦侷限在極小的範圍內，成爲迷信的馴服工具，成爲傳統規則的奴隸；又模糊所有制概念，特別是缺乏私有制觀念，借公營私，化公爲私。這正如傅衣凌先生所指出的，中國家族制度的影響所及，「在上層士大夫之間則發展爲朋黨，在其下層民眾之間，乃逐步變化以均產爲目標，合異姓爲一家的會黨組織，在工商業和農民之間則發展爲會館、行會，以保護自己行業以及地方小集團的平均發展。總之，是一種幫派組織，它扼制了中國封建社會內部新生力量的發展」[3]。不僅如上，狹隘的家族、鄉族觀念以及幫派觀念，往往使人們囿於一己之利，對國家、民族和人民的最高利益麻木不仁，缺乏應有的社會責任感，由極端封閉凝固的家族組織，而演變成一盤散沙式的社會構架，中國封建社會晚期歷代王朝末期的土崩瓦解，以及近代中國的渙散挨打，不能不與中國社會的「一盤散沙」、缺乏民族凝聚力有著密切的聯繫。

最後，我們還要談談商品化對於福建家族制度的衝擊作用。以往許多論者認爲：「工商業的發展，近代城市的興起，對於聚族而居的宗法公社，自然就是一股銳不可當、凶猛非常的破壞力量。」[4]因而中國家族制度，「興盛於明清，明顯地走向衰落，則在鴉片戰爭之後」[5]，但是，這並不符合歷史事實，至少不符合福建家族制度的事實。正如我們在前面所論述過的，中國封建社會晚期商品經濟的發展，不僅未能對家族制度產生有效的衝擊作用，相反地，在一定程度上促進了家族制度的發展與完善，促進了鄉族組織下民間宗教和封建迷信的氾濫。因此，到了近代，福建的家族制度並未出現明顯的衰落跡象。那些受商品化衝擊最深、受西方世界影響最多的福建華僑，不僅未能與鄉土的家族制度作堅決的決裂，反而逐漸代替傳統的工商業者，成了福建家族制度繼續運轉的另一個重要支柱。固然，在近代福建華僑中，有相當一部分人不忘鄉里，投資家鄉的經濟建設，開創近代工農業和商業，但是我們同時應當看到的是，許多華僑有著強烈的光宗耀祖的觀念，當他們在海外賺了錢之後，便積極贊助於本鄉族的各種活動，修祠堂、蓋寺廟，置蒸嘗、重祭祀，不一而足。清末泉州進士吳增就曾論及華僑的這種惡習，他說：「洋客來鄉里，使用太奢侈，興土木，築大屋，神工鬼斧久雕琢。大妝奩，大聘金，一嫁一娶費沉吟。鄉人相驚羨，風俗靡靡從此變。各鄉雖多過洋人，過洋愈多地愈貧。」[6]再如近代福建各地的鄉族械鬥，大多也是華僑在其背後作爲經濟後盾，所謂「那些按名給恤（械鬥死傷）的錢，多數靠有錢人尤其是華僑，解囊樂輸。光緒十九年（西元一八九三年）泉州南門外名僑曾天眷回國，值近鄉大械鬥，就賠費巨金」[7]。至民國時期依然如此，僑匯中有相當一部分錢，主要是用於家族和鄉族的浪費。

值得引起人們深思的是近年來，傳統家族的組織，又在福建的許多地方再度興起，請看一九八九年八月八日《福建日報》的一篇報導：

黨的十一屆三中全會以來，改革開放有力促進了農村社會主義物質文明和精神文明建設，農民的思想觀念和社會道德風尚都在發生著深刻的變化。但是不可忽視的是，不少農村特別是一些偏遠、落後的地區，封建宗族意識還很嚴重，具體表現在：

一、復活宗族勢力。有些鄉村的姓氏宗族活動由暗到明，由本鄉本土擴大到鄰鄉鄰縣，大肆進行宗族串聯、訂立族規族約等活動，像南山的蔡姓，串聯了本縣的河田、童坊及連城縣等地的蔡姓二萬餘人，先後多次召開修譜會議，推舉族長、房長，成立修譜組織，到處攤捐派款。

二、大耍宗族威風。一些姓氏把迎神、打醮等群眾性活動的講排場、擺闊綽，作為衡量宗族威望的標誌之一。於是三天兩頭「扛菩薩」、「做石公」，轟轟烈烈，以示威風。

三、干預社會生活。一些宗族自恃人多勢眾，粗暴地干涉計劃生育、婚姻自主、迫害婦女、溺棄女嬰、搞宗族鬧喪等。……

四、挑起宗族械鬥。許多宗族糾紛大多是名為爭墳山、宗祠，實為爭山林土地，以至挑起宗族械鬥。宣成羊牯曹姓與上杭莊官林姓，清明掃墓時，因一塊墳地引起糾紛，林姓近千人把僅有二百多人的曹姓村莊圍得水泄不通，曹姓十幾幢房屋被毀，連前往調解的宣成鄉幹部也被圍了十幾個小時。

這股復活的封建宗族勢力，帶來了種種社會問題。首先助長了封建思想觀念，抑制了農民素質的提高。由於封建的家長制作風影響，狹隘的宗族利益，論字排輩，多子多福等舊觀念得到迅速滋長，他們特別看重傳宗接代的兒子，兒子愈多，拳頭愈大，這個家族的勢力就愈強。於是，許多人想方

> 設法偷生、多生，同宗同族人也千方百計為其掩護、包庇，嚴重阻礙農村計劃生育工作的開展。同時，造成了社會不安定，由封建宗族勢力引起的搶婚、逼婚、宗族鬧喪、爭山爭地等，常常造成宗族械鬥。……
>
> 其次鋪張浪費嚴重，影響生產發展。目前許多地方一方面生產發展缺乏資金，另方面卻把大量錢財用在修族譜、建祠堂、迎神打醮等封建宗族活動上，而且互相攀比，愈演愈烈。……
>
> 三是削弱黨和政府的基層組織建設，影響黨的政策的貫徹執行。一些鄉村「唯親選舉」，甚至有的煽動同宗人員集體抗拒黨的糧食定購等政策和國家的《土地法》、《森林法》等法規的落實，出現了「村權不如族權」、「法規不如族規」等現象。……[8]

不僅福建如此，全國其他地區也出現有類似的情況，《瞭望》周刊一九八九年第二十八期載文云：

> 一些宗族活動盛行的地方，等級尊卑、族規家法盛行，以至出現「族長」大於「村長」的怪現象。……一些宗族頭目透過續宗譜活動，利用農民的弱點，拉山頭，搞宗派，恃強凌弱。不少地方，有些本來不難調處的民間小糾紛，在宗族勢力的挑動下，往往很快發展成姓氏、房股之間的糾紛，甚至釀成流血械鬥事件。……凡續宗譜的地方，都由所謂房族長者出面組成龐大的「譜務局」之類的機構，強要群眾交款。宗譜續成之後，還有「接譜」，和每年的「團譜」、「拜譜」之類，大吃大喝活動，都要群眾出錢。……[9]

我們之所以要不厭其煩地長篇引證這兩篇報導，正是要強調中國傳統社會與文化的歷史頑固性。一九四九年以後，隨著人民民主革命的勝利，家族制度和族權一度被送進了墳墓，但是最近幾年商品經濟發展較快，家族制度卻死灰復燃，這難道不值得深思嗎？

明代中葉以後福建的家族制度躍進到一個新的發展階段，其中一個重要的原因，是當時商品經濟的日益發展，嚴重缺乏一種應有的政治法律秩序和社會環境，商品經濟的發展在某種程度上加劇了社會的動蕩不定和起落無常。顯然，近幾年福建民間家族制度的死灰復燃與明代中葉家族制度的興盛，其原因是不能同日而語的。但是我們應當看到，我國當前的改革開放事業是史無前例的，我們的社會主義制度還是處在初級階段，在改革開放的過程中，確實還存在許多不完善的因素，特別是社會經濟的飛速發展，尚未形成一個良好環境，這樣就不能不使一些落後的東西重新抬頭。因此可以說，社會經濟特別是商品經濟的發展，固然在一定程度上對傳統的社會結構，包括家族制度產生衝擊和破壞作用，但是，由於數千年來傳統文化的影響，以及社會的政治、經濟諸方面尚未形成一種足以大力促進商品經濟正常發展的合理環境，那麼，商品化對於家族制度的衝擊作用，只能是極其微弱的，甚至助長了家族制度的復活與生存。我們相信，隨著政治、經濟環境的不斷治理，共和國民主和法制的日益完善，充分發揮中國家族制度中的合理因素，清除家族制度中的落後因素，將是指日可待的。

注釋：

[1]李光地，《榕村別集》，卷五，〈戒子孫〉。

[2]業師傅衣凌先生在論及中國封建社會晚期時，曾多次提出中國傳統社會的多元結構和彈性狀態，本文就福建的家族制度套用了這個概念，特此注明。參見傅衣凌〈中國傳統社會，多元的結構〉，載《中國社會經濟史研究》1988年，第三期。

[3]傅衣凌《明清社會經濟變遷論》，人民出版社，1989年版，頁45。

[4][5]柯昌基〈宗法公社管探〉，載《中國社會經濟史研究》，1985年，第二期。

[6]吳增《泉俗激刺篇》，〈洋客〉。

[7]陳盛明〈從泉俗激刺篇看清末泉州社會黑暗面〉，載《泉州文史》，第五期。

[8]李文生、胡曉強〈封建勢力在農村抬頭〉。

[9]周吉華〈修志與續譜〉。

附錄

附錄一　流動的移民社會與鬆散的宗族組織——崇安農村社會的調查

一、流動的移民社會

人們在研究中國的傳統基層社會時，都十分重視對於家族制度的考察。福建是一個家族組織比較完善的區域，家族制度往往在民間基層社會的構成與運作等方面，產生重要的作用。然而這種狀況是指福建的一般情景而言，由於福建各地的自然環境與社會、經濟諸方面存在著一定的差距，致使這種家族制度與基層社會管理也都存在著一定的差別。大體言之，到了二十世紀上半葉，福建的家族制度，在沿海一帶及閩西南地區表現得比較突出，而在閩北山區，家庭制度則相對鬆散。我們透過這些家族組織比較鬆散區域的情況分析，可以呈現出某些與一般情況有所不同的基層社會特點。

崇安縣位於閩江之上游，毗鄰江西、浙江二省，是古代北方人民移居福建的必經孔道之一。當西漢中期閩越土著被中央政府消滅，遷徙及流竄山間的同時，中原地區的漢民也開始遷徙入閩，並逐漸成爲閩中各地的新主人。晉唐以來北方漢民開始大量入遷福建，那時由於航海技術的限制，從海路入遷福建的情景極少，大多數先進入福建北部地區再逐漸向沿海各地擴展。崇安縣的情況也是如此，如現在崇安縣彭、詹、袁、邱、翁等幾個比較著名的姓氏，都是在唐代及以前遷入這裡的，其中彭姓，當地傳說早在漢代便已遷入閩。

然而崇安縣山多林深，可耕土地面積有限，且大多屬於小塊的山壟田和梯田，在傳統的農業社會裡，很不利於生產的發展和居民的繁衍，特別是土地的分散零碎，限制了居民村落規模的擴大。農民從事日常生產勞動，距離村落五至十華里就十分不便於耕作。《崇安縣志》云：「四鄉之田依山者多，平地者少，民所耕之田與所居之處，相隔十數里，而遙耕時朝出暮歸，薅草亦如之，田則聽其天雨之多寡、山水之大小爲旱澇。」[1]爲了適應這種分散的農業生產，居民村落的規模就只能限制在十至二十戶人家之內。因此，北方移民入閩之初，雖然大多以閩北爲駐足點，但閩北山區較爲嚴劣的生產和生活環境，迫使大部分移民繼續南遷前往沿海地區，尋找生產和生活條件更爲優越的地點作爲聚族擴展的永久基地。於是，地勢較爲平坦、農業條件較好的沿海地區，則迅速得到開發。而作爲北方移民最初駐足點的閩北山區，反而成了臨時的中轉站。二十世紀三、四〇年代崇安縣編纂地方誌時，曾訪查了四十七個可以明確知道其族源及遷徙入崇安的姓氏，其中宋代以前入遷崇安的姓氏有彭、詹、衷、丘、胡、劉、蔡、周、李、丁、翁、張、吳等十三個姓氏，占27.6％，宋元時期入遷崇安的姓氏有林、應、徐、王、江、鄭、安、祝、黃、程、藍、曹、暨、冷、虞、游、蕭、余、何、楊、黎等二十一個姓氏，占44.7％。明清時期入遷崇安的姓氏有鍾、袁、盧、范、洪、董、方、羅、連、鄒、朱、潘、萬等十三個姓氏，占27.6％。[2]從這一調查結果可以瞭解到自唐宋以來，閩北及崇安山區的基層社會，比起沿海各地，變動較爲激烈，人口氏族的遷入遷出較爲頻繁，形成五方雜處的狀態。

到了明清兩代，中國大部分平原地區的農業開發已呈飽和狀態，福建沿海各地也已宗族毗連，人滿爲患，進一步發展農業的自然空間日益狹窄。平原與沿海的居民，只好再次返回山區。

閩、浙、贛各省的無業流民，不得不進入自然條件比較惡劣的閩北山區謀生，致使閩北各地的人口氏族流動和混雜的現象更爲嚴重,地方誌稱「今坊市之間，窮荒僻壤之處，兩浙西江編十得五。……流寓者往往不返，安土重遷。」[3]據統計，清代乾隆三十年（西元一七六五年）崇安縣共有21,280戶，104,921口，其中在籍的土著居民16,903戶，84,897口，流寓3,377戶，20,024口，流寓的戶數占崇安縣總戶數的15.9％，流寓的口數占總人口的19.1％。[4]而眾所周知，清代政府所能統計到的流寓戶口，只能是當時流寓戶口的一小部分，大部分的流寓戶口，散居於山區各鄉村，爲數不少。乾隆後期崇安縣實際人口可能達到二十萬人、外地流寓人口達到五至六萬，這並不是太誇張的估計。

清代後期，雖然由於農村經濟衰敗以及太平軍入閩等戰亂的影響，崇安縣人口數量有所下降，但大體還能維持在十萬人左右。至一九三〇年，崇安縣的人口又回升到14.6萬[5]。但是從這一年起發生的共產黨土地革命運動，延續了數年的戰亂，對於這一地區人口氏族構成的影響尤爲明顯。隨後由於國共戰爭，人口驟降。「民國二十五年全縣人口48,873人。據統計,這一時期全縣被殺害11,461人，被抓走4,279人，被迫逃亡4,180人，因饑餓、疾病致死21,885人」，[6]全縣人口銳減一半以上。因此，二十世紀三〇年代後期《崇安縣新志》寫道：「燒屠城邑平阡陌，千閭櫛比昔稱盛，前街後街無一椽。窮鄉迤北亙百里，白日慘澹空炊煙。禍機所伏不可說，似此浩劫寧由天！」[7]

自然經濟條件的惡劣、戰亂的破壞與不斷流動的移民社會，限制了穩定的鄉族社會的形成和發展。在福建沿海地區，數千族眾聚居在一起達幾百年之久的強宗大族比比皆是，而在崇安縣山區，姓氏家族的盛衰升降時在變動中，《崇安縣新志》曾指出了這一地區人口氏族變化的這一特點：

> 本邑氏族，……滄海桑田，變遷頗烈，盛於昔者衰於今，盛於此者衰於彼，不可一概而論也。柳盛於宋，錢盛於清，而今無其人，曹墩以曹姓得名，蕭屯以蕭姓得名，袁墩、袁嶺後以袁姓得名，而今無其族。清初城村林、道二姓幾二千戶，今僅二百餘戶。咸同間各村落均有人滿為患，今則寥若辰星。……元清以異族入主華夏，肆於殺戮，清初陳德容之變，市井如墟。民初共產黨之亂，人民幾盡。兼之饑饉相尋，瘟疫荐至，則其族衰。觀於此，則各族消長之機、盛衰之況，可以知其概矣。[8]

一九三五年以後，戰亂逐漸平息，由於原先居民所剩不多，江西、浙江等地的流民，再次大量湧入崇安縣。國民黨政府崇安縣當局爲了恢復生產，也採取了一些鼓勵外來流民前來墾荒營生的措施。尤其是當時的縣長蔣伯雄是浙江人，親自動員其家鄉浙江諸暨及龍泉、遂昌、慶元等縣之無地、少地的農民到崇安縣從事墾種，首批移入四百餘人，其中有數十人就安置在黃柏村後村（自然村）一帶。翌年，又移入浙江籍的農墾移民1,013人，福建省福清、長樂等縣的農墾移民317人。[9]

至於那些不經過政府組織而自發進入崇安縣的外地移民，人數就更多了。因此，到三〇年代後期和四〇年代,崇安縣農村的人口結構，再次發生了重大變化，特別是那些紅軍占領區和兩黨爭奪區，以往的土著所剩無幾，外地的移民人數，在不少村落中已逐漸超過了原有居民的人數，在短時期內，很快形成了一個新的雜姓交錯的移民社會。從而使崇安縣的人口在戰亂之後的數年中，有比較明顯的增長。民國二十四年（一九三五年）崇安縣僅剩9,877戶，47,576人，到民國三十年（一九四一年），已上升至19,103戶，90,379人，人口增長幾達一倍。

二十世紀三〇年代末四〇年代初崇安縣人口恢復增長的速度雖然比較快，但這些增加的戶口以外地移民爲主，是一種「非正常性」的人口增長，這樣的人口增長，只能促使崇安縣農村的鄉族基層社會更加混雜。而另一方面，四〇年代前期雖然崇安縣的人口已經恢復到七至八萬人，但對一個擁有面積2,800平方公里的中等縣來說，人口仍然是稀少的，因爲其平均每平方公里的人口密度只有25人左右。因此，四〇年代崇安農村基層社會具有二個明顯的特點：一是家族規模小，二是村落規模小。

根據一九四〇年的統計，崇安縣主要姓氏有一百一十四種，人口有61,267人，平均每種姓氏只有537人。其中人口較多的姓氏有周、吳、李、陳、張、黃、徐等，每姓也不過五百餘戶至九百餘戶。人口最多的姓氏如周、吳，合全縣之人數也只三千餘人，尙不及沿海地區聚居在同一個村落的一個族姓的人數。而戶數在一百戶以內的族姓，有七十六種，占上述族姓的67％。可見當時崇安縣一般的姓氏，人口都在一百至三百人左右。除了上述所列的姓氏之外，當時崇安縣還有數十種姓氏，人口更爲稀少，《崇安縣新志》云：「除、晏、馮、徐、淩、孟、全、侯、阮、鄢、繆、湯、葛、艾、薛、武、于、段、常、平、危、苗、莊、茂、桂、樓、紀、練、陶、陽、單、喻、海、修、秦、宣、宛、濮、管、符、簡、康、席、魯、閔、查、盛、戴、崔、翟、畢、葉、耿、聶、韓、揭、辛、敖、甄、殷、六、封、屠、白、滕、揭、龍、奉、甘等六十九姓，僅有數戶。」[10]從這些記載中，我們可以十分清楚地看到民國時期崇安縣家族規模的弱小和零散。

由於姓氏家族的人口有限，無法形成大規模的聚族而居，再加上山多地少自然環境的限制，造成崇安縣農村的居民村落也以小規模的爲主。在二十世紀三、四〇年代，崇安縣共有自然村落七百餘個，全縣人口六、七萬人，平均每個自然村的人口大約在一百人左右。

自然村落和姓氏家族分散零落、規模較小是民國時期崇安縣農村的共同特點，這又勢必造成這一帶鄉村幾乎都是雜姓聚居的。一個自然村落爲一個姓氏所聚居的現象，在崇安縣較少看到。自然村落零散與雜姓聚居的民居社會特徵，使得這一帶的鄉族組織，特別是家族組織十分鬆散，宗法勢力相當微弱。家族組織的三大要素，即祠堂、族譜、族田，在這裡很不普遍。據民國時期的調查，崇安縣全縣僅有祠堂四十三座。這四十三座祠堂，分屬二十五種姓氏。合全縣的所有祠堂，尙不及沿海地區某些強宗大族一個姓氏的祠堂之多。而崇安縣其餘的一百餘種姓氏，都沒有祠堂或相應的組織。筆者曾經訪問過上述提及的祠堂中的若干座，其規制一般也較小，不能與沿海地區的許多祠堂那種堂皇雄偉的規制相比。因此，《崇安縣新志》的編纂者才會慨嘆地說：「祠堂爲祀祖之地，所以崇先德、敦孝思、別長幼之序，聯親近之情者也，……元旦族人多率家屬至祠堂燃燭拈香以拜，凡生育死亡須報告、登記以備遺忘。其親誼之聯繫、組織之嚴密，頗堪重視。然今則實行者鮮矣。」[11]

二、詹、彭二姓家族變遷的例證分析

由於崇安縣一般鄉村雜姓聚居和家族組織鬆散的特點十分明顯，家族族譜的修纂受到族人分散和經濟條件的制約，爲數甚少。在我們調查的數十個姓氏中，曾經編寫有族譜（包括那些僅記錄世系的簡單族譜）的姓氏不上十個，但現在尙保存下來又較爲完整的，只有詹、彭等寥寥幾個姓氏。爲了進一步說明這一帶農村家族發展的遲緩和居民雜姓聚居的特點，在此我們對詹、彭這兩個家族的變遷歷史作一例證的分析。

(一)樟樹村的詹氏家族

樟樹村的詹氏家族，可以算是崇安縣最古老的族姓之一，《崇安縣新志》云：「崇安氏族，以彭、詹、袁、丘、胡、劉、蔡、林、周、李、丁、翁、張、應爲最古」。《縣志》又載：「詹（氏），南朝詹嶠官於閩，其子豪遂居於此。至宋詹騤狀元及第，詹元善從朱晦庵遊，其弟子眞德秀爲當時理學大師。子孫散處於五夫、星村、吳屯等處。」[12]可知詹氏不僅是崇安縣最古老的族姓之一，而且在宋代聲名顯赫，堪稱士宦世家。

清光緒年間，崇安縣各屬的詹姓後裔，聯合修纂《詹氏族譜》，該族譜更明確地指出詹子豪卜居崇安是隋朝大業五年（西元六〇九年）：

> 我詹得姓肇自西周，發跡河間南陽。至隋朝我鼻祖子豪公於開皇九年（西元五八九年）奉文皇帝詔封為平南侯，節制閩海。及大業五年（西元六〇九年）遂卜居建峰（崇安境內），……而族之蕃衍，則西江、杭、廣在在皆是，閩之各郡又未易更僕數矣。[13]

據此，則詹氏家族自卜居崇安以來，已一千三百餘年，子孫繁衍近五十代。然而根據上引民國三十年間的戶口統計數字，崇安縣全境的詹氏族人，僅308戶，1,111口。

自詹子豪定居崇安縣之後，子孫分居崇安縣各地，而遷入黃柏樟樹村一帶者，是詹氏第二十五代詹涇。下面我們把詹涇遷入黃柏樟樹村之後的歷代列表如下頁圖，以便更清楚地瞭解這個家族的人口繁衍情況。[14]

從下頁世系圖可以看出，自詹子豪入遷崇安，再傳至黃柏樟樹村爲二十五代。從二十五代詹涇傳至清代末年，又繁衍了近二

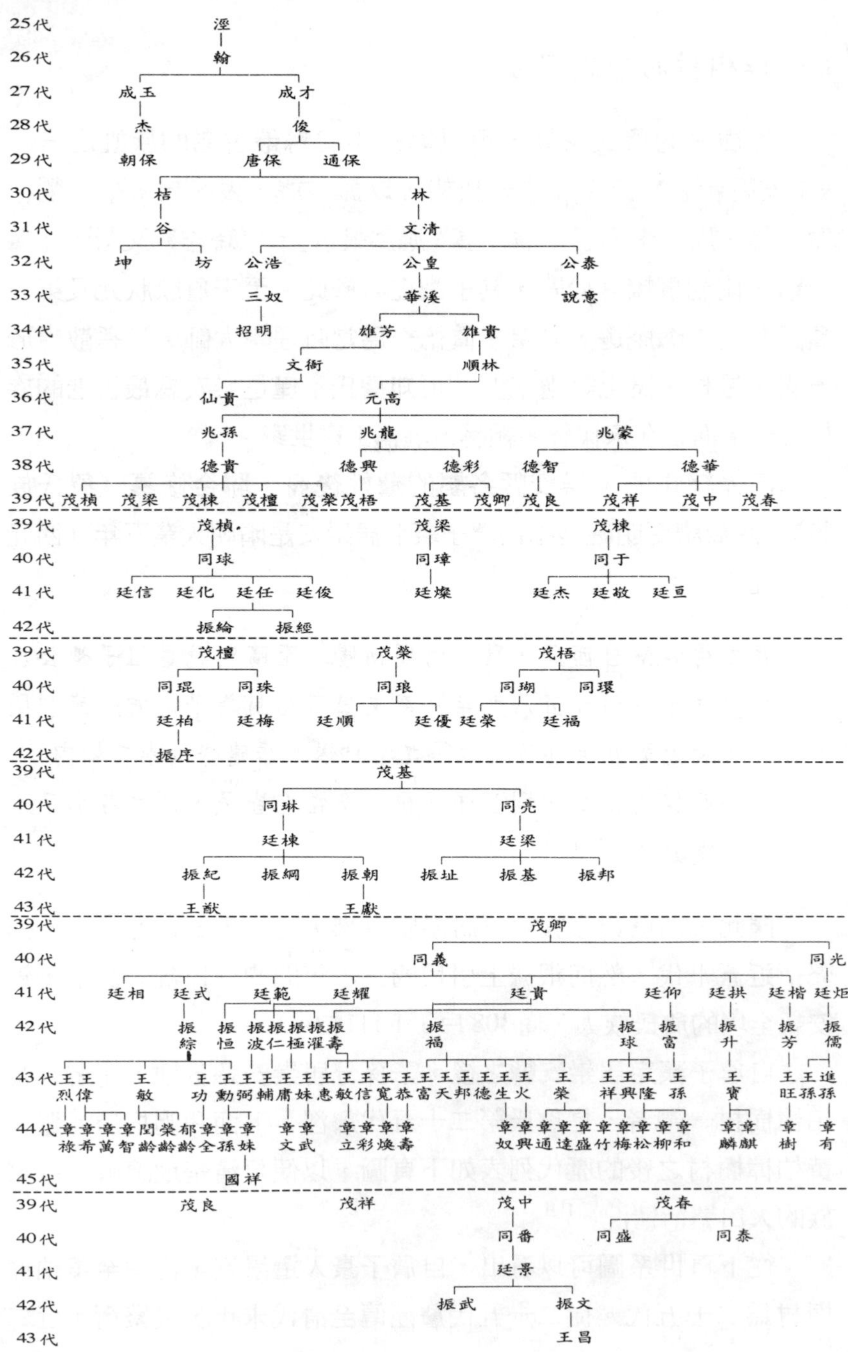

十代，以每代間隔三十年計算，詹涇遷入黃柏樟樹村開基的時間，約在元末明初之時（約西元一三〇〇至一四〇〇年間）。

從詹涇遷入黃柏樟樹村起，至三十八代「德」字行止，共十三代，這裡的詹氏家族幾乎沒有什麼變化，雖然其間也有生育男丁二至三人者，但一直到三十八代，詹氏人丁仍然僅有5人。

從三十九代「茂」字行開始，即在清朝雍正、乾隆年間（西元一七二三至一七九五年間），這裡的詹氏族人有了明顯的增多，「茂」字行的男丁已達12人，到四十一代「廷」字輩，男丁增加到26人。這個時期，也是中國歷史上人口增長最迅速的時期，但是，黃柏樟樹村詹氏家族也和崇安縣其他村落的詹氏家族一樣，並沒有能夠保持比較正常的人口增長。四十二代，全族男丁爲24人，四十三代爲31人，四十四代爲30人。經過二十世紀上半葉的社會動亂之後，黃柏樟樹村的詹氏族人，仍然是29戶、65人。[15]也就是說，從詹涇入遷黃柏樟樹村以來，約六百年間，詹氏族人繁衍了二十餘代，僅有這麼寥寥數十口，其人口增長之緩慢，家庭規模之難以擴大，令人吃驚。目前詹氏族人散居崇安縣各地不下數十處，然從民國三十年（西元一九四一年）全縣詹氏人口僅1,111人[16]的數字可見，黃柏樟樹村以外的詹氏族人，其發展速度及家族規模基本上與樟樹村相差無幾。

(二)嵐谷村的彭氏家族

彭氏家族也是崇安縣最古老的家族，根據三〇年代末崇安縣政府的統計，該族姓又是崇安縣人口最多的族姓之一，除了周、吳、王、陳、劉諸姓之外，彭、李、張、黃、丘等姓，是當時崇安縣人口最多的十大姓。

目前崇安縣追溯從中國北方遷居入崇最早的姓氏，自然是非彭氏莫屬，但是彭氏究竟於何時遷入崇安，則各種記載大多帶有神秘傳說的色彩。據《縣志》的記載，傳說中的仙人彭祖曾經帶兩個兒子隱居於此，故現在著名的國家名勝風景區武夷山的名稱，還是以彭祖這兩個兒子的名字「武」、「夷」而命名的。《族譜》的記載比彭祖的傳說要現實一些，但仍然追溯其祖先爲黃帝之後的顓頊氏，以及秦末漢初的大將軍彭越，延至唐初貞觀年間，其孫輩彭遷奉命入閩，《彭氏重修族譜》載云：

> 祖名遷，乃隴西郡人，家世武功，束髮從秦王（李世民）掃隋之亂，而宣力唐朝，樹大勳，復賜姓彭，授建州左千牛衛上將軍。貞觀初入閩守官，兢兢焉播於茲土。嘗慕隴畝棲岩處，而游咏夷山洞天，闢茲溫嶺，偕三姓而居焉。公歿，葬武夷當源，衛國夫人葬溫嶺。子諱漢，任判官，議鎮改崇安場。太武朝設官守土，居民有撫焉。漢生當，授蔭兵馬都監，提督建州政務。以溫嶺風俗淳厚，上疏題場為縣。先生如此肇達造士、親賢揚善，主持風化，為當世名臣，功德無量，豈徒以世爵為榮為顯也哉。……
>
> 自唐底宋，傳之云胤，有乘公任廣陵節度使，思永天聖進士，仁宗朝授户部侍郎，汝礪吏部尚書、寶文閣直學士。龜年從朱熹游，後太常博士，有路字通吉，富於道德，而取及第，與胡安國為忘年友。通吉嗣孫爽以文章負海內，而成進士，行己教人。……凡此者代有名宦。[17]

從這記載中可以知道彭氏家族不僅入崇的時間早在唐代初年，而且崇安縣的早期行政建制如溫嶺鎮、崇安場等，都與彭氏家族的開發繁衍歷史相關連，《崇安縣新志》記載：「王（審知）閩時，邑人彭漢請以新豐鄉爲溫嶺鎮，至是（南唐保大九年，西元九五一年）又從彭當之請，改溫嶺鎮爲崇安場。」[18]《武夷山市志》亦載云：「唐貞觀初，潤州人彭遷授建州左牛衛上將軍，捐資雇請勞力，在溫嶺東岸（今市區附近）開墾荒地九十餘處。清康熙《崇安縣志》載：『據集鄉民約萬人，遂名其鄉新豐』。」[19]彭氏家族對古代崇安縣的開發做出重大的貢獻。

彭氏家族遷居崇安縣的歷史如此悠久，其子孫繁衍散處於崇安縣各地是勢所必然，據崇安《隴西彭氏重修族譜》記載：「簪纓累累，指曷勝屈。要之子孫之散處者不一，其地既溯其源之所自，尤宜晰其流之所分也。蓋凡居崇安城中者淑明公之派，而新陽六一公之裔。西歷黃西者，文森公之派，而雙門者，敦公所垂脈也。新豐之號，乃千牛公所倡九十餘村之總稱也，肇基公則在嵐峰。福二公之裔，則在洋屯、詹墩之二村。福五公則在漈下之村。其遷居建陽嘉禾者，長潤則君遠公之子孫，而交溪乃自長潤遷其浪坑，則禮三公之後昆。而塘頭乃自浪坑所移，凡此者源遠流長，筆難盡記。」[20]

關於崇安縣彭氏家族自唐代以來的分遷情況，嵐谷《作邑彭氏族譜》的記載更爲詳細，遷居外縣、外省的情況暫且不說，單是分遷于崇安本縣各鄉的，就有百來支，遍布崇安縣各個鄉鎮：

東海公徙本邑北鄉嵐角（谷）居住，子孫移居水東。

懋學公明萬曆二十年移本邑南鄉蘭湯居住。

懋盛公明萬曆二十年分居水東。

鷴表公自水東徙嵐谷山下居住。

華孫公嘉慶五年自東山下移客溪口龍門居住。

懋賢公明萬曆二十五年分居嵐谷上彭住。

廷湖公康熙五十年移東山下居住。

振裕公乾隆癸丑徙福林山下住。

振丕公同弟振星公移行路源住。

采蘩公嘉慶元年徙行路源住。

大源公乾隆五十年徙大嵐邊住。

顯培公嘉慶十一年移家江陳住。

顯柯公嘉慶丙辰年徙山坳住。

顯楫公同長子移城隅住。

文欽公嘉慶甲子年徙里源居住。

文銘公嘉慶乙丑年徙山坳居住。

五九公徙嵐角後洋坂居住。

景□公徙居烏山寺住。

景堂公徙居上彭住。

毛六公同弟毛七、毛八公由烏山寺徙新房下居住。

秀發公由上彭徙嵐角街尾住。

佛郎公由烏山寺徙居芝城高棟。

如界公自上彭移居小漈。

如岳公自上彭移民山坳。

振□公自上彭寄居官茅塔。

天進公自烏山寺徙居小渾住。

如龍公同弟自上彭徙居福林山下住。

公太同弟公奇、公郁徙居牛嶺仔。

存惠公寄居黎口。

永光公由上彭徙居五源住。

同山公由五源徙居大嵐邊住。

同連公與弟同美由上彭徙西池墩住。

元寶公由五源移居池墩住。

元遠公由五源寄居行路源住。

炳敬公由上彭寄居江陳。

同朝公與弟同道移東山下住。

永盛公徙東山下住。

如岱公由上彭徙染溪住。
公良公由染溪寄居城隅住。
文□公本後洋坂沙墩住。
德訓公自上彭移居染溪住。
迪生公分居嵐頭漈下溪州村居住。
元益公居上彭住。
顯域公同長子居城隅住。
五四公明正德初年居大北蕭屯地方。
元達公康熙二十年移蕭屯徙橫源住。
文楚公雍正初移居城隅住。
彬公三子燦鈞公徙大渾水壢居住。
廷亮公乾隆庚寅年徙居下洋。
廷寄公乾隆已丑年徙居下畲。
賀獻公派世居五夫大彰住。
淩霜公乾隆癸丑年徙居城隅住。
廉公移居林尾。
成公明正統庚申年由林尾徙官莊。
世高公由官莊移居大西三渡。
守山公派由城隅徙居西鄉大安。
守仁公派世居城隅。
式齊公自城隅徙居下壢坑。
式丹公派世居城隅。
青龍公徙居本邑東鄉岩後。
文擢公陽谷居住。
天民公由陽谷居程墩。
慈公派下守詔公寄居西源。
元參公支下居本邑東鄉下梅西山。

六□公居李畲。

鳳孫公徙南樹下下廳。

六子公移上梅地方。

六義公徙水東，後移黃柏翁家村莊。

六龍公徙居圓井坑。

澍公支下大禮公萬曆丙子年移下梅當坑。

興龍公派徙居程墩。

永泰公世居潺口程滸。

佛生公支下世居麻園。

佛受公居城隅三官堂巷內。

佛興公派下世居陽谷地方。

裕公世居南鄉新陽。

誠公支下分陽谷地方住。

陽公明嘉靖甲申年移居陽谷水尾，子孫散居下梅地方。

和公明正德壬申年徙北鄉吳屯塔上頭。

天衢公由吳屯揭家於城隅居住。

景文公子玉明公明成化十五年徙居嵐角村，子孫散居漈下大漈地方住。

仲仁公支下世居城隅。

仲德公派下入大安、城隅住。

億公居江源鄉。

玉郎公自江源移居城隅坑頭。

六一公徙大西黃石頭傘街。

天福公派下居何墩。

如禧公徙溫林。

世宦公宋淳祐二年徙北鄉良墩。

庚公宋寶□元年居本邑北鄉陽谷範墩。

陳孫公康熙五十八年由良墩徙居大渾。

廷儒公乾隆時自大渾移居廨園。

鵬三公派入城隅住。

成定公派下入崇城。

仕堅公康熙年間徙居大當橋。

林長公乾隆時由良墩徙居坑口。

九十公派下徙居大西楊莊。

四奴公派下居雙溪水尾。

伯達公派世居洋角。

瑞生公由陽谷徙居五夫。[21]

我們之所以要把《彭氏族譜》中子孫分居的記載不厭其煩地抄錄在這裡，是爲了說明：一個早在唐代前期就入遷崇安的古老家族，繁衍了一千三百餘年，子孫散居於外地、外省的不算，就是分遷於本縣的，據該族譜的不完全統計，已達一百來處。[22]如果按照福建沿海地區比較正常的家族發展歷史，一個未曾斷絕又分遷一百來處的姓氏，其子孫數量至近現代可達數萬乃至十餘萬是十分正常的。然而崇安縣彭氏家族並非如此，據二十世紀三〇年代末的人口統計，全縣彭姓人口雖然雄踞崇安縣前十位，但也僅有596戶，2,456人。如果按一百處計算，平均每處（村落）只有五至六戶人家，25人左右。請看《崇安縣新志》中對於彭姓人口分布於各鄉鎮的詳細記錄如**附表1-1**。[23]

根據附表1-1，崇安縣彭氏家族的族人雖然分布於各個鄉鎮，但大部分鄉鎮只有數戶及數十戶人家，只有嵐谷、大將、五夫、吳屯、城關（清獻鎮），人口超出150人以上。其中嵐谷鄉，算是崇安縣彭氏族人最集中的地方，共有二百戶，980人。當時嵐谷鄉管轄七個保（約等於現在的行政村），近五十個自然村落。我們這

附表1-1 崇安縣彭氏家族人口分布表

鄉鎮	戶	口	平均每戶人數
清獻鎮	35	152	4.34
赤石鎮	19	89	4.68
安莊鄉	3	15	5
西霞鄉	5	11	2.2
吳屯鄉	48	169	3.52
嵐谷鄉	200	980	4.9
黎口鄉	10	35	3.5
雙梅鄉	26	107	4.11
五夫鄉	79	320	4.05
大將鄉	104	398	3.82
白水鄉	1	10	10
星村鎮	35	137	3.91
黃柏村	2	8	4
黎源鄉	28	32	1.14
文仙鄉	1	1	1
合計	596	2456	4.12

次調查的嵐谷村，約有彭氏族人三百人左右。這在崇安縣已經是比較突出的聚族而居的例子了。因此無論是祠堂、族田和族譜等家族組織設施，或是祭祖等家族禮儀活動，都是崇安縣其他鄉村族姓所不能比擬的。儘管如此，一個從唐代就定居於此，並且在崇安歷史上產生過重要影響的著名家族，繁衍發展至二十世紀三、四〇年代，人口只是寥寥的數百人。從這一典型家族的分析中，我們也不難看到崇安縣家族發展歷史的曲折、衰微，以及家族組織的鬆散零落和家族觀念的日益淡薄。

三、鄉族基層社會的管理與穩定

崇安縣一般農村雜姓聚居與家族組織比較鬆散的特徵，使得這裡的基層社會的管理與穩定，不能像沿海地區家族勢力強盛的農村那樣，家族勢力與鄉紳階層在基層社會的管理活動中產生重要的影響。我們在調查中發現，崇安縣農村基層社會管理及其賴以穩定的主要因素之中，政權的力量、民間信仰的趨同和方言的整合，起了不可忽視的作用。這裡我們仍然以上述的黃柏、樟樹和嵐谷村的情景為例。

關於崇安縣鄉村民間信仰，及其在維繫雜姓聚居的基層社會中所發揮的作用諸問題，我曾經在〈崇安縣的辟支古佛崇拜與蠟燭會〉和〈閩北建甌厚山村的三聖公王廟會〉二篇論文中作了闡述。鬆散的家族組織和多元的移民社會，使得這裡無法像沿海許多家族那樣，家族勢力操縱著各自的民間信仰，從而為控制基層社會發揮應有的作用。在崇安縣以至閩北的許多鄉村，來自不同地區和族姓而聚居在一起的居民，往往會趨同於當地的某一種較有影響的民間信仰，從而在這種共同的民間信仰崇拜中獲得和諧共存的精神文化依託。這樣的民間信仰無疑為雜姓聚居的基層社會的穩定起了重要的作用[24]。

所謂政權的力量，就是指政府在農村所設置的管理體制。例如在明清時期，有戶口賦役管理的里甲制度、保甲制度等等。政府各種法令的推行以及對農村實行賦役徵收等，必須從中央政府下達到省、府、縣，再直達這些基層組織，從而使法令等得到一定程度的實施。民國以來，政府繼續推行保甲制度，特別是二〇世紀三〇年代中期以後，紅軍在這一帶進行土地革命之後，國民黨政府對於農村的保甲制度尤為強化。《崇安縣新志》云：「民國二十年夏遭劫後，民眾流離，廬舍為墟，至二十三年冬，縣城雖經收復，然四年匪擾仍無寧日，縣政府依照剿匪區內編查保甲戶口條例，整編保甲，成立區公所，將全縣劃分九區，第一區公所設縣城，第二區公所設下梅，第三區公所設五夫，第四區公所設黃土，第五區公所設星村，第六區公所設赤石，第七區公所設洋莊，第八區公所設大渾，第九區公所設嵐谷。」黃柏、樟樹隸屬于第六區公所，嵐谷村隸屬于第九區公所，後來又一度縮減爲四個區，黃柏、樟樹村隸屬於第一區，嵐谷村隸屬於第二區。至民國二十四年（西元一九三五年），「全縣保甲計編二十五聯保，一百零九保，一千二百七十七甲」。一九四〇年縣政府又根據各保甲的人口情況，把境內各鄉鎮保甲分爲一、二、三等，「黃柏、嵐谷、西霞、黎口、五夫、白水、大將、黎源、文仙爲三等鄉鎮。」[25]

在宗族勢力強盛的沿海地區，政權的保甲制度等基層組織，往往成爲宗族勢力的附庸，是宗族勢力協調與政府的關係及控制地方的一種工具，而在崇安縣則不同，人口的遷移不定、村落規模小、雜姓聚居和家族組織鬆散諸因素，使得這裡的居民，都無法形成一種足以欺淩外姓或異鄉人的勢力，這樣反而使聚居在一起的各個不同姓氏、不同籍貫的居民之間，原有的居民與新遷入的移民之間，自覺或不自覺地保持一種比較和睦而又有某種相互牽制平衡的鄉鄰關係，以求得基層社會的穩定。在這種情況下，政府的基層行政組織，自然而然地成了農村社會最有權威性的力量。政府賦稅的徵收、兵徭役的調發、戶籍的編制、公益事業的建設等等，可以說絕大多數的政治行政貫徹都得由保甲制度進行落實。除此之外，鄉鄰之間的吵鬧、財產的交易過割、山林水利的爭執，乃至婚嫁喪葬等等，許多事情也得請保甲組織出面協調解決。

政府的基層保甲組織既然是一種管理基層社會的權力機構，那麼保、甲長的人選，自然也是居民們所關注的。從三個調查點的一般情景看來，凡是村落規模小，雜姓聚居的局面愈混亂，保、甲長人選的推舉愈是「民主」。從當時國民黨政府的「保甲組織法」中，保、甲長是允許居民們選舉的，但在一般的地區，這種法令形同虛設。而在雜姓聚居的村落，由於居民均與政府沒有特別密切的關係，也沒有突出的族姓可以操縱選舉。因此，保、甲長的產生，一般透過兩種方法：一是共同協商，推舉大家公認比較能夠爲本村人做事而又有一定辦事能力的人出來擔當甲長，另一種辦法是採取輪流制，這二種辦法一般是指甲長的人選。保長的人選則比較複雜一些。

雖然說黃柏、樟樹、嵐谷三個調查點中的特出家族很少，雜姓聚居是普遍現象，但是在一些相對而言較有實力的家族裡，他們對於基層社會管理的影響力，也是不可忽視的，當然這種影響力遠不能與沿海地區的那種強宗欺凌弱姓的局面相爲比擬。

在黃柏、樟樹，潘、廖、吳是比較古老的姓氏，特別是潘姓，自清代以來曾聞名一時。吳姓不知何時遷入崇安黃柏樟樹，但以當時僅潘、吳等寥寥數姓有家族祠堂這一點來推測，應該在此地定居也有一、二百年歷史，廖姓則因經營一些茶葉生意，並可開設小型的製茶作坊，有一定經濟實力。因此之故，在潘家村，甲長一般都是由潘姓人擔任，吳家村的甲長一般由吳姓人擔任，而在壢屯村，這裡的甲長，大部分由廖姓人擔任。至於黃柏鄉的保長，也有好幾任是由潘姓、廖姓和吳姓的人擔任。

嵐谷村的情景也是如此。這裡雖然也是雜姓聚居，但是自然村落規模比較大，這裡的彭、陳二姓是居住歷史較爲悠久的姓氏，且在清末民初均有一定的經濟實力，經營田產及造紙業等等，《縣志》稱彭氏「其子孫蕃衍于五夫大將嵐谷等處，爲一邑望族。」[26]陳姓則在民國年間有俗稱「陳胖」的大地主，其占田近三百畝，紙槽十餘座，富甲崇安「北路」各鄉。故彭、陳二姓在嵐谷一帶的基層社會管理中，有一定的影響力，這裡的保長人選，也經常受到彭、陳二姓的意向影響。

儘管少數有實力的族姓對於基層社會的管理和控制會產生某些影響，然而從整體上說，在以雜姓聚居和家族組織鬆散爲基本特徵的崇安縣農村，族姓及富室對於基層社會的影響還是有限的。我們在沿海各地的地方誌及其他文獻中，可以經常看到關於強宗巨室控制地方以及強淩弱、眾暴寡的記載，而在崇安縣以至閩北各地，地方誌及其他文獻的記載，基本上能夠反映這一帶還保持比較敦樸的民風習俗。

黃柏、樟樹、嵐谷等地的家族組織及家族觀念雖然比較鬆散與淡薄，但是由於居民的不斷流動，新舊居民及不同籍貫的居民聚居在一起，在那些新遷入的居民當中，爲了適應當地的社會並取得一定的生存地位，不同籍貫間的同鄉觀念在初遷入的一段時期內還是比較濃厚的。這些新遷入的居民的社會往來和正常婚姻關係，比較多的是在同鄉之間進行。而不同籍貫之間的「明媒正娶」的通婚，一般都要在移民的第二、三代以後才比較大量地出現。在這些地區，雖然不像沿海地區那樣經常發生鄉族械鬥事件，但偶也有發生一些諸如爭奪墾荒地點、水利山林等等的糾紛，這些糾紛有相當一部分也是在不同籍貫的居民之間發生的。因而在不同籍貫的居民間，也存在著某些帶有地緣同鄉色彩的互助組織。如二十世紀三〇年代政府鼓勵大量浙江、江西移民來崇安開墾，浙江省的江山縣人和諸暨縣人，就曾在縣城設立一個同鄉會，幫助同鄉人解決與外鄉人的衝突以至訴訟等。據說在四〇年代初，由於抗日戰爭仍在進行中，時有一些過往的雜牌軍隊胡亂抓人掠物。黃柏鄉所轄的柘洋村，有不少浙江景寧縣的移民聚居於此。有一回一支小股過往軍隊順路拉走幾頭水牛，激起這些移民的反抗。軍隊準備前往報復，幸好浙江同鄉會組織敦請有關頭面人物出來斡旋賠償，終得無事。可見這種同鄉組織在庇護同鄉時可起到一定的社會作用。

我們這次所調查的黃柏行政村之下的一個自然村落——官埠頭村，是村民委員會的所在地，在二十世紀三、四〇年代有一個逢二、七日的墟集，官埠頭村面對武夷山風景區，武夷山風景區是武夷岩茶的正宗產地，每年清明前後，有大量的江西人來此採茶幫工，分布在武夷山風景區及鄰近的星村、赤石鎮及官埠頭村等地。由於這個緣故，這一帶也有不少江西人移居於此，爲了聯絡鄉誼，江西移民及臨時來崇安打工採茶的江西人，在官埠頭村合資建造了一座「江西會館」，並設置了十餘畝的會館田，以供會館的日常經費及各種活動。會館於每年五月舉行一次大型的聚會活動，招徠江西同鄉，聯絡鄉誼。聚會期間，凡是江西人都可以免費進館吃飯，也可自由捐款。而在平時，會館則受理同鄉人之間的糾紛，以及協調與外籍人、當地人之間的關係。這個會館還與縣城和星村鎮的江西會館有直接的聯繫，當時有許多江西人在崇安、星村、赤石一帶經營武夷岩茶，很有經濟實力。然而從江西會館的實際功能來看，其主要目的在於安置每年三至五月間來崇安採茶打工的季節性流動人員，爲這些春來夏回的季節性工人提供臨時的食宿和安排僱主。而會館在建立、擴展一種江西同鄉勢力的作用，則是比較微小的。

黃柏、樟樹、嵐谷三個調查點新遷入的居民，雖然還保存著一定的同籍互助觀念並形成某些同鄉組織，但當新遷入的居民與當地居民聚居達十數年之後，同籍互助觀念逐漸淡化，同鄉組織逐漸失去作用。大體言之，由於雜姓及不同籍貫的居民聚居，在新移民中，第一代和第二代的同鄉觀念比較明顯，與外鄉人的衝突也大多發生在這兩代人身上，隨著鄰里關係的協調和婚姻關係的聯絡，到了第三代以後，這種同鄉互助的觀念不能不大大淡化，而更多的是注意於鄉鄰之間的關係。這種關係的形成，除了因雜姓異籍聚居無法形成一般足以欺淩外姓，或異鄉人的勢力，從而自覺或不自覺地維持和睦平衡關係，以及通婚關係的增多等因素之外，方言的融合，不能不說是其中一個重要的原因。

從福建、廣東、台灣等地的移民歷史上看，方言對於移民社會的形成，實在有著十分重要的作用。當某一地區的居民遷移到另一個地區成爲新移民時，一定會把原先的方言帶到新的移民區。然而有些移民把自己原有的方言和生活習慣帶到新的移民區後，生根擴展，形成新的派生方言區；而有的移民，雖然把自己原有的方言和生活習俗帶到新的移民區，但隨著時間的推移，自身的方言和習俗逐漸被當地的方言和生活習俗所消融，移民的後代也變成了道地的當地人。如福建閩南福佬系人，遷移到台灣、廣東潮汕、海南島以及浙南溫州的一些地區，這些地區至今仍然保持閩南福佬人的方言和某些生活習俗。再如閩西、贛南交界的客家人，向台灣及廣東北部山區遷移，帶去了客家方言，這些地區至今自認爲是客家區。相反地，有一部分客家人向福建沿海的閩南區遷移，卻無法把自己的方言和生活習慣移植過去反而被閩南福佬人所消融，因而這部分客家人的後裔也就成了閩南福佬人。崇安縣的情景也是如此，雖然說至少從二十世紀以來，浙江、江西、福建沿海均有大量的移民遷入，但至今爲止，沒有一個地方的方言能夠在這裡根植下來，相反地，不論是來自何地的移民，都逐漸同化於這裡的方言，成了崇安人。

這種方言的移植與消融與否，取決了移民人數與原有居民的力量對比，如果移民人數較多，原有居民的力量較爲薄弱，則移民的方言和生活習俗就有可能在新移民區生根擴展，這就是通常所說的「反客爲主」。福建閩南人之所以能夠把方言移植於台灣，其關鍵就在於此。而崇安縣的情景正相反。如前所述，由於崇安縣的移民不像閩南人向台灣那樣的單向移民，而是一種多向的移民，即移民來自許多不同的省分和地區，操持有多種不相雷同的方言，這種多向的移民無法形成一種明顯占有優勢的力量，包括方言的力量，於是，方言的組合也同鄉族的組合一樣，大家一致認同於本地原有的方言，而逐漸拋棄自身原有的方言。

當然，當多種方言滲入到崇安縣農村社會時，總會產生方言與方言之間相互排斥和相互融合的情況，但其最終與崇安方言融合過程的時間長短，則主要取決於兩個方面的因素。

一方面的因素仍然是我們上面所講的操何種語言的人數優勢。在一個自然村落或一個社區中，如果操崇安方言的原有居民占多數，而外地移民不是大批大批地湧進，則外來移民自身方言的消亡及認同於崇安方言的過程就比較短暫。一般言之，新移民的第一、二代人之間仍可在自家及同鄉範圍內操自身方言，而第二代人在與當地人的交往中，則往往使用當地方言，到了第三代，不論是家內或是對外，則幾乎全部用崇安方言，到第四代以後，自身原有的方言可能就完全消失了。我們這次調查的嵐谷村，大體上屬於這一類型。

反之，在一個自然村落裡，如果操崇安方言的原有居民人數少於新遷入的移民，並且這些新遷入的移民是來自同一個籍貫，那麼，這些移民就能夠比較長時間地保留自己原有的方言，其與當地方言消融歸化的過程要相應長一些。這種情景在原黃柏鄉有三個比較典型的例子：一是現在柘洋行政村，有一大批浙江景寧人在三〇年代新遷入，由於人數多，至今在其內部仍然部分流行浙江景寧方言。二是黃柏行政村的後村（這次調查的範圍之內），二十世紀三〇年代有一批浙江諸暨人遷入，人數多於當地居民，因此至今亦在其內部部分流行諸暨方言。三是黃柏行政村的果園林，二十世紀六〇年有一批福建沿海惠安縣的移民遷入，人數亦超過原有居民，至今不僅在其內部通行惠安方言，同時也影響原居民的青少年們，即他們大體可以聽懂這些移民所說的惠安方言。據《武夷山市志》記載：「在武夷山腹地的天心赤石一帶有些村子是閩南方言，是早年永春一帶移民聚居點，但人數不多。」[27]這種情況也是因爲移民人數較多並且聚居的緣故。但是隨著時間的推移，不同地區的方言最終還是消融於當地主流的方言之中。

不同地區的方言消融于崇安方言的第二個因素是墟市與地理的牽制。雖然說由於新移民與原居民在人數力量上的比例而造成方言消融過程的急緩，但是即使是在新移民人數占絕大多數的自然村落裡，如上面所舉的黃柏果園林和天心赤石一帶的某些小村落，他們最終還是要被消融於崇安方言之中。這是因爲人們的社會活動並不僅侷限於小自然村落之內，自然村落與自然村落之間，鄉與鄉之間，鄉與縣城之間，都要有一定的聯繫。在一九四九年以前雖然說崇安縣農村仍然停留在一個比較封閉的農業社會裡，但是每一個農民都必須與政府、與市場發生程度不同的聯繫。當移民社會紛雜，但沒有一種外來方言可以在全鄉、全縣占統治地位的情況下，墟市的交流、民間與政府間的聯絡，就只有通行原有的崇安方言了。在某種意義上可以說，在文化落後的山區，國語（普通話）得不到推廣，崇安方言自然而然成了這裡的非法定語言但又是事實存在的官、私方通用語言。特別是墟集，是所有農民必須與之發生關係的公共場所，自然村落愈是靠近赤石墟、官埠頭墟的居民，方言同化的時間愈短，而離墟集的距離愈遠，方言同化的時間就愈長。在這種情況之下，新移民們不論是自願也好、非自願也好、有意識也好、無意識也好，逐漸消融於崇安方言只不過是時間上的長短而已，趨向是不可逆轉的。正因爲如此，不管是原有居民占多數的村落，或是新移民占多數的村落，最終都將同化於崇安方言。根據筆者的調查，上述的柘洋、後村、果園村及天心赤石的村莊，雖然其中有一部分人仍會操原有的方言，但在新移民的第三代以後，沒有人不會講一口流利的崇安方言。

當然，這裡也還有一個消融程度的問題。從地理上講，愈是接近於墟市、縣城及交通要道，移民方言消融於崇安方言的時間就愈短，而那些遠距縣城、墟市並且交通不便的閉塞山村，其保留移民原有方言的時間就愈長。筆者曾在嵐谷鄉與浦城交界的一個偏僻山莊裡看到幾戶人家，所講的語言連嵐谷鄉的當地居民也要費很大精神才能聽得懂。原來這幾個人家是明末清初從沿海閩南來這裡種植藍靛植物的，定居下來以後，由於交通極爲不便，且不與官府來往（可以躲避賦役徭役），結果閩南方言被保留了數百年。儘管如此，這些人家仍需要與外界產生一些聯繫，久而久之，閩南方言與崇安、浦城方言混雜，加上這偏僻山區也有一些浙江流民，遂成爲一種「四不像」的語言，這是一種極少見的例子，但也由此可見在市場、地理及社會往來過程中，外地移民方言最終同化於崇安方言的必然趨勢。當然，外地方言消融於崇安方言的過程中，也不排斥吸收某些外地方言的可能性。方言同樣有一個演化變遷的過程，這正如《武夷山市志》中所言：「武夷山市方言（崇安話）屬於閩北方言，……（崇安）歷史上曾是古閩越人的聚居地，後來又與贛語區有不少往來，宋元以來有不少江西人移居此地，語言受贛客方言影響」，[28]這種影響是很正常的。不僅方言如此，其他的生活習俗也有著類似的融合變遷過程。方言與生活習俗的消融歸化，無形中消除了外地移民與原有居民之間的界限，促進了基層社會的穩定。因此，在雜姓聚居、家族組織鬆散的移民區域裡，方言與生活習俗的認同在其間所發揮的重要作用，是不能忽視的。崇安縣以及閩北許多雜姓聚居、家族組織鬆散的地區所形成的基層社會形態，與福建沿海地區家族、宗族制度較爲嚴密的基層社會形態存在著諸多的差異，這也就是理所當然的了。

注釋

[1]康熙《崇安縣志》，卷一，〈風俗志〉。
[2]民國劉超然《崇安縣新志》第四卷，〈氏族〉。
[3]民國《建甌縣志》，卷十九，〈禮俗志〉，頁1。
[4]武夷山市志編纂委員會編《武夷山市志》，卷三，第一章，〈人口源流〉，第二節「人口遷移」，中國統計出版社，1994年版。
[5]民國劉超然《崇安縣新志》，第四卷，〈氏族〉。
[6]武夷山市志編纂委員會編《武夷山市志》，卷三，第一章，第二節，「人口遷移」，中國統計出版社，1994年版。
[7]民國劉超然《崇安縣新志》，第三十一卷，〈叢談〉。
[8]武夷山市志編纂委員會編《武夷山市志》，卷三，第一章，〈人口源流〉。
[9]同上。
[10]民國劉超然《崇安縣新志》，第四卷，〈氏族〉。
[11]同上。
[12]民國《崇安縣新志》，第四卷，〈氏族〉。
[13]光緒《建峰詹氏宗譜》，卷一，〈創建星村宗祠序〉。
[14]光緒《建峰詹氏宗譜》，卷七，〈黃柏湮公派〉。
[15]民國《崇安縣新志》第四卷，〈氏族〉。
[16]同上。
[17]嵐谷《隴西彭氏重修族譜》，〈老序〉。
[18]民國劉超然《崇安縣新志》，第一卷，〈大事記〉。
[19]武夷山市志編纂委員會編《武夷山市志》，卷三，〈人口〉，第一章，「人口源流」。
[20]《隴西彭氏重修族譜》，〈歷代源流序〉。
[21]光緒乙未年（1895年）修《作邑彭氏族譜》，卷二，〈分派居址〉。
[22]該族譜稱〈分派居址〉的統計是不完全的：「所有城內墩外附近者居址

繁盛，難於悉錄，□遷裔者散處他鄉，未易相稽。」

[23]民國劉超然《崇安縣新志》，第4卷，〈氏族〉。

[24]《崇安縣的辟支古佛崇拜與蠟燭會》，載台北漢學研究中心編輯，《寺廟與民間文化研討會論文集》，1995年3月出版；〈閩北建甌厚山村的三聖公王廟會〉，載台北中央研究院民族學研究所編輯，《華南農村社會文化研究論文集》，1998年3月出版。

[25]民國《崇安縣新志》，第十卷，〈政治〉。

[26]民國《崇安縣新志》，第四卷，〈氏族〉。

[27]《武夷山市志》，卷三十四，〈方言志〉，中國統計出版社，1994年版。

[28]同上。

附錄二　鬆散家族制度下的鄉村婚姻形態——崇安縣黃柏村實例調查

人們討論中國傳統社會的婚姻形態，往往受到傳統家庭倫理道德觀念的影響，認爲一般的家庭婚姻總是明媒正娶，花轎花燭，嫁夫隨夫，從一而終。然而，這種明媒正娶、從一而終的婚姻形態，除了受到傳統家庭倫理道德觀念的支配以外，還必須具備相應的社會環境和經濟條件，要言之，一個組織比較嚴密的家族、鄉族社會和相對穩定的鄉村經濟，是維繫這種傳統婚姻形態必不可少的社會基礎。如果不具備這樣的一個社會基礎，則人們觀念中的這種明媒正娶、從一而終的家庭婚姻形態，就不太可能得到完善的維繫和沿襲。崇安縣黃柏村的婚姻形態，就是那種缺乏比較嚴密的家族、鄉族組織和相對穩定的鄉村經濟這一社會基礎，而呈現的一種變異的實例。

一、黃柏村的家族、鄉族結構

清代後期以來，社會動亂對於閩北山區的人口氏族構成，產生了重大的影響。崇安縣黃柏村行政隸屬於原崇安縣武夷鄉。這個行政村所管轄的區域，正是二十世紀三〇年代國民黨軍隊和共產黨領導的紅軍相互爭奪鬥爭激烈的區域，紅軍敗退後，人口喪失十分慘重。據《崇安縣新志》記載，上世紀三〇年代的黃柏行政鄉，包括現在的黃柏、柘洋、樟樹三個行政村，自然村落有五十餘個，居民姓氏有四十餘種，人口數量二千餘人。然經戰亂之後，人口僅剩一千三百餘口，平均每個自然村落的人口不足三十人，每種姓氏的人口也只有三十餘人[1]。自三〇年代後半期起，當地政府面對鄉村凋零的局面，推行了一系列招徠外地移民的措施。於是陸續有一部分外地流民遷入，其中以浙江人最多，江西人次之，另外還有少量湖廣人以及福建沿海的移民。外地移民的入遷，更增加了這一地區人口混雜、姓氏眾多的局面。

現在的黃柏村行政村，共隸屬有二十一個自然村落，各自然村落的規模很小，大者約有二百餘人，小者僅有十餘人及數十人。筆者這次共調查了九個自然村，即：官埠頭、黃龍洲、官莊、江墩、潘家、鄢家、後村、祖師嶺、壢屯。這九個自然村的人數約一千人，問卷人數為107人。而在這107人中，共有五十種姓氏。這五十種姓氏是：溫、陳、廖、黃、嚴、隆、吳、謝、李、翁、胡、趙、柴、林、周、艾、徐、王、賴、汪、江、蕭、毛、任、劉、蘇、夏、藍、程、施、方、范、寧、遊、潘、張、熊、邱、詹、邵、姚、葉、丁、楊、宣、鄭、裴、虞。在這些姓氏中，作為戶主的男性姓氏達二十七種，並且其中約半數的姓氏系二十世紀初前期從外地、外省新遷入的移民。由此可見，雜姓聚居是黃柏村調查點近百年來最基本的社會特徵。

雜姓聚居使得這一帶的鄉族組織特別是家族組織十分鬆散，宗法勢力相當微弱。家族組織的三大要素，即祠堂、族譜、族田，在這裡很不普遍。在黃柏行政村的二十一個自然村落中，僅潘家村有一座祠堂和數十畝族田，維持家族組織的日常活動。然而這僅有的一座祠堂，也是潘姓在清代前期該姓繁盛時所建立的，清代後期以來，潘姓也不斷衰落。一九四九年前，潘家僅剩下十餘戶人家，家族組織的日常活動時斷時續，勉強應付。一九四九年以後，這座唯一的祠堂已倒塌廢棄，不復存在。至於其他姓氏，則只能在自家廳堂中祭拜祖先，均未能形成制度化的家族組織。

雜姓聚居和家族組織的鬆散，使得這些來自各地的姓氏，無法形成一股足以欺淩外姓或異鄉人的勢力，這樣反而使各個不同姓氏的居民之間，自覺或不自覺地保持一種比較和睦的鄉鄰關係，以求得社會的平衡。而就其各個姓氏內部而言，由於沒有嚴密的家族組織，無法實行有效的內部管理和控制，宗法觀念相對淡薄，傳統的家庭婚姻等紐帶，不能不受到嚴重的削弱。

二、性別比例與再婚現象

雜姓聚居的移民社會，男性的數量往往高於女姓的數量。這是因爲外地移民的入遷基本上採取兩種形式，一是夫妻全家一道移來，這種移居形式，在短時期內對當地的婚姻形態影響不大。而另一種形式，則是先由男勞動力來此地謀生打工，取得一定謀生條件後，再回原籍搬遷妻兒家屬，或直接在本地尋找女性，組成家庭。這樣，就勢必影響到當地人口中的男女性別，出現不合理的比例。請看崇安縣民國二十七年（一九三八年）到三十年（一九四一年）的人口性別比例統計，如**附表2-1**[2]：

在以上四年的戶口男女性別比例中，民國二十七年的男女之比是10: 8.1，民國二十八年也是10: 8.1，而民國二十九年是10: 7.3，民國三十年是10: 7.5。

再看黃柏村的戶口統計數字，如**附表2-2**[3]。

附表2-1　崇安縣民國二十七年至三十年的人口性別比例統計

年份（民國）	戶數	口數	男口數	女口數
27年10月	13,480	59,604	32,877	26,727
28年06月	13,789	62,163	34,334	27,829
29年10月	18,401	87,096	50,196	36,900
30年06月	19,072	90,284	51,612	38,672

附表2-2　黃柏村的戶口統計表

年份（民國）	戶數	口數	男口數	女口數
28年11月	411	1,768	1,016	752
12月	411	1,769	1,017	752
29年04月	705	2,513	1,414	1,099
11月	588	2,509	1,403	1,106
30年04月	706	2,519	1,417	1,102
11月	719	2,530	1,423	1,107

根據附表2-2，民國二十八年、二十九、三十年黃柏村的男女性別比例分別是10: 7.4、10: 7.8、10: 7.8。

黃柏村的男女性別比例與崇安縣各鄉的平均男女性別比例基本上是一致，但值得注意的是，同時期的崇安縣各鄉鎮中，唯有縣城及其郊區的清獻鎮，以及武夷茶葉的集散市場赤石鄉的男女性別比例是基本持平的，而其他各鄉大多屬山區農村，則普遍出現男女性別比例不協調的局面。城廂清獻鎮和赤石鄉的男女性別比例基本持平，可能是城鎮內的行政管理效能和道德觀念氛圍比較規範的緣故吧。

雜姓聚居，宗法關係鬆弛，以及男女性別比例的不協調等因素，促使這一地區的婚姻形態成了自有鮮明的特色。

就整體情況而言，民國時期黃柏村的婚姻形態，還是以大婚爲主，同時也存在一部分招贅婚和小婚的情況。在該村101名男女問卷人中各類婚姻所占比例如**附表2-3**。

附表2-3　黃柏村101名男女問卷人中各類婚姻所占比例表

婚姻種類	男性	女性	小計	所占比例
大婚	31	33	64	63%
招贅婚	12	6	18	18%
小婚	7	12	19	19%

然而，黃柏村婚姻形態的特點並不體現在以上三種婚姻的比例中，而是體現在婚姻關係的不穩定狀態中，拐帶妻子或妻子被拐帶，以及甲妻轉爲乙妻或丙妻轉爲乙妻的現象時有發生，而其中最突出的一點，是寡婦改嫁、男性再婚的比例很高，先看五十名男性問卷人的再婚情況如**附表2-4**。

據此，在五十名男性問卷人中，有二次以上婚姻的共十三人，占男性問卷人的26％，其中王A和徐A，在沒有與原妻正式脫離婚姻關係的情況下，又與後妻結合，屬於重婚現象。而在這五十名男性問卷人中，其妻子屬於二次以上婚姻的也有十餘例。

在女性問卷中，二次以上婚姻比例更高，茲將女性再婚的情況整理如**附表2-5**。在這五十一位女性問卷人中，二次以上婚姻的竟有二十四例，占女性問卷人的47％。

女性的再婚高於男性，是女性少於男性的性別比例不合理所致。在福建沿海等家族組織嚴密的社會裡，聚族而居，婚姻的擇偶對象一般是不可能在同一個村落裡進行的。而在閩北崇安縣等

附表2-4　黃柏村50名男性問卷人的再婚情況表

問卷人	結婚次數	備註
隆A	2	
嚴A	2	
黃A	2	妻子曾有前夫
王A	2	兩個妻子同時存在，各居一處
寧A	2	
潘A	2	
徐A	2	兩個妻子同時存在，各居一處
王B	2	妻子有前夫
吳A	3	
蕭A	2	妻子有前夫
徐B	2	妻子有前夫
陳A	4	妻子有前夫
夏A	2	妻子有前夫，再婚時前妻尚在

表2-5 黃柏村51名女性問卷人婚姻情況表

問卷人	結婚次數	備註
程A	2	
施A	3	
吳A	3	
吳B	2	
方A	2	兩個丈夫同時存在
周A	2	
林A	2	
翁A	2	
陳A	2	
謝A	2	
邱A	2	
廖A	2	
黃A	2	第二次婚姻屬自由戀愛
劉A	2	
陳B	2	兩個丈夫同時存在
柴A	2	
鄭A	3	
鄭B	2	
葉A	2	
丁A	2	
程B	2	
裴A	3	
虞A	2	
姚A	2	與前夫有正式離婚

雜姓聚居的社會裡，許多再婚者的擇偶對象往往是同一村落裡或鄰近的村落裡。值得注意的是，這種頻繁再婚的關係，由於沒有強有力的家族、鄉族組織和宗法勢力加以限制，幾乎成了當地社會的一種正常習俗，得到了社會乃至觀念的寬容。甚至連地方政府的行政管理、婚姻法規等，也都對這種再婚關係予以默許。在我們所調查的這些再婚例子中，沒有一例有到政府機構去進行婚

姻登記的，其中有六例的再婚，是在前夫或前妻尚健在的情況下進行的，而只有一例是與前夫辦理正式離婚手續的，其他五例都是在與前妻或前夫沒有任何婚姻斷絕手續的情況下再婚的。從法律上講，這種再婚犯有重婚罪，但在當地並不認爲是違法行爲，爲鄉鄰所接受。

官埠頭自然村只有十餘戶人家，居民有吳、毛、蘇、夏、陳、周、江、謝、劉等姓氏。在這個自然村落裡，由於頻繁的再婚，形成了一個複雜而奇特的婚姻關係網。附表2-4的夏A是一個單身漢，恰好浙江龍泉縣有一女子因饑荒而逃至崇安謀生，這個女子在龍泉縣已有丈夫，但到崇安後，經人撮合，與夏A結婚，生有一女，並懷孕在身。同村之吳A前妻已亡，留有一女，恰好崇安城關有一寡婦施氏帶有二男二女逃荒至本村，經人撮合，與吳A結婚。後來吳A見夏A之妻相貌姣好，年紀較輕，便與夏A之妻發生關係，不久便與施氏分居，與夏A之妻結合。而施氏留下一女與吳A作養女，自己帶二男一女又同本村的陳A結合。以後因性格不和，又各自分居，施氏分一男給陳A，自己帶一男一女過日子。夏A撫養其女至十歲左右，又有浙江一逃荒女子，帶一男孩來到本村，遂與夏A結合家庭。以上這同一村莊裡的四個重婚家庭，本來是十分不符合傳統道德觀念而不易相處的，但由於其子女的複雜關係，現在反而成了親戚，夏A的遺腹女現爲吳A之女，但其長相酷似夏A，同村所有的人都認爲她是夏A的血緣，故至今夏、吳兩家因這層關係而成親戚。而施氏的長女留給吳A爲女，長子留給陳A爲子，因而吳、施、陳三家亦維繫了一層親戚的關係。這四家在平常的交往中，亦從不以曾有過不正常的婚姻關係而有所忌諱。

在壢屯村，也有兩個關係十分微妙的家庭。廖某爲人老實，勤勞能幹，外表矮小醜陋。其妻則姣好精明，看不起丈夫，與同村的另一個有妻小的男性長期保存半公開的性關係，並為這個家庭生下了四個孩子。這四個孩子的相貌與這個男性的外貌極其相像，而與其名義上的父親的外貌毫無共同之處。如今這兩個家庭的關係十分融洽，這四個孩子都稱這個男性為義父，每逢婚嫁及年節，兩家之間都要互通禮問。

黃龍洲村有一個姓趙的男子，其妻為浙江江山縣人，曾因鬧饑荒時脫離其前夫而逃荒至崇安，與趙某結合。生有兩個孩子。後來因趙某家庭貧窮，生活困難，其妻又隨一做篾的工人私奔。數年後，其妻又回到趙家，雙方無話，依然是夫妻。

類似的例子，在黃柏行政村這一調查點裡有不少。而這種頻繁再婚、家庭婚姻關係不穩定，以及通姦率較高（關於通姦的情況，無法作確切的調查，但根據一般性的訊問可以得出這一印象）的現象。無疑是與這一雜姓聚居的移民社會缺乏強有力的家族、鄉族控制和觀念的束縛有著密切的聯繫。

我們從黃柏村的招贅婚情況看，也同樣可以反映出這一內在的因素。這裡的入贅男性，在其正式結婚以前，一般都要先到女家勞動一至二年，在這期間，男性住在女家，吃在女家，參加女家的一切活動。當女方及其父母對男性的勞動表現及日常行為表示滿意之後，方可進行正式的婚禮。如果女方對男性不滿意，則可以像辭退長工那樣辭退這個男性，另外再物色其他的招贅對象。這種招贅習俗的形成，當然有眾多的因素，但是這一雜姓社會裡男性多於女性的性別比例不合理狀況，以及缺乏家族、鄉族制度的約束，無疑是形成這種招贅風俗的基本因素之一。

被招贅的男性雖然在婚前所受到的待遇有些苛刻，但是一旦正式結婚以後，贅夫的社會地位及其在女方家庭中的地位，則和一般大婚男性的差別是不明顯的。贅夫們不要改姓，所生子女除第一胎（不論男女）必須跟妻姓外，其餘的子女，不論數量不少，都跟贅夫姓。這樣，在一般的情況下，招贅婚所組成的家庭，延續二代之後，由於跟隨贅夫姓的子女多於跟母姓的子女，相比之下，贅夫的本姓反而比其妻姓更有可能得到沿襲發展。贅夫有著較高的社會和家庭地位，顯然也是與這一地區家族、鄉族勢力微弱、宗法關係不強，以及雜姓聚居的社會環境相聯繫的。一方面，女方的家庭無法用強有力的家族勢力來維護本姓的尊嚴和利益，而另一方面，極爲複雜的社會婚姻環境，也使人們對姓氏的沿襲抱著比較淡薄的觀念。

三、三例特殊的婚姻關係

在黃柏村的婚姻形態中，有三例特殊的婚姻關係，值得一提。

1.招夫養夫。祖師嶺村有一女性陳氏，原籍浙江省江山縣人，前夫爲泥水匠，兼農業傭工，夫妻結婚後生有二女。不久前夫得了「大腳病」，逐漸喪失勞動能力，無法養活妻子家人。於是其妻陳氏又招贅一姓葉的丈夫入門，主持家庭的生產勞動。妻子同兩個丈夫及其子女(後夫亦同陳氏生了孩子)共同生活在一起，形成一個家庭。如今陳氏的前夫和後夫均已去世，陳氏健在，其子女亦分別結婚成家生育孩子。當地人把這種婚姻關係稱爲「招夫養夫」，社會與政府並未加以干涉。甚至在一九四九年，政府進行土地改革和清查戶口，也承認陳氏的這種婚姻關係，兩個丈夫作爲一個家庭共同分得土地，登記戶籍。

2.典妻。官埠頭村有一女性方氏，原住本縣星村鄉，前夫爲箍桶匠，並墾有數畝山田，後因經營不善，經濟困難，並且長期臥病在床，遂將其妻典借給官埠頭村一位姓彭的男性，典期爲三年。三年典期一到，前夫仍然無力贖回，而方氏亦不願回星村原夫家，於是追加典錢若干，方氏永久歸彭氏爲妻。如今方氏尚健在，在官埠頭村的子孫有十餘人，而其前夫和後夫，早已去世。

3.收繼婚。下壢坑村（屬黃柏行政村，但未在此次問卷的範圍之內）有一女性管氏，原籍浙江省龍泉縣。二十世紀三〇年代時，其公公、婆婆，率領其丈夫、小叔、小姑等全家來崇安墾荒。其後丈夫病逝，留有三個孩子；其公公、婆婆亦相繼去世，於是管氏與其小叔（丈夫的弟弟）自願組成家庭。並生有子女。如今前夫、後夫的孩子均已成家，前夫的孩子仍稱其後夫爲叔叔。

以上這三例特殊婚姻關係的存在，同樣也是與這一地區缺乏強有力的家族、鄉族組織，宗法觀念較爲淡薄相爲適應的。同時，這一地區貧困而又不穩定的農村經濟，也是造成家庭婚姻關係混亂的重要因素。

黃柏村的婚姻形態，可能比較特殊，它呈現出許多與傳統婚姻觀念及其形態相悖離的變異。然而，這種變異的婚姻形態，正是建立在人口混雜的移民社會和家族、鄉族制度鬆散的基礎上的。眾所周知，中國各個地區之間存在著明顯的發展不平衡的狀態，即使是在同一個省分、同一個區縣之間，社會發展不平衡的的狀態也是顯而易見的。因此，我們在探討中國家族社會的一般形態的同時，也應該注意到不同地區、不同家族鄉族間的特殊差異。黃柏村鬆散家族制度下民間婚姻形態的探討，也許可以爲瞭解福建乃至中國的家族制度的不同實態，提供一個值得思考的案例。

註釋

[1]民國劉超然修《崇安縣新志》，第四卷，〈氏族〉。

[2]户口數字據國民黨崇安縣政府歷年户口統計，現藏武夷山市檔案館。

[3]數字見民國時期崇安縣政府第一區署户口異動呈報表，現藏武夷山市檔案館。

附錄三　清代泉州福全所的衆姓合族

研究中國家族史的學者，無不十分關注血緣關係在維繫家族組織上的重要作用。血緣關係是中國家族制度構建的基礎，沒有血緣關係，就沒有家族組織及其相關的制度。然而，中國家族制度經過長時期的歷史延襲，在不同時期社會經濟變遷等因素的作用下，某些地區的民間家族組織也必然會出現許多異化的現象。這種異化的家族組織及其運作方式，尤其值得人們的注意。近年來，我在蒐集福建民間家族資料時，曾發現清代泉州府晉江縣福全鄉（舊稱福全所）的全氏家族及其家族組織形式，就是一個典型的例子。

一

泉州府福全所，原爲明代駐軍之所。明代初年，明朝政府實行「衛所」制度，福建泉州府有永甯衛。《明史》記載：「（洪武）二十一年又命（湯）和行視閩粵，築城增兵。置福建沿海指揮使司五，曰福寧、鎮東、平海、永寧、鎮海。領千戶所十二，曰大金、定海、梅花、萬安、莆禧、崇武、福全、金門、高浦、六鼇、銅山、玄鍾。」[1]乾隆《泉州府志》亦載：「洪武二十一年命湯和行視閩粵瀕海地，築城增兵，置永甯衛指揮使及崇武、福全、金門、高浦千戶所。」[2]因此之故，清代泉州府福全所的居民，大部分是明代軍戶的後裔。

入清以來，清朝政府不復實行衛所制度，原明代的軍戶，大部分轉爲民戶立籍，並且開始承擔納稅服役的責任。於是，福全所洪、曾、張、吳等十餘姓軍戶衆議共立一姓，並建立合姓共有祠堂一所。當時的合姓約字如下[3]：

立約字詹奕燦、劉奕伯、吳奕盛、曾奕從、卓奕弼、洪奕龍等，今因燦等零星軍户從無户眼，而且攝於強族之間，每被欺侮。茲全議欲頂一班，思姓氏多門，議將以地爲姓，即「全」是也。公欲建築大宗，而宗地未有其所。茲因陳胤晃、應京年老無嗣，願將伊承祖地基一所，土名下營，其東西四至登載晃等約字明白，充入全中起蓋大宗。如此地不堪起蓋，約聽燦等別售他處起蓋祀宇。進主之日，願將胤晃、應京並其父祖共神主六身進入祀中，配享春秋二祭。此系公仝要議情願，日後各無反悔異言。今欲有憑，立約字爲炤。

康熙五十三年七月　日立約字人　洪奕龍　何世德

曾奕從　曾世都

張奕銓　張世正

詹奕燦　葉世春

劉奕伯　翁世瑞

卓奕弼　尤世祥

吳奕盛　趙世坦

代書人　鄭元猷

從這紙合約字中，我們可以知道清代康熙年間泉州府福全所的洪、曾、何、張、吳等近二十姓軍戶[4]，從「福全所」的地名中取出「全」字，以爲各姓共用的姓氏，並虛擬出「全爲麟」爲各姓共同的開基祖先。開基祖之下，把各姓分爲五房，亦稱「五柱」，輪流當值全氏家族的祠堂管理和支應戶籍等事務。因此，該祠堂的一世祖和二世祖的神主是這樣的：

一世祖爲麟公暨妣

二世祖定齋公，妣古氏

二世祖定祥公暨妣

二世祖定貴公，妣金氏

二世祖定美公暨妣

二世祖定瑞公暨妣

……[5]

全氏家族的所謂一世祖、二世祖雖然都是虛擬的，並無其人，但是由於各個姓氏有著共同的社會需求和利害關係，這些不同的姓氏還是維持了這種特殊的家族聯繫。從康熙年間以至清代後期，全氏家族的內部聯繫雖然時而密切、時而鬆散，但是這種眾姓合族的局面仍然得到延續。到了光緒年間，士紳全宗伊等人再次倡議加強這種眾姓合族的關係，整修祠堂，進祖祭祀，眾姓合族的內部團結得到了一定程度的提高。全宗伊在《新撰全中譜序》中寫道：

> 我全自有明洪武帝廿七年間奉命守禦福全城，因就家焉。終明季之世，科第蟬聯。迨至本朝康熙六年、九年遷海邊居民欲避敵糧，遂空其地。由是宮室宇舍煨燼無餘。後漸歸複，始得草創第宇。然不及曩萬分之一。屢受大姓欺凌，勢有所不堪。幸賴先哲詹奕燦、張奕銓、劉奕伯、卓奕弼、曾奕從、洪奕龍、吳奕盛、葉世春、翁世瑞、尤世佯、張世正、曾世都、何世德、趙世坦等於康熙五十三年七月間議建宗祠。況三代共禘帝嚳之尊，合百室同祀祖先之誼。溯全公為麟始祖，制主六座，歷年分為五柱，輪當值首。無如世久年湮，幾幾乎隕墜。至光緒三年丁丑春，諸鄉耆再集議，進各姓祖先神主，每訂番並（餅銀）五元，計進□座。除蔭祖先

及前有微勞計□座，實主有□座，即時乃鳩工庀材，其廟貌方得一新。從此春祀冬蒸，子子孫孫勿替引之。是為序。[6]

在全宗伊撰寫的《全中譜》中，還詳列了光緒年間重新請進祠堂的不同姓氏先祖神主的名諱。如第十三世：「陳十三世祖維厚公諱妙富，妣蔡氏諱椒娘；黃十三世祖仁德公諱（缺），孺人陳氏諱□娘；黃十三世祖克穎公諱永，妣陳氏，諱不知，時未娶；王十三世淑泰公諱韻，妣蔣氏諱倓娘；吳十三世祖昌府公諱（缺），妣王氏諱遨娘；鄭十三世祖爲宣公諱竇，孺人陳氏諱龍娘；黃十三世祖仁慈公諱（缺），孺人陳氏諱□娘；尤十三世祖昌瑞公諱業，妣王氏諱間娘；蘇十三世祖例贈修職郎敬齋公諱扶，孺人龔氏諱勸娘；……。」[7]這些不同姓氏的祖先神主牌同聚一堂，與虛擬的全氏始祖爲麟公及「五柱」二世祖神主，一併成爲福全所近二十個姓氏族人的崇祀對象。每逢祭祀之時，這些合族的族人由族長、鄉紳帶領，恭拜如儀。《全中譜》記載這些家族的祭祖文曰：

> 維光緒　年歲次　十一月　朔越二十有八日主祭裔孫暨直祭裔孫
>
> 衆子孫等，謹以牲醴剛鬣庶饈菓品香楮金帛之儀，敢致祭于列位祖考妣之靈曰：維我全公，肇居有明，流傳永遠，至於大清。神靈莫測，孝孫有發。效三王之同祖，合千室以共盟。俾我士子兮，芹香採桂蕊攀瓊林宴九萬連登科甲，等鵬搏之捷。俾我農人兮，倉廩實婦子安歲千取豐年，葉魚夢之亨。俾我百工兮，飭材辦器，智巧雙高，良稱著而財源恆足。俾我商賈兮，居行並美，貨賄通而利路廣。凡我全中，咸熾而昌，咸壽而臧。有謀必就，無作不成。當茲葭月，敬備筵牲。神其來格，鑒此虔誠。尚饗。

泉州府福全所的洪、曾、張、何、陳等近二十個姓氏，就是通過這種合族的祭祖活動，使得這些家族的聯繫得到了長時期的維繫。一直到了民國初年，這種合族的關係依然存在。上一世紀五〇年代以後，由於眾所周知的原因，福全所眾姓合族的祠堂及其祭祖活動才逐漸荒廢，於今只剩下遺址一片。儘管如此，延續了近三百年的中國家族制度史的特殊表現形式——福全所眾姓合族，還是應當引起研究中國家族史的學者們高度重視的。

二

泉州府福全所的眾姓合族，是有其複雜的社會經濟背景的。首先，正如這些家族在共建合姓祠堂時訂立合約時所言，他們之所以進行眾姓合族，是「攝於強族之間，每被欺侮」，爲了抵禦強宗大族的欺凌，這些較爲弱小的家族，不得不聯合起來，以眾姓的力量來抗衡強宗大族。自宋元以來，福建等華南地區的家族組織有所加強，在鄉族勢力特別是鄉紳勢力的作用下，基層社會形成了有著某種勢力平衡與和諧的鄉鄰、族鄰關係。但是這種關係只是明清以來福建民間家族外部關係的一個方面。在另一方面，帶有某種割據性質的家族制度具有很強的排他性，特別是爲了爭奪對於地方社會的控制權，家族於家族之間，鄉族與鄉族之間，相互欺凌、相互對抗的情景也處處可見。如清代福建沿海一帶的記載，「強凌弱，眾暴寡，福建下四府皆然。詔安小族附近大族，田園種植，須得大族人爲看管，方保無虞。其利或十而取一，或十三而取一，名曰包總。否則強搶偷竊，敢怒不敢言。」[8]仙游縣，「爲巨族、爲小姓、爲強房、爲弱房，……小姓畏大姓甚於畏官。其畏之奈何？一朝之忿，呼者四應，直至劍及寢門，車及蒲胥之勢力。」[9]在一些鄉族對抗較爲激烈的地方，鄉族械鬥更成爲一個嚴重的社會問題。「巨鄉大族強房爲之，嘉道前械鬥盛行，鄉人恃丁多爲強之流弊，後則競相仿效。」[10]在這樣的社會環境裡，一部分深受強宗大族欺凌的小姓，就只能通過眾姓合族的方式，增強自身的力量，並且以此同強宗大族相抗衡，從而取得地方社會的某種力量平衡。當時的記載說漳州府的一些鄉村：「鄉紳肆虐，百姓苦之，眾謀結同心以『萬』爲姓。」[11]興化府仙游縣的情景亦然，「小姓積怨既久，乃集群小姓以之爲敵，」[12]根據清代檔案資料的記載，在漳州泉州所屬各州縣大小姓的抗爭時有發生，「其初，大姓欺壓小姓，小姓又連合眾姓爲一姓以抗之。以前以『包』爲姓，以『齊』爲姓，近日又有以『同』爲姓，以『海』爲姓，以『萬』爲姓者。」[13]毫無疑問，泉州府福全所洪、張、陳、詹、曾、何等姓氏的眾姓合族，正是在這種社會背景下出現的。

泉州福全所全氏合譜中所謂的「強族」，指的是世襲福全千戶所的正千戶蔣氏家族[14]。據《福全蔣氏宗譜》記載，福全蔣氏原籍壽州，元末明初隨朱元璋起兵征戰至福建，累功正千戶，「始祖旺公，號明封，今家廟主號壽州公。稽其世系乃鳳陽府壽州延壽鄉人。父六十一公，諱成公，母名大娘，生四子，長曰櫓，次曰貞，三曰興，祖其季也。初名旺六，原籍徽州歙縣人，父自歙徙壽州，甲午二月率四子從淮旬軍，並建汗馬功。櫓與貞俱世爲壽州副千戶，興爲高州世襲千戶。祖由總旗歷陞授福建建甯衛前所百戶，洪武二十五年壬申老疾致仕。二十八年蒙誥進永甯衛福全世襲正千戶。本年閏九月同子到任相傳。」[15]民間族譜對於族人官職的記載多有不實，但是《福全蔣氏宗譜》的記載卻是可信的。道光《晉江縣誌》記載明代福全千戶所正千戶共四人（縣誌所載不全)，都是蔣氏：「蔣元啓，成化間襲；蔣繼實；蔣鑑，俱嘉靖間襲；蔣學深，鑑子。」[16]正與族譜的記載相吻合。

蔣氏家族雖然世襲正千戶軍戶，但是從明中葉開始，這個家族陸續有不少族人讀書赴科舉。到了明代後期，終於出了幾位進士，其中最有名的是曾任明末崇禎年間東閣大學士的蔣德璟。「德璟子中葆，號八公，光彥（亦爲進士）子。天啓壬戌進士，選庶吉士，除編修。以不入魏閹欒，與文震孟俱罷。崇禎十一年起原關，歷少詹事。……十五年廷推閣臣，首德璟。……遂接爲禮部尚書，東閣大學士。」[17]因此，到了明清之際，福全所蔣氏家族可謂文武俱全，雄踞一方。蔣德璟曾經寫過《福全蔣氏宗譜世序》，其中談到這一時期該家族的族人繁衍情況，已經分佈於泉州府的許多地方：「始祖壽州公諱旺，……生三子：長洪謐公，世襲正千戶；次子、三子俱歸鳳陽。洪謐公生三子：長永贍公，世襲正千戶，次子徙居惠安，三子徒居同安。時洪武間以功臣之子孫應襲本職者仍在衛所世襲，其餘各官舍，或徙都邑監軍立爲軍籍，不與官籍之例。洪謐公第二子籍貫惠安，第三子籍貫同安，皆系官舍出外邑監軍也。璟考惠安縣崇武大岞蜂山等處共十三鄉姓蔣者，皆洪謐公次子之子孫也。考同安縣及漳平灣頭義昭等處姓蔣者，皆洪謐公三子之子孫也。惠安、同安與我同二世祖皆系本支。……又按晉江西街有姓蔣者，乃我四世祖政德公血脈也。」[18]由此可見，到了明末清初之時，蔣氏家族在福全所及泉州惠安、同安一帶的族人勢力之眾。

隨著家族成員的不斷擴大和政治地位的日益提升，蔣氏家族勢必成爲控制福全所地方的首要家族，家族成員欺凌其他弱小家族的事情也就時有發生。根據《福全蔣氏宗譜》的記載，其八世祖蔣鏡（鑑）就曾因橫行不法欺凌軍人而斃於獄中，險些丟棄世職。該譜略云：

八代祖鏡公，嘉靖間襲正千户。公少敏慧，補府諸生，弄文墨、頌酒色、飾紈絝。……既襲職，考掌印屯捕，尋改考掌崇武所印。軍門召為總督中軍贊畫，尋棄去。浙江軍門督府留之，奉差回閩，見府公不屈禮也。本所軍某海中網一宋硯，公心欲之。軍出不遜語，會軍妻坐事對簿，時小產，未曾愈。公踢之。軍弗醫視，其斃，以為奇貨。時郡守熊公汝達齮齕王少卿，而少卿之兄遵岩先生公妹倩也，嘗忿倭寇之橫、守帥狎報寧靜，屢有劄刺守。時請文于王，又不應，因修郤公，示意軍人告驗，賴浙當道為解，公亦族人入浙矣。迨差回，與抗禮，熊憤且愧，復竟前事令勘原官屯印。時收放銀米積分厘至四百兩，以侵欺邊海錢糧罪革爵。於是拘公鎮撫司中。兩道廉，俱冤□，惟太守頷之，弗釋也。遵岩為晤兩道，意薄責示懲，以殺守忿，而公勿知也。聞行笞，狠傲大叱雲：生平不耐笞教意，今者勝讀十年書。熊復親立門促行杖者加力焉。公出，俗以為創重將人溺可療。公瞑目視太守，益恨。食酒肉擁色，遂病斃鎮撫獄中。熊守日夜差劉經歷，諱志義號碧潭湖廣松滋人，永甯衛經歷，全民感之。嘉靖戊午孟冬季運為像豎碑祀之，追銀納贓，劉心冤之，而熊中悔。鉢山公乃糾族人捐補，而自捐金三百，於是祖職無改。[19]

從這段蔣氏家族自己記述的資料可以看出，千戶蔣鏡不僅草菅軍戶人命，而且侵欺邊海錢糧。但是由於族大勢強，雖然蔣鏡本人病斃獄中，最後還是通過金錢勾通官場關係，保住了世襲的千戶職位。由此可以想見福全所其他弱小軍戶家族遭受蔣氏凌辱欺壓的不堪情景。在這種複雜的環境裡，地方基層社會的控制，在很大程度上是取決於家族的強勢力量，福全所的弱小姓氏家族就不得不聯合起來，實行眾姓合族。中國家族制度十分強調家族血緣的純潔性和傳承性，我們從福建民間族譜的族規譜訓中都可以領略到民間家族對於慎終追遠的祈求。但是複雜嚴峻的社會環境又是每一個家族所必須認眞面對的現實。這樣，福全所洪、曾、何、張、吳等近二十姓軍戶家族對於家族血緣的追求就只能有所變通，在儘可能維繫各個小家族內部血緣關係的基礎上，進行超血緣關係的鄉族組合，並且以此來對抗強宗大族的凌辱欺壓。即使是在同一個姓氏的家族內部，爲了擴大家族的強勢力量，也會出現許多諸如收養異姓、螟蛉繼嗣等的血緣變異的情況。饒富意味的是，清代後期泉州學者楊浚面對當時大量家族血緣變異的現實，引經據典，參酌鬼神報應之說，試圖對此現象有所諷正，他說：

> 天地古今，一氣之所彌綸也；祖孫父子，一氣之所感通也，是之謂大同，若異必亂。故律有明條焉。蓋神不欽非類，民不祀非族，俗云非我族類，其心必異，有斷斷然。閩俗乞養異姓為子，漳泉尤甚。率因人口多少，以別房分強弱。非無子始乞，即有子亦乞之。然流毒愈不可言，從未有異姓之子能孝能弟者，比比犯上作亂，一如附骨之蛆，終其身以至子子孫孫受害無窮。此辨之不可不早也。紀文達公曰有視鬼者曰：人家繼子，凡異姓者，雖女之子，妻之姪，祭時皆所生來享，所後者弗來也。凡同族者，雖五服以外，祭時皆所後來享，所生者雖亦來，而配食於側，弗敢先也。……閩人尚鬼，請即以鬼論之。父老相傳：有曰泉郡追薦父母、焚化庫錢，必親血脈子孫環繞颺灰，而異姓不得近前。或人丁稀少，亦布幕缺處。有言一高僧為顯宦超拔先人，焚冥鏹時，僧忽見無數惡鬼爭相奪攫，始悟顯者之子為乞養，亟揮之退，請女公子出舉火，然後本人祖先受享。女為顯者親生

> 也。有一宦歸祭祖祠，隱几假寐，夢來享者皆蓑笠赤腳，醜劣萬狀。醒而察知其子為異姓，來就食者乃異姓之先人，大哭失聲。信乎張一棟曰：更立他人之後為子，則相傳之脈絕矣。死者必不相安，非誑語也。近聞廈（門）島中元節，建醮焰口夕，有能視鬼者曾駭然曰：提軍某、總戎某，何遊魂摩擊，至與孤貧無依之鬼相奪食？蓋廈多西班顯者，後訪問其子孫為螟蛉，雖有家祭，所先非一氣，仍不得來歆也。……漳泉乞養異姓，非為承祧也，或以械鬥，備作前驅，死傷聽之，故殷實家乞之，不僅一二人已矣。豈知彼既異姓，竊其貲財，與所生者暗通消息，罪猶小焉。多有亂倫肆淫無所忌憚矣。今欲維風化、正人倫，使和睦無間言，必自屏除螟蛉始。[20]

儘管楊浚等少部分知識份子對於福建漳州、泉州等沿海地區民間家族的收養異姓、螟蛉繼嗣等情況深感憂慮，但是這種情況已經成為這一地區一種較為普遍的社會現象，並沒有因為少部分知識份子的諷諭而有所改變[21]。這種在華南地區具有一定典型意義的家族內部血緣混雜和超越純正血緣關係的眾姓合族的家族聯合體，實際上是中國家族制度歷經明清時期社會變遷之後的變異形態。血緣傳承固然是家族制度的根本基礎，但是地緣上的利害關係，有時將在這種變異的家族形態中發揮著更為重要的作用。關於這一點，無疑正是我們以前研究中國家族制度時所忽視的。

自從二十世紀八〇年代中國學界對於家族制度、家族社會的研究形成熱潮以來，許多學者針對「家族」、「宗族」的概念及其涵義進行了反覆的討論。但是對於「鄉族」的概念，則少有人給予足夠的關注。「鄉族」一詞，最早是傅衣凌先生提出的。他的著名論文〈論鄉族勢力對於中國封建經濟的干涉〉發表以來[22]，對於其後中國學界開展的家族史研究產生了重要影響。但是我在反思中國家族史研究的這一歷程時，卻更加深切的感受到：人們對於「家族」、「宗族」等概念的討論過於概念化的界定，反而在一定程度上阻礙了對於家族社會的多重審視。中國的家族社會，不僅在不同的區域內有著不同的表現形式，而且在同樣的區域內，不同家族之間的關係也是利害糾纏、錯綜複雜的。在某一個區域內，千家一姓，聚族而居，家族勢力控制基層社會的現象固然有之，但是由若干個不同姓氏的家族交錯分布、相互依存、相互抗衡的現象也是處處可見。泉州府福全所洪、曾、何、張、吳等近二十姓軍戶家族的眾姓合族，就充分反映了家族制度、鄉族社會的多樣性和複雜性。明清以來，福建沿海地區，特別是泉州、漳州一帶時有民間械鬥發生。械鬥所及往往並非二鄉一族，而是多姓聯合，愈演愈烈。龍溪、漳浦、雲霄等縣，「大姓則立紅旗，小姓則植白旗，……訂日互鬥，大姓則合族相幫，小姓則合幫相助。」[23]泉州府，「郡府械鬥最爲惡習，有大小族會、東西佛會，勾結數十姓，蔓延數十鄉。」[24]興化府仙游縣的烏白旗大械都，延續百餘年，牽涉到仙游之外的德化、大田、莆田、南安等鄰縣的許多姓氏鄉族參與其間[25]。這種狀況，也都體現了福建民間家族關係、鄉族關係的錯綜複雜。因此，這種基於一定地緣範圍和家族血緣範圍的「鄉族」概念，反而能夠在一些特定的區域內更加體現家族社會的基本特徵。「鄉族」的概念理應同「家族」、「宗族」的概念一樣，受到學界的重視。這也正是本書採用「家族社會」又採用「鄉族社會」的思路所在。

註釋：

[1]《明史》卷九十一，《兵志三》。

[2]乾隆《泉州府志》卷二十五，《海防》。

[3]本合約存於全宗伊《光緒新撰全中譜》手寫本不分卷。該書承蒙晉江市博物館粘良圖先生提供，特此致謝。

[4]根據《光緒新撰全中譜》的記載，共同創建全氏祠堂的姓氏，除了合約字中的十三個姓氏外，還有陳、林、黃、王、蘇、許等姓。

[5]見全宗伊《光緒新撰全中譜》。

[6]見全宗伊《光緒新撰全中譜》。

[7]見全宗伊《光緒新撰全中譜》，《光緒三年歲次丁醜拾月　日謹將所進祖妣序列與左》。

[8]陳盛韶《問俗錄》卷四，〈詔安縣〉。

[9]陳盛韶《問俗錄》卷三，〈仙游縣〉。

[10]民國《同安縣誌》卷二十二，〈禮俗志〉。

[11]江口升《臺灣外紀》，卷六。

[12]陳盛韶《問俗錄》，卷三，〈仙游縣〉。

[13]轉引自傅衣凌《明清社會經濟變遷論》，注3。北京人民出版社，1989年出版，頁55。

[14]關於福全所蔣氏家族與洪、詹、陳諸小姓的複雜關係，本人在該地從事社會調查時，得到晉江市博物館粘良圖先生的全力協助並提供《福全蔣氏宗譜》，特此再申謝忱。

[15]清《福全蔣氏宗譜》手寫本，不分卷，〈第一世譜牒〉。

[16]道光《晉江縣誌》卷二十九，〈職官志武秩〉。

[17]道光《晉江縣誌》卷三十八，〈人物志〉。

[18]清《福全蔣氏宗譜》手寫本，不分卷；蔣德璟《福全蔣氏宗譜世序》。

[19]清《福全蔣氏宗譜》手寫本，不分卷，〈八代祖鏡公〉。

[20]楊浚《島居三錄》，卷五，〈記異姓亂宗事〉。

[21]參見陳支平《近五百年來福建的家族社會與文化》，第九章，三聯書店上海分店，1991年出版。

[22]論文發表於《廈門大學學報》，1961年，第三期。

[23]張集馨《道鹹官海見聞錄》不分卷。

[24]佚名《溫陵風土紀要》，不分卷。

[25]參見施鴻保《閩雜記》卷七，〈烏白旗〉。

國家圖書館出版品預行編目資料

五百年來福建的家族與社會 / 陳支平著. -- 初版. -- 台北市：揚智文化, 2004[民 93]
面；　公分. -- （社會叢書；33）

ISBN　957-818-597-9（平裝）

1. 家族 – 福建省 2.社會制度 – 福建省

544.292　　92023201

五百年來福建的家族與社會

社會叢書 33

著　　者／陳支平
出 版 者／揚智文化事業股份有限公司
發 行 人／葉忠賢
總 編 輯／林新倫
責任編輯／卓克華
執行編輯／張何甄
登 記 證／局版北市業字第 1117 號
地　　址／台北市新生南路三段 88 號 5 樓之 6
電　　話／(02)2366-0309
傳　　真／(02)2366-0310
E-mail／service@ycrc.com.tw
網　　址／http://www.ycrc.com.tw
郵撥帳號／19735365
戶　　名／葉忠賢
印　　刷／偉勵彩色印刷股份有限公司
法律顧問／北辰著作權事務所　蕭雄淋律師
初版一刷／2004 年 3 月
定　　價／新台幣 450 元
ＩＳＢＮ／957-818-597-9